영국 근대소설

다니엘 디포부터 허버트 조지 웰스까지

한국영어영문학회 편

한국영어영문학회
영미어문학 길라잡이 시리즈 4

영국 근대소설

다니엘 디포부터 허버트 조지 웰스까지

한국영어영문학회 편

한국문화사

| 머 | 리 | 말 |

    한국영어영문학회는 1954년 창립 이후부터, 영국문학, 미국문학, 영어학 등의 범주를 아우르며 영어영문학 전반에 관한 연구서를 간행해 왔다. 영미문학의 주요 작품을 자상하게 안내하고 해설해 주는 <영미어문학 길라잡이 시리즈>는 영어영문학 전문가들의 학문적 역량을 발휘할 수 있는 장(場)을 제공하면서도 영어영문학이 단순히 상아탑 속에 안주하기 보다는 일반 대중들의 관심을 견인하여 인문학의 대중화를 가져올 수 있게 하며, 인접 학문 분야의 소통과 통섭을 통해 영어영문학의 새로운 지평을 제시함으로써 인문학 내에서의 위상을 제고하는 동시에 든든한 인문학적 교두보를 마련하기 위해 기획되었다.

    <영미어문학 길라잡이 시리즈>는 이화여대 최영, 서울대 장경렬, 가천대 이만식, 국민대 강규한, 순천향대 박주영 교수 등 역대 위원장을 중심으로 10여 년간 헌신을 계속해 오고 있는 본 학회 출판위원회의 귀한 노력의 소산이다. 특히, 미국소설학회, 한국 근대영미소설학회, 한국 밀턴과 근세영문학회, 한국 예이츠학회, 한국 중세르네상스영문학회, 한국 T. S. 엘리엇학회, 한국 현대영미드라마학회, 한국 현대영미소설학회, 한국 현대영미시학회, 18세기영문학회 등 각 전문 분야별 학회들로부터 전문가를 추천받아 집필을 의뢰했다는 점도 이 시리즈의 의의 중의 하나이다.

2012년 2월 발간된 <영미어문학 길라잡이 시리즈> 1권, 2권과 2015년 12월 발간된 <영미어문학 길라잡이 시리즈> 3권과 더불어 이번에 발간된 <영미어문학 길라잡이 시리즈> 4권: 『영국근대소설: 다니엘 디포부터 허버트 조지 웰스까지』, 5권: 『미국근현대소설: 워싱턴 어빙부터 이창래까지』는 영미어문학 전체 스펙트럼을 지향하는 본 학회의 기획이 한 단계 진전되었음을 보여준다. 본서가 나오기까지 수고해주신 박주영 출판위원장, 경희대 김상욱, 연세대 김재철, 고려대 신혜원, 강원대 장철우 위원께 감사드린다. 본서의 발간을 통해, 영국 근대소설에 대한 새로운 인식과 활력소가 제공됨은 물론, 미래의 영문학도와 일반 독서대중이 뜨거운 마음과 맑은 머리로 인간조건에 대한 문학적 상상력을 호흡할 수 있는 기회가 마련될 수 있기를 기대한다.

2017년 12월
한국영어영문학회
회장 조 철 원

| 차 | 례 |

■머리말 / v

다니엘 디포 Daniel Defoe ·· 3
    로빈슨 크루소 *Robinson Crusoe*   성정혜   6

제인 오스틴 Jane Austen ·· 18
    엠마 *Emma*   김지아   23

메리 셸리 Mary Shelley ·· 44
    프랑켄슈타인 *Frankenstein*   김순원   47

에밀리 브론테 Emily Brontë ·· 65
    폭풍의 언덕 *Wuthering Heights*   정이화   68

샬롯 브론테 Charlotte Brontë ·· 80
    제인 에어 *Jane Eyre*   오정화   84

윌리엄 메이크피스 새커리 William Makepeace Thackeray ········ 100
    허영의 시장 *Vanity Fair*   계정민   102

찰스 디킨즈 Charles Dickens ·· 111
    위대한 유산 *Great Expectations*   이인규   117

루이스 캐럴 Lewis Carroll ·· 131
    이상한 나라의 앨리스 *Alice's Adventures in Wonderland*
                                                         이수진   135

조지 엘리엇 George Eliot ·· 147
   미들마치 *Middlemarch*   한애경   150

오스카 와일드 Oscar Wilde ·· 161
   도리언 그레이의 초상 *The Picture of Dorian Gray*   이순구   167

토마스 하디 Thomas Hardy ·· 182
   무명의 주드 *Jude the Obscure*   고영란   185

허버트 조지 웰스 Herbert George Wells ······························· 199
   타임머신 *The Time Machine*   원유경   203

영국근대소설

다니엘 디포부터
허버트 조지 웰스까지

다니엘 디포
Daniel Defoe

작가 소개

　다니엘 디포(Daniel Defoe, 1660-1731)는 『로빈슨 크루소』(*Robinson Crusoe*, 1719)의 작가로 잘 알려져 있으나, 사실 그가 쓴 주요 작품들은 말년에 대부분 출판되었으며 그 기간도 약 5년여에 한정된다. 근대시대로의 변화를 몸소 체험하면서 다양한 활동과 직업을 갖고 있었던 터라 그를 작가로 한정지어 부르는 것은 디포의 개인적 역량과 그가 보여준 역사적 활동의 의의를 상당히 축소하는 것이라고 할 수 있다. 그는 풍자시인, 저널리스트, 사업가, 정치인, 비평가, 문필가, 작가 등의 다채로운 경력의 소유자이면서 그가 활동한 직업군 또한 한 영역에 국한되지 않아서 디포를 한 마디로 규정하거나 일관된 성향으로 묶기는 힘들다. 그렇게 하지 않음으로써, 근대 영국의 격동기를 그대로 담고 있으며, 경험론과 사실주의적인 측면과도 많이 닿아있는 디포의 삶을 더 폭넓게 이해할 수 있다고 여겨진다.
　디포는 꽤 부유한 양초 제조업자이자 푸줏간 주인인 제임스 포의 아들로 런던에서 태어났다. 태어날 때의 성은 디포가 아니라 포였다. 디포가 태어난 1660년은 영국 역사에서 매우 중요한 시기로, 찰스 2세가 왕위를 물려받고 왕정이 복고되면서 1640년부터 시작된 영국혁명이 그 해에 종식되었기 때문이다. 따라서, 찰스 2세의 정치적 보복의 일환으로 영국 국교도로 개종하지 않는 자들은 공직에서 혜택을 받지 못했고 옥스퍼드나 캠브리지와 같은 곳의 입학 허가를 받을 수도 없었다. 청교도였던 디포의 집안은 개종하기를 거부하였기 때문에 디포는 라틴어나 그리스어를 배우지 못하고, 비국교도 학교에서 신학, 역사 등의 다양한 교양을 쌓으면서 장로교 목사 수업을 받았다. 목회자가 되려는 생각을 심각하게 하기도 하였으나, 목사의 길을 포기하고 대신 1683년에는 양말 도매업을 시작하면서 상인으로서의 삶을 살게 된다.

1684년에 메리 터플리와 결혼하면서 결혼 지참금으로 사업을 확장한다. 사업을 하는 입장에서 영국중산층의 경제관념과 가치를 옹호하고 중상주의에 따른 부의 축적을 시도하였으며, 사업적 성향에서는 투기적인 면을 보이기도 하였다. 1695년에 성을 '디포'로 바꾸었다. 디포는 언론출판의 자유가 확대되자 적극적이고 비판적인 정치적 성향을 보여주었다. 그런 성향은 저널리스트, 팸플릿티어로 발현되고, 비국교도로서 정치, 사회적 불이익을 받았던 입장에서 1702년 ≪비국교도를 간편히 처치하는 법≫(The Shortest-Way wih the Dissenters; Or, Proposals for the Establishment of the Church)이라는 팸플릿을 출간하였다. 영국 국교회를 풍자하고 비판하는 내용을 담고 있는 이 팸플릿의 저자로 신원이 탄로나면서 1703년 유죄선고를 받고 필로리(형틀을 쓰고 런던 대로상의 군중 앞에 서있어야 하는 벌)의 형벌을 치르고 투옥되었다. 다행히 보수당원 로버트 할리의 도움으로 석방되면서 일종의 그의 요원처럼 지냈는데, 즉 영국 곳곳을 돌아다니면서 경제적, 정치적 민심을 파악하고 사회 분위기를 알려주는 역할을 수행하였던 것이다. 이후 팸플릿 출간과 잡지 투고를 하거나 익명으로 글을 쓰기도 하면서 지냈으나 사업에도 번번이 실패하면서 경제적으로 어려움을 겪는다.

    1719년부터 1724년까지의 5년은 디포가 주요 소설을 집중적으로 출간한 시기였다. 1719년 『로빈슨 크루소』라고 더 잘 알려진 첫 장편소설 『요크출신 뱃사람 로빈슨 크루소의 생애와 이상하고도 놀라운 모험』과 속편 『추후 여행기』(The Farther Adventures of Robinson Crusoe)를 익명으로 출판하였다. 1720년 『싱글톤 선장』(Captain Singleton), 1722년 『몰 플랜더스행』(Moll Flanders), 『역병 해 일기』(A Journal of the Plague Year), 『잭 대령』(Colonel Jack) 등을 출간하였고, 1724년 『록새나』(Roxana: The Fortunate Mistress)를 출간하면서 더 이상 소설은 쓰지 않기로 하였다. 이후로도 팸플릿을 출간하거나 잡지에 기고를 하는 등의 글쓰기는 계속히였다. 1731년 런던 시내 하숙집에서 사망하였으며, 사인은 무기력증으로 알려져 있다.

다니엘 디포(Daniel Defoe) ••• 5

로빈슨 크루소
Robinson Crusoe

작품 줄거리

　　로빈슨 크루소는 독일 브레멘 출신으로 영국의 항구도시인 헐에 정착해서 무역으로 성공한 영국 중산층 상인의 아들로 태어났다. 그의 아버지는 이후 요크로 이주하여 지주로서의 삶을 조용히 살아왔다. 로빈슨에게는 두 명의 형이 있었는데, 큰형은 군대에 있다가 죽었고 둘째형은 생사를 알 수 없었다. 아버지는 항상 로빈슨에게 귀족이나 노동자와 같은 위나 아래의 위험하고 불안한 자리보다 중간 계층이 안정적이라는 점을 늘 강조하였으며 중용을 지키며 살라고 아들을 훈육시켰다. 아버지는 로빈슨을 법관으로 만들고 싶어 하였으나 셋째 아들인 로빈슨은 모험심이 강해 바다로 나가 항해를 하고 싶어 했다.

　　아버지는 아들이 배를 타는 것은 중산층의 일이 아니라며 말렸으나, 로빈슨은 아버지의 조언을 듣지 않고 집을 떠나 배를 탄다. 풍랑이나 해적선을 만나 목숨이 위험해지는 상황에 처하면서도 모험을 계속해서 감행한다. 그러던 중 기니 해안으로 가는 선장을 만나 그로부터 항해에 필요한 교육을 받으며 제대로 된 선원의 자질을 갖춘다. 또한 기니에서 무역상으로 나서지만 해적선에 나포되어 해적의 종으로 지내다가, 무어인 노예소년

수리와 보트를 타고 탈출에 성공한다. 포르투갈 무역선이 로빈슨을 구조해주자 수리를 선장에게 넘겨주고 자신은 브라질로 간다. 브라질에서 농사와 설탕 만드는 법을 배우면서 농장을 경영하고 부를 축적하면서 커다란 성공을 거둔다. 안정된 삶을 살면서 지난 날 자신이 보였던 방랑과 무모한 모험심을 후회하기도 한다. 그러나 또 다시 배를 타고 싶은 모험심과 무역을 통한 부를 축적하고 싶은 욕망을 이기지 못하고 서부 아프리카로 항해하던 중 커다란 풍랑을 만나게 되고 배는 난파되어 혼자 낯선 무인도로 떠내려간다.

난파된 직후에는 외로움과 두려움에 떨면서 아버지의 말씀을 듣지 않고 멋대로 행동한 벌을 받는다고 생각한다. 그리고 자신의 죄를 회개하면서 청교도적 신앙을 내면화한다. 즉, 아버지도 없으며 구소의 희망도 보이시 않는 곳이지만 오히려 철저하게 아버지의 조언과 명령을 떠올리면서 프로테스탄트 이념에 맞게 살려고 노력한다. 그는 난파된 배에서 쓸 수 있는 모든 물품을 가져와서 식량, 가축과 기타 물건들을 철저하게 관리하다. 특히 총과 화약, 음식과 같은 필수품의 수량과 보관 방법에서부터 자신이 주변에서 구한 다양한 물건들까지 합리적으로 그 쓰임을 정리, 관리한다. 배에서 구하지 못한 도구들을 만들거나 현재 갖고 있는 재료들을 활용하여 대체품을 만들어 쓰는 등 도구적 인간의 양상을 보인다.

다음으로 로빈슨은 섬의 지형을 둘러본다. 자신과 다른 사람의 위치를 확인하는 동시에 자신의 정착지가 안전한 장소인지를 확인한다. 그리고 배에서 가져온 물건들을 기반으로 그는 무인도에서 삶을 본격적으로 시작하며 점점 더 문명화된 삶을 가꾸어 나간다. 예를 들면 처음에는 사냥해서 먹다가 나중에는 야생염소를 길들여 목축에 성공한다. 또한 밀 이삭을 뿌려 농사를 짓고, 빵을 구워 먹을 수 있는 도구를 찾게 되고, 맹수의 위협을 피하면서도 바다 너머를 잘 볼 수 있는 안전한 위치를 찾아 집을 짓는다.

이 과정에서 자신이 무인도에서 삶을 살게 된 것이 하나님의 뜻이라고 생각한다. 그 순간 자신에게 쓸 수 있는 물건들이 풍족하다는 생각을 하고 외롭기는 하지만 살 만하다고 낙관한다. 황량하고 적막한 삶을 기록할 마음을 먹는다. 자신이 섬에 도착한 날을 1659년 9월 30일이라고 적고 일기를 작성한다. 열심히 글을 쓰면서 자신의 상황에 대해 좌절하거나 원망하기보다 이성적으로 판단하리라는 마음을 먹는다. 섬에서의 낯선 상황과 위험한 상황을 부딪쳤을 때에도 객관적으로 바라보고 가장 합리적인 방식으로 해결하려는 노력을 한다.

이런 식으로 로빈슨은 외딴 섬의 자연을 근대인의 방식대로 문명화하는 과정을 거쳤다고 볼 수 있다. 사실 로빈슨은 난파되었고 같이 배를 탔던 선원들이 모두 바다에 빠져 죽었다. 처음에 그는 이 섬을 절망의 섬이라고 하였으나 이제는 신의 섭리와 은총을 누리는 유토피아로 여긴다. 자연 속에서 느끼는 행복감도 있으며 노동을 통해 먹을 것을 생산하고 물품 등을 만들어가는 만족감도 느낀다. 사람이 없기 때문에 다투거나 투쟁을 하여야 하는 일도 없고 동물들은 온순해서 길들이기 쉽고 기후가 적당하여 먹을 것을 충분히 얻을 수 있다. 그리고 자연 속에서 노동의 대가를 충분히 누리고 혼자 사는 섬이지만 자본주의의 속성을 점차 발휘하여 먹을 것과 다른 물건들을 축적한다. 이렇게 8여년이 지난 시점에서 로빈슨은 몸이 아프기 시작한다. 그 간의 고통을 떠올리면서 다시 한 번 아버지의 명령을 어긴 죄의 값을 치른다고 생각하고, 성경에 의지하여 처음으로 기도를 드린다. 그러나 자신이 겪는 외로움과 고통에서 해방시켜 달라는 기도가 아니라 자신의 오만함을 용서해달라는 기도를 드린다. 그에게 고독은 자신이 저지른 죄에 비하면 아무 것도 아니며, 죄로부터의 구원이 가장 큰 축복이라고 생각한다.

로빈슨은 점차 섬이 완벽한 무인도라고 알게 된다. 섬의 조사를 완료하고 카누를 만들어 섬을 한 바퀴 돌면서 자신 밖에 없다는 것을 확인한 로빈슨은 자신을 이 섬의 왕이자 주인으로 생각한다. 그러던 어느 날 해변가 모래 위에 찍힌 발자국 하나를 발견하게 된다. 그토록 오랫동안 외로움의 고통 속에서 시간을 보냈었지만 그 발자국은 마치 악마나 위험한 동물의 자국이라고 생각하고 두려움과 공포에 떤다. 이 발자국이 나중에 자신의 발자국으로 밝혀지지만, 타자를 만나게 되는 사건을 암시하는 일종의 복선이라고 볼 수 있다. 15년을 섬에서 살면서 아무도 본 적이 없었지만 해변가의 발자국을 본 후 그는 좀 더 철저히 무장하고 거주지를 요새로 만들기 위해 노력한다. 한편, 섬을 좀 더 샅샅이 살펴보기로 하면서 섬의 끝에서 사람의 발자국이 많은 흔적을 발견하게 되고 결국 식인종들이 포로를 해변으로 끌고 와 잡아먹는 장면까지 목격하게 된다. 식인 행위에 충격을 받은 로빈슨은 방어에 집중하기로 하면서 조용히 지낸다. 이렇게 섬에서의 24년 3개월이 지난 어느 날 다섯 척의 카누가 육지에 도착하고, 두 남자가 포로로 끌려오는 장면을 목격한다. 그 중 한 명은 살해당하지만 나머지 한 명은 필사적으로 도망친다. 도망자를 쫓는 야만인을 총으로 쏘아 죽이면서 야만인 한 명을 구해 주게 되었고, 그는 로빈슨의 종이 된다. 그를 구해준 날이 금요일이라서 그의 이름을 프라이데이라고 부른다. 혼자 살던 로빈슨은 이제부터 대화할 상대가 생기고 무인도에서의 삶을 더욱 풍성하게 만들어간다. 섬에서의 노동은 더욱 체계적이 되며 도구를 기술적으로 사용하게 된다. 게다가 프라이데이의 출현으로 잊고 있었던 언어를 다시 사용하게 된다. 로빈슨은 프라이데이에게 영어와 기독교를 가르치고 음식을 먹는 방법과 도구를 사용하는 방법 등을 가르쳐주면서 그를 문명화시킨다. 프라이데이는 순수한 자연의 일부인 것처럼 유순하고 말을 잘 들어서 문명화시킬 수 있는 조건을 가지고 있다. 이렇게 프라이데이는 로빈슨을 부릴 수 있는 종이면서, 교육의 대상, 함께 노동하는 사람이면서 고독을 나눌 친구로 대한다. 프라이데이를 만난 이후 로빈슨이 섬을 식민지화 시키는 과정이 시작되고, 이후 프라이데이 아버지와 스페인 선장, 해상 반란을 당한 영국 선장 등을 구해 주는 일을 차례로 겪으면서 점점 더 권위를 행사하고 제독처럼 지낸다. 그리고 그가 영국으로 돌아가기 전 이 섬을 영국의 식민지로 만들고 떠나게 된다.

로빈슨이 영국을 떠난 지 35년 만에 영국에 돌아왔을 때, 가족 중에서 여동생만 살아있음을 확인하지만, 섬에 난파되기 전에 개척하였던 브라질 농장이 엄청난 부를 가져다주었다는 사실도 알게 된다. 파란만장한 경험을 하고 죽을 고비를 여러 번 넘기며 합리적 사고와 이성적 판단에 의지하고 신앙심을 길렀던 그이지만 그 이후에도 계속해서 모험을 떠난다. 로빈슨은 정말 놀라우면서도 함께 나누고 싶은 이야기들이 있지만 다음에 좀 더 깊이 나눌 기회가 있기를 바란다면서 열린 결말로 작품을 끝낸다.

문학사적 의의

『로빈슨 크루소』는 1709년 칠레 근처의 마사 티에라 섬에서 4년간 고립되어 있다 구출된 실제 인물 알렉산더 셀커크의 이야기를 바탕으로 디포가 허구적으로 만들어 낸 인물이다. 『로빈슨 크루소』는 18세기 근대 소설의 탄생에서 대표적으로 언급되는 사실주의 소설로, 출간되자마자 세간의 관심을 끌고 해적판들이 나올 정도로 독자들의 사랑을 받은 작품이다. 갑작스런 인기 탓에 작품이 출간된 직후 찰스 길던(1665-1724)과 같은 전기 작가는 디포의 소설을 비판하면서 로빈슨과 프라이데이가 디포에게 불만을 토로하는 식으로 작품을 풍자하는 팸플릿(1719)을 쓰기도 하였다. 그러나 사무엘 테일러 콜리지(Samuel Taylor Coleridge)는 조나단 스위프트(Jonathan

Swift)보다 디포를 높이 평가하며 일반적이고 평범한 개인의 모험과 방랑의 정신을 천재적으로 표현했다고 평한다. 장 자크 루소(Jean-Jacques Rousseau) 또한 인간에게 책이 반드시 필요하다는 주장을 하면서 에밀(Emile)에게 읽힐 첫 번째 책으로 『로빈슨 크루소』를 선택하며, 이 책은 자연 교육을 하고 책 읽는 즐거움을 주며 고립된 상황에서 자신을 이해하는 문제를 다루는 훌륭한 책이라고 높이 평가한다. 이후 현대에 들어서서는 보다 다양한 시각에서 『로빈슨 크루소』를 분석하는 양상이 두드러졌다. 칼 마르크스(Karl Marx)는 『자본론』(Das Kapital)에서 로빈슨이 다양한 개인의 욕구를 만족시키는 유용한 일을 하면서 노동을 즐긴다고 분석한다. 이외에도 제임스 조이스(James Joyce), 버지니아 울프(Virginia Woolf) 등의 작가에서부터 피에르 부르디외(Pierre Broudieu), 질 들뢰즈(Gilles Deleuze) 등의 철학가들이 작품에 주목하였으며 작품의 다시쓰기 또한 끊이지 않고 있다.

이언 와트(Ian Watt)는 근대 개인 주체의 탄생과 소설이라는 형식의 발생을 연결지어 비평하였다. 이전 전통에서 흔히 보이는 고귀하고 영웅적인 인물이 아니라 평범한 인물의 성장과 도전, 역경과 성공을 일상적 삶이라는 구체적인 시간과 공간 속에서 펼쳐낸 점에 주목한 것이다. 디포는 추상적이고 이상적인 인간을 묘사하기보다 개별적인 특수성에 놓인 개인의 삶을 묘사하면서 직접 체험된 감각을 중시하였다. 그는 이제 "개인만이 그 자신의 경제적, 사회적, 정치적, 종교적 역할을 결정하는데 주된 책임을 지게 되었다"라고 말함으로써 "인류를 구성하는 우선 요소"가 "개인이라는 신념에 기초한다"는 사실을 강조하였다. 개인주의라는 말은 19세기가 되어야 등장하지만 이미 17세기의 경험주의의 담론에 개인주의가 자리잡고 있었다. 또한 개인의 소유권을 인정하고 자유 시장 경제가 발전한 영국에서 상업과 산업을 담당하는 계층이 정치, 경제적 영향력을 행사하고 있었으며 이들은 교육적, 문학적 영역에도 개인주의를 퍼뜨리고 있었다고 할 수 있다. 이런 점에서 와트는 소설은 '개인주의의 가장 깊은 열망을 반영하는 문학형식'이라고 평가하였고 특히 디포의 소설이 그 양상을 뛰어나게 표현하고 있다고 본다. 18세의 경제적 개인주의를 바람직하다고 여기고 로빈슨이 거둔 경제적 성공을 장려한다. 즉, 근대 산업 자본주의의 발생과 프로테스탄티즘 보급이 개인주의의 발전과 연관된다고 보았을 때 로빈슨은 이에 정확히 부합하는 인물로 해석될 수 있다.

영국의 17-8세기는 정치적 요동기이기도 하였으나 경제적 변화의 양상도 두드러져서 해외시장 개척과 식민지 확장에 주력하였다. 중세시대의 도시에 사는 사람을 언급하는 부르주아(bourgeois)는 근대에 이르러 자본주의의 핵심적 경제주체로 자리잡고 주도적 역할을 한다. 이들은 상업에 종사하며 재산을 가진 사람들이라는 의미로 쓰인다. 막스 베버(Max Weber)는 『프로테스탄트 윤리와 자본주의 정신』(*The Protestant Ethic and the Spirit of Capitalism*)에서 근대 부르주아를 프로테스탄티즘이 만들어낸 독특한 인간형으로 규정한다. 그의 주장에 따르면 부르주아는 합리적 이윤추구를 하며 그 속에 금욕적인 종교적 색채가 발견된다는 것이다. 로빈슨 크루소는 이러한 근대 부르주아의 형상이라고 할 수 있다. 새로운 환경에 대담하게 도전하며, 고통의 순간들을 합리적 사고로 극복하고, 노동을 중시하면서도 그 대가를 축적할 줄 안다.

이런 모습은 호모에코노미쿠스(Homo Economicus), 즉 경제적 인간의 전형으로까지 언급되기에 이르른다. 호모에코노미쿠스는 "자신의 경제적 이익을 극대화하는 것을 행동의 주요 동기로 삼고 그러한 동기에 의해 충실하게 행동하는 것을 합리성으로 규정하는 인간 유형"으로 일반적으로 통용된다. 로빈슨은 해외 무역을 성공적으로 수행하며, 브라질의 농장 개척을 시도한다. 터키 해적들에게 잡혀 있을 때 함께 탈출한 무어인 수리를 포르투갈인 선장에게 돈을 받고 넘긴 적도 있으며, 배가 난파되어 무인도에 고립되었을 때에도 노예 매매를 하기 위해 아프리카로 항해하던 중이었다. 여기에서 로빈슨은 노예를 상품으로 여길 뿐 사람을 사고 파는 일에 대한 비판적인 사고는 찾아보기 힘들다. 물론 섬에서 자신의 행동에 대한 후회를 하기도 하지만 양심의 가책 때문이라기보다 섬에 노동력이 필요하다고 느꼈기 때문이었다. 따라서 여기에는 아담 스미스(Adam Smith)가 『국부론』(The Wealth of Nations)에서 말한 중상주의, 즉 국민을 부하게 하는 방식에서 상업을 중요시하는 경제방식을 신봉하는 모습을 찾아볼 수 있다.

사실 호모에코노미쿠스는 경제적인 부를 쌓는 방법에만 한정되지 않는다. 돈과 재화를 관리하는 능력, 과학적, 합리적으로 사고하는 방식까지도 모두 포함된다. 이런 의미에서 무인도에 난파되었을 때 배에서 필요한 물품을 옮기는 과정, 기록하고 정리, 관리하는 치밀함, 가축을 기르고 곡식을 재배하는 모습은 로빈슨을 근대적 호모에코노미쿠스로 읽게 하는 근거가 된다. 이러한 기록의 습관은 자신의 재산 수탁자인 포르투갈 선장이 크루소의 몫으로 돈을 주자 돈을 받았다는 영수증을 써주는 장면에서도 확인된다. 이 장면은 단순한 기록의 차원을 넘어서 장부의 정리가 당시 경제활동에서 점차 중요해지고 상호간의 재화거래를 확인하는 경제방식임을 증명한다. 특히 사적 소유의 개념이 자리를 잡기 시작하면서 근대 자본주의사회에서 계약에 근거한 상호 경제활동이 이루어지고 있음을 확인시켜 주는 장면으로 이 역시 호모에코노미쿠스의 정신을 나타낸다. 또한 그는 문명의 영향이라고는 찾아 볼 수 없는 무인도에서 문명인으로서의 삶을 지속할 수 있는 각종 과학적 방법을 동원하고, 관찰, 실험하여 필요한 것들을 만들어낸다. 그는 '이성은 수학의 본질'이라는 철학을 바탕으로 연구하고 궁리하면서 절차의 합리적인 방법을 찾고 '시행착오'를 거쳐 가면서 섬에서의 생존을 이어간다.

한편 이 작품에서 크루소를 단순히 부의 축적만을 삶의 목표로 삼는 장사꾼으로 보지 않는 이유는 그가 섬을 개척하고 생활할 때 경제적 동기와 프로테스탄트 윤리가 동시에 발견되기 때문이다. 마르크스가 주목하였던 것처럼 노동을 통해 즐거움을 얻고, 베버가 말한 바처럼 정당한 노동에서 얻는 부는, 탐욕이 아니라 오히려 신의 축복이라는 경제신학적 믿음을 찾아볼 수 있다. 이러한 로빈슨의 사고는 영국중산층의 가치를 대표하는 아버지를 계속 떠올리고 일기를 쓰면서 그의 가르침을 되새기는 장면을 통해 강화된다. 철저한 재화의 관리와 자기 성찰은 호모에코노미쿠스의 전형이기도 하면서 청교도적 삶의 한 부분이라고 볼 수도 있다. 그러나 프로테스탄티즘의 기본 정신에서 부를 축적하는 로빈슨의 모습은 후반부에 갈수록 왜곡되는 양상으로 그려진다.

경제신학적 입장의 로빈슨은 시간이 지날수록 섬의 주인, 지배자의 모습으로 그려진다. 이런 지점들로 인해 탈식민주의 담론에서 『로빈슨 크루소』를 비판하는 근거가 마련된다. 그가 처음 섬에 도착했을 때 자신의 거처를 오두막으로 불렀다가, 요새, 성으로 바꿔 부른다. 스스로에 대한 호칭도 장원의 주인에서 왕이나 황제로, 군주이자 입법자에서 총독으로 부르면서 식민지 지배의 완성을 꾀한다. 프라이데이의 이름을 붙여주는 과정 역시 우월한 영국 백인 제국주의자의 모습을 여실히 보여준다. 그는 프라이데이를 타자로 인정하지 않고 다스릴 대상, 부릴 종으로 대하며 임의대로 프라이데이라는 이름을 붙여준다. 로빈슨의 삶은 프라이데이를 만나기 전과 후로 구분될 수 있는데, 전자가 문명화 시기의 일환이라면 후자는 식민화 과정으로 볼 수 있다. 전자의 시기에서 경제신학적 개인주의에서 자본을 축적했다면 후자의 시기에서는 축적된 자본으로 제국주의 이데올로기를 반영하는 식민지화를 완성시키는 과정에 해당한다고 해석할 수 있다.

이처럼 소설을 크게 두 부분으로 나누는 것은 프라이데이의 출현이지만 해변 위에서 사람의 발자국을 발견하는 사건을 통해 미리 변화를 보여주고 있다. 이 때 로빈슨의 의식과 감정 변화는 그가 섬의 주인으로 자연을 관찰, 통치하고 안정적으로 마련한 세계가 붕괴될 수 있음에 대한 공포와 두려움을 보여준다. 살기 위해 투쟁을 하여야 자신의 안전과 정체성을 지킬 수 있는 냉혹한 사회적 관계에 다시 노출된다는 의미이기 때문에 그간의 고독한 상황에서 타자를 간절히 원하면서도 동시에 안정적 생활을 위협하는 타자에 대한 두려움을 동시에 나타내는 양가성을 지닌다. 탈식민지담론에서 지배자들이 피식민인들을 대할 때, 지배와 통치의 대상이면서 동시에 체제의 전복을 일으킬 수 있는 위협의 대상으로 보는 양가성이라고 할 수 있다.

　여기에서 로빈슨이 프라이데이를 구해주고 노예로 삼는 사건은 해변의 발자국에 대한 로빈의 상상이 현실로 구체화된 사건인 셈이다. 로빈슨은 식민주의자, 제국주의자의 의식을 여과없이 보여준다고 한다면, 야만인으로 등장하는 프라이데이는 피식민지인이나 약소민족, 또는 국가를 상징한다고 볼 수 있다. 로빈슨이 프라이데이에게 처음으로 가르쳐 준 첫 영어 단어가 주인님이라는 점은 자신과 프라이데이의 관계를 주인과 노예, 지배와 피지배의 권력 관계로 상정하였다는 의미이다. 그는 프라이데이가 생각이나 문화를 가질 수 있는 주체적 인간으로 전혀 고려하지 않았고 오히려 영국의 문화와 기독교를 가르쳐 더 충직한 종으로 만들려고 한다. 이러한 로빈슨의 관계 설정은 문명과 자연, 남과 여, 백인과 유색인, 서양과 동양이라는 이분법적 대립구조를 설정한 뒤, 왼쪽 항이 오른쪽 항에 비해 우월하고 따라서 지배를 할 수 있는 특권이 부여되어 있다는 주장을 한다는 점에서 문제적이다. 나아가 그 특권을 누리기 위해 폭력을 행사하는 위계구조를 정당화하는 인식의 틀로 사용한다는 점에서 비판의 대상이 될 수 있다.

마지막으로 여러 작가들의 소설 다시쓰기를 통해 『로빈슨 크루소』에 대한 새로운 읽기가 시도되었다. 미셸 투르니에(Michel Tournier)의 『방드르디, 태평양의 끝』(*Vendredi ou les Limbes du Pacifique*)은 무인도에 난파된 로빈슨이 야만인 방드르디(불어로 금요일)를 만나 그의 자유로운 사고방식에 물들게 된다는 이야기이다. 존 쿠찌에(J. M. Coetzee)의 『포』(*Foe*)는 수잔 바턴이라는 여성이 로빈슨이 조난당한 섬에 함께 난파되어 거주하면서 그녀를 통해 이야기를 전달한다. 이 작품들은 현대의 비평이론인 후기구조주의, 해체주의, 탈식민주의와 페미니즘 등에서 놓치고 있었던 부분이나 작품에서 가려지고 억압된 서사를 재발굴해내고, 작품을 전복적으로 읽어 볼 수 있는 계기를 마련해준다. 따라서 이 소설은 근본적으로 인간의 생존과 고독, 그리고 사회적 동물로서의 인간의 본능이 지닌 양면성이라는 철학적 질문에 대해 서구 근대 주체와 주권의 문제, 개인주의와 자본주의를 둘러싼 경제 신학적 실천, 제국주의 이데올로기와 타자성의 문제를 끊임없이 살펴볼 수 있는 텍스트라는 점에서 정전의 자리를 지키고 있다고 할 수 있다.

▶▶ 더 읽을거리

Fallon, Ann Marie. "Literary Revision and *Robinson Crusoe*." *Global Crusoe: Comparative Literature, Postcolonial Theory, and Transnational Aesthetics*. NY: Routledge, 2016. 17-32.

Flynn, Carol Houlihan. "Consumptive Fictions: Cannibalism and Defoe." *Robinson Crusoe*. Ed. Michael Shinagel. New York: Norton, 1994. 423-32.

McKeon Michael. *The Origins of the English Novel 1600-1740*. Baltimore:

The Johns Hopkins UP, 1987.

Vickers, Ilse. *Defoe and the New Science*. Cambridge: Cambridge UP, 1996.

Watt Ian. *The Rise of the Novel Studies in Defore, Richardson and Fielding*. NY: Penguin, 1957.

Zimmerman, Everett. "Robinson Crusoe: Author and Narrator." *Defoe and the Novel*. Berkeley: Ll of California P, 1975. 20-47.

┃성 정 혜 (이화여자대학교)

제인 오스틴
Jane Austen

작가 소개

　제인 오스틴(Jane Austen, 1775-1817)의 소설작품들은 출간된 후 이백 년 정도 지났지만, 지금까지도 대중의 사랑을 듬뿍 받으면서 전 세계적으로 널리 읽히는 고전으로서의 지위를 확고히 지키고 있다. 로맨스와 풍자, 유머와 리얼리즘, 그리고 섬세하고 치밀한 심리묘사를 특징으로 하는 그녀의 작품들은 비평가들의 끝없는 주목을 받는 고급문화에 속하면서도, 컬트 수준에 이르는 대중 독자들을 널리 확보하고 있다는 점에서, 거의 셰익스피어에 비견되는 독보적인 위치를 차지한다.

　이렇게 널리 사랑받는 소설의 저자인 제인 오스틴은 1775년 12월 16일 영국 남부 햄프셔 주의 스티븐튼이라는 작은 시골 마을에서 태어나, 별다른 사건과 풍파 없이 평온한 삶을 살았다. 아버지 조지 오스틴은 어려서 아버지를 잃었으나, 친척들의 도움을 받아 캠브리지 대학을 졸업하고 목사가 된다. 오스틴의 어머니 카산드라 리는 목사와 학자를 많이 배출한 집안 출신이었다. 조지 오스틴은 부인 친척들의 도움으로 목사직을 수행할 교구를 얻었으나, 대가족에 수입은 많지 않아서 농사일도 하고, 집에서 학생들을 가르치면서 모자라는 수입을 보탰다. 이런 환경 속에서 돈과 계급에 대한 섬세한 관심은 제인 오스틴 소설 전체를 관통하는 주요 주제로 등장하게 된다.

조지 오스틴과 카산드라 오스틴은 모두 여덟 남매를 두었다. 첫째 제임스는 캠브리지 대학을 나와서 목사가 된다. 둘째 조지는 정신지체아로 태어나서 마을의 가난한 집에 맡겨진 채 평생을 그 곳에서 지냈다. 셋째 에드워드는 매우 부유한 친척인 나이트 집안의 양자로 들어가서 지주로서의 부유하고 안락한 삶을 살게 된다. 넷째인 헨리는 민병대에 있다가 은행가가 되었으나, 나폴레옹 전쟁이 끝난 후 찾아온 경제적 불황기에 파산한 후 목사의 길을 걷게 된다. 다섯째가 오스틴이 가장 좋아했던 언니 카산드라이다. 그 후 찰스가 태어나고 제인이 태어난 후 마지막으로 프란시스가 태어난다. 제임스와 헨리는 친척들의 도움과 장학금으로 캠브리지에 다닐 수 있었으나, 마지막 두 아들 찰스와 프란시스는 왕립 해군 사관학교에 들어가서 해군 장교가 되었으며, 나중에 두 사람 다 해군 제독이 되었다. 그러나 제인과 그녀의 영혼의 친구였던 언니 카산드라는 소녀들을 위한 기숙학교에서 몇 년 간 피상적인 교양을 쌓은 것이 전부였고, 직업을 위한 어떤 교육도 받을 수 없었다.

당시 소설가라는 직업은 양가집 여성들이 돈을 벌 수 있는 몇 안 되는 영역에 속했다. 경제적으로 여유는 없었으나 풍부한 문화자본을 소유한 가족의 분위기 덕분에 오스틴은 소설가로서의 경력을 준비할 수 있었다. 아버지 조지 오스틴은 책을 많이 읽는 훌륭한 학자였으며, 어머니는 재치 있고, 희극적인 시를 짓는 재주꾼이었다. 아버지와 형제들은 오스틴의 문학 활동을 적극적으로 도와주었고, 언제나 그녀 소설의 첫 독자 겸 비평가가 되어주었으며, 그녀의 소설들을 출판하는데 적극적으로 나서주기도 했다.

오스틴은 자신의 가족이 "소설을 좋아하는 가족"이라고 자랑한 바 있다. 당시 소설이라는 장르가 여성들을 타락시키는 쓰레기 같은 글이라고 폄훼받는 분위기 속에서 당당하게 가족들이 소설을 좋아한다고 밝힌 것을 보면, 가족들의 분위기가 오스틴이 훌륭한 소설가로 성장하는데 도움이 되었음을 알 수 있다. 문학적인 집안 분위기 속에서 오스틴은 십대 초기부터 짤막하고 희극적인 단편들을 쓰기 시작했고, 캠브리지에 다니던 오빠들이 발간하는 잡지에 글을 기고하기도 했다.

11세부터 「영국의 역사」 등 재미있고 과장된, 그리고 짤막하면서도 통찰력 있는 단편들을 쓰던 오스틴은 14세에 「사랑과 우정」이라는 편지 형식으로 된 단편을 쓴다. 이 작품은 당시 유행하던 감상소설의 상투적인 상황들을 극도로 과장함으로써 통렬하게 풍자한 희극으로, 어린 나이에 쓴 작품이라고는 믿기지 않을 정도로 수작이다. 역시 초기작으로 엄격한 숙모 밑에서 상상 속의 삶을 사는 소녀를 그린 『카사린 혹은 정자』(Catharine or, The Bower)와 자신의 언변과 매력으로 주위 사람들을 모두 조종하려고 드는 이기적인 여주인공을 다룬 『레이디 수잔』(Lady Susan, 1871)이 있다. 이십 세가 된 1795년 무렵부터 오스틴은 나중에 『오만과 편견』(Pride and Prejudice)이 된 『첫인상』, 극도로 다른 성향을 지닌 두 자매의 사랑과 결혼을 다룬 『분별과 감수성』(Sense and Sensibility, 1811), 그리고 나중에 『노쌩거 사원』(Northanger Abbey, 1818)이라는 제목으로 출판될 『수잔』이라는 장편소설을 완성한다. 오스틴 가족들은 『첫인상』과 『수잔』을 출판하고자 했으나 실패한다.

1801년에 오스틴 가족은 휴양도시인 바스로 이사를 가서 그 곳에서 5년간 생활을 한다. 바스에서 오스틴은 상류계급의 교육을 받은 여주인공이 집으로 돌아와 가난과 직면하게 되는 이야기를 다룬 미완성작인 『왓슨 가족』(The Watsons, 1804)을 쓴다. 한편 바스에 머무르는 동안 27세의 오스틴은 부유한 상속자인 해리스 빅-위써라는 사람의 청혼을 받아들였으나, 밤새도록 고민한 끝에 다음날 아침 청혼을 거절한다. 당시 결혼은 무일푼의 양가집 규수들에게는 최선의 생존수단이었으나, 지참금 없는 젊은 여성에게 결혼은 하늘의 별따기 였다. 그래도 오스틴은 사랑 없이 조건만으로 하는 결혼을 거절한 것이다. 오스틴은 20세에 톰 르프로이라는 청년을 잠시 좋아했었으나, 무일푼의 오스틴과의 결혼을 탐탁하게 여기지 않았던 르프로이의 친척들 때문에 헤어진 아픈 기억이 있었다. 오스틴의 언니인 카산드라는 아버지의 제자와 약혼했으나 그는 서인도제도에서 황열병에 걸려서 사망한다. 두 자매는 평생 독신으로 서로를 의지하며 살게 된다.

1805년에 아버지가 돌아가시자 오스틴 부인과 두 딸들은 별다른 수입 없이 가난에 빠질 난감한 처지에 놓이게 된다. 이넣듯 아버지의 사후 어려움에 직면하게 될 경제적 상황은 엠마를 제외한 모든 오스틴의 여주인공들이 처한 상황이다. 다행히 오스틴은 여러 오빠와 동생들이 보태주는 생활비를 받게 된다. 1809년 아내를 잃고 11명의 자녀를 돌보게 된 에드워드가 자기 영지의 초튼 카티지라는 작은 집으로 이사 오라고 권유하자, 그곳으로 가서 조카들을 돌보며 살게 된다. 초튼 카티지에서 안정된 삶을 영위하게 된 오스틴은 여행도 자주 다니면서 삶을 즐겼고, 특히 소설 창작력의 꽃을 활짝 피우게 된다. 1811년에는 『분별과 감수성』을 수정해서 익명으로 출판하고, 1813년에는 상당한 인기를 얻은 『오만과 편견』을 출판한다. 이듬해 1814년에는 부유한 친척집에 얹혀살면서 신데렐라 같은 취급을 받는 여주인공을 그린 『맨스필드 파크』(Mansfield Park)를 출간했다. 오스틴의 소설들은 아주 많이 팔리지는 않았으나 꽤 좋은 평을 받았다. 그래서 1815년에 출간한 『엠마』(Emma)는 나중에 조지 4세가 되는 섭정의 요청으로 섭정에게 헌정하게 된다.

이렇게 왕성하게 활동하던 오스틴은 애디슨씨 병이라고 추정되는 병에 걸려 자리에 눕게 된다. 아픈 가운데도 초기작인 『수잔』을 수정하여 『노쌩거 사원』이라는 작품을 완성했고, 마지막 작품인 『설득』(*Persuasion*)을 완성했다. 두 권의 소설은 1818년에 유고집으로 출판된다. 1817년에는 『샌디튼』(*Sanditon*)이라는 작품을 시작했으나 결국 완성하지 못하고 펜을 놓게 된다. 이렇듯 짧은 시간에 영국문학사상 가장 사랑받는 몇 개의 소설을 세상에 내놓은 오스틴은 숨을 거두는 순간까지도 특유의 풍자와 유머감각을 잃지 않다가 1817년 7월 18일 세상을 떠났다.

엠마
Emma

작품 줄거리

『오만과 편견』이 오스틴 작품 중 가장 대중적인 인기를 누리는 작품이라면, 『엠마』(*Emma*, 1815)는 많은 비평가들이 이구동성으로 오스틴 최고의 소설이라고 꼽는 작품이다. 일례로 자넷 토드(Janet Todd)는 제인 오스틴 소설 중 『엠마』가 가장 복잡하고, 스타일이 뛰어나며, 우아한 작품이라고 말하고 있다. 엠마는 평이한 문체와 지속적인 사건의 연속으로 쉽게 읽어갈 수 있지만, 추리소설을 방불케 하는 복잡한 비밀과 반전을 바탕에 깔고 있고, 또한 섬세하고 미묘한 심리묘사 때문에 오스틴 소설 중 가장 이해하기 어려운 작품으로 여겨지기도 한다. 그러므로 『엠마』는 그 의미를 제대로 파악하려면 반드시 다시 읽기를 해야 하는 작품이다. 유머와 재기, 그리고 인간성에 대한 통찰이 가득한 『엠마』는 읽을 때마다 새로운 의미와 시각을 제공한다는 점에서 진정한 고전이라고 볼 수 있을 것이다.

『엠마』는 제인 오스틴의 여섯 개의 소설 중 여주인공의 이름이 책의 제목이 된 유일한 작품이다. 다른 오스틴 여주인공들은 작가 자신과 마찬가지로 경제적 어려움에 대한 불안감을 간직한 일종의 주변부에 속한다. 반면,

엠마는 부유한 집의 딸로, 병약한 아버지와 함께 살며, 돌아가신 어머니와 결혼한 언니 대신 안주인으로서 아무의 통제도 받지 않고 아무런 걱정거리 없이 21세의 삶을 영위한다. 이 소설은 주인공 『엠마』에 대한 설명으로 시작한다. "미인이고 똑똑하며 부유한데다, 안락한 집과 낙천적인 기질까지 갖춘 엠마 우드하우스는 인생의 여러 가지 축복을 다 가진 것처럼 보였다." 엠마는 자신을 최고라고 생각하는 아버지와, 그녀의 뜻을 모두 받아 주는 가정교사 미스 테일러와 살면서 지나친 자신감을 갖게 된다. 오스틴은 엠마가 이런 상황에서 "좀 지나치게 자신이 하고 싶은 대로 하는 것과, 자신이 좀 지나치게 잘났다고 생각하는 점"을 결점으로 갖게 되었다고 부연 설명한다. 이 소설에서 엠마는 과도한 자신감과 지적 허영심, 그리고 상상력이 넘치는 인물이며, 자신보다 낮은 지위에 있는 사람들을 무시하고 모욕하는 발언을 하기도 하고, 다른 사람들의 운명을 자기 멋대로 상상해서 통제하려고도 하고, 무엇보다도 자신의 감정도 제대로 이해하지 못하면서 다른 사람들의 감정을 꿰뚫어보고 있다는 착각에 빠지기도 한다. 이렇게 결점이 많아 보이는 엠마에 대해 오스틴은 "나 말고는 아무도 좋아하지 않을" 여주인공이라고 말한다. 오스틴의 말대로 엠마가 그녀를 탄생시킨 작가에게만 사랑받는 인물로 남았다면, 이백년 동안 이 작품이 전 세계 독자들에게 받아온 사랑은 설명되지 않을 것이다. 오스틴은 1인칭과 3인칭을 결합한 자유간접화법(Free Indirect Discourse)이란 내러티브 테크닉을 통해 독자의 엠마에 대한 동시적 공감과 비판을 가능하게 한다. 한편으로 이 소설은 엠마의 눈으로 모든 사건을 보여주기 때문에, 독자들은 엠마의 시선으로 세상을 바라보며 그녀의 관점과 쉽게 동일시된다. 그러나 다른 한편으로 화자는 엠마의 내면과 생각에 약간의 거리를 두면서 엠마의 행동을 그려나간다. 그러므로 독자의 시선은 이 소설을 읽어가는 내내 엠마의 내면과 바깥에 동시에 존재하게 되고, 엠마에게 공감을 하면서 동시에 그녀와 비판적 거리를 두며 객관적 판단을 하게 된다. 바로 이 점이 엠마를 진부하지 않고 생생하게 살아있는 인물로 만드는 매우 중요한 비결이며, 독자들이 엠마의 모든 결점에도 불구하고 그녀를 매력적인 존재로 여기게 되는 중요한 이유이다.

『엠마』의 이야기는 그녀의 가장 좋은 친구이자 말벗이었던 미스 테일러가 이웃에 사는 웨스튼씨와 결혼하면서 시작한다. 결혼식이 끝난 후 엠마는 모든 변화를 극도로 싫어하는 아버지가 미스 테일러를 잃어버린 것에 대해 한탄하자, 이를 위로하며 쓸쓸한 저녁시간을 보낸다. 이 때 엠마의 언니인 이자벨라와 결혼한 존 나이틀리의 형 조지 나이틀리씨가 방문한다. 엠마가 미스 테일러와 웨스튼씨의 결혼을 성사시킨 것은 바로 자신이라고 뽐내자 나이틀리는 엠마가 한 역할은 아무 것도 없다고 반박한다. 그러나 엠마는 나이틀리의 반박을 받아들이지 않고, 독신인 마을의 목사 엘튼을 위해 적합한 부인을 찾아주기로 결심한다. 이 가벼운 입씨름을 시작으로 엠마와 나이틀리는 소설 전반에 걸쳐 때로는 가볍고, 때로는 심각한 언쟁을 하게 되는데, 대개의 경우 엠마보다 훨씬 나이도 많고 경험도 많은 나이틀리의 의견이 옳은 것으로 판명된다.

미스 테일러라는 말벗을 잃어 쓸쓸하던 차에 엠마는 마을 기숙학교의 학생인 17살의 해리엇 스미스를 만나게 된다. 사생아로 태어나 기숙학교에 맡겨진 해리엇은 영리하지는 않지만, 아름답고 상냥하고 유순하며 무엇보다도 엠마에 대한 감탄과 존경심으로 가득한 소녀였다. 엠마는 그녀를 제대로 교육시켜 상류계급에 어울리는 교양과 품위를 갖추게 한 후 엘튼과 짝을 맺어주기로 결심한다. 우선 그녀는 엘튼과 해리엇이 만날 수 있는 기회를 자주 마련해주고, 엘튼이 해리엇에게 관심을 보인다고 확신하는 한편, 해리엇이 호감을 보이는 농부 마틴을 그녀에게서 멀어지게 하려고 애쓴다. 농부 마틴의 계급과 외모 때문에 그를 깎아 내리는 엠마의 모습은 엠마가 계급적 속물임을 보여주며, 그녀가 인간의 진정한 내면적 가치를 알아보기 위해서는 도덕적인 성숙이 필요하다는 걸 알 수 있다. 한편 나이틀리는 엠마와 해리엇의 우정에 대해서 부정적이다. 그는 해리엇의 아첨과 존경 때문에 엠마의 자만심은 커질 것이고, 엠마가 심어준 부푼 기대 때문에 해리엇은 자신의 신분과 처지에 만족할 수 없이 눈만 높아질 것이라고 비판한다. 이에 대해 웨스튼 부인은 엠마가 딸로서, 자매로서, 그리고 친구로서 정말 따뜻한 마음씨를 가지고 있으며, 어쩌다 실수를 한다고 해도 대부분 올바르게 행동한다고 주장한다. 엠마를 매우 사랑하는 두 사람의 관점은 모두 옳다. 소설을 읽어나가면서 독자들은 엠마의 결점과 더불어 엠마의 장점을 숙지하게 되며, 엠마가 지나친 상상력과 고집 때문에 실수도 잦지만, 진심으로 실수를 뉘우치면서 성장해 가는 모습까지 같이 보게 된다. 이런 과정을 통해서 엠마는 단지 작가에 의해 창조된 캐릭터가 아니라 실제 인물과 같은 생생한 리얼리티를 얻게 되는 것이다.

얼마 후 해리엇은 설레는 마음으로 마틴의 청혼편지를 엠마에게 보여주고, 엠마는 해리엇이 마틴을 거절하는 것이 당연하다고 부추긴다. 실망을 표하는 해리엇에게 엠마는 엘튼이 그녀를 좋아한다는 암시를 하고, 해리엇은 기대에 부풀어 행복해한다. 나이틀리는 엠마가 마틴의 청혼을 방해했다는 걸 알게 되자, 성실한 농부 마틴이야말로 태생도 모르는 사생아인 해리엇에게 과분한 사람이라고 주장한다. 엠마는 자신의 친구인 해리엇이 분명 신사의 딸일 것이므로, 절대로 신분이 낮은 농부와 결혼하면 안 된다고 반박한다. 나이틀리는 엘튼이 실용적인 사람이기 때문에 절대로 해리엇과 결혼하지 않을 것이라고 얘기하지만, 엠마는 엘튼이 이미 해리엇을 사랑하고 있다고 믿기 때문에 조금도 흔들리지 않는다.

크리스마스가 다가오자 엠마의 언니인 이자벨라와 남편 존 나이틀리가 아이들을 데리고 방문한다. 엠마와 아버지, 그리고 언니 가족들은 크리스마스에 웨스튼씨 댁의 파티에 가게 되고, 엘튼이 엠마에게 하는 행동을 유심히 관찰한 존 나이틀리는 엘튼이 엠마에게 노골적으로 구애를 한다고 지적한다. 자신이 만든 생각에 갇혀 있는 엠마는 평소에는 매우 날카롭고 지성적인 존 나이틀리가 엘튼이 좋아하는 사람은 해리엇이라는 걸 파악하지 못하는 걸 보면서 몹시 즐거워한다. 그러나 단둘이 엠마와 마차를 타고 돌아가던 엘튼이 엠마에게 청혼을 하자 엠마의 환상은 모두 깨져버린다. 엠마는 별로 내세울 것 없는 엘튼이 감히 마을에서 가장 유서 깊고 지체 높은 집안의 딸인 자신에게 청혼한 것에 분개하고, 엘튼은 엠마가 지체 낮은 해리엇과 자신을 결혼시키려했다는 사실을 알고는 자존심을 상해한다.

엘튼의 청혼은 엠마에게 자신의 중대한 실수를 통해 성숙할 수 있는 첫 번째 계기를 마련해준다. 엠마는 자신의 잘못된 판단을 인정했고, 해리엇이 받을 타격에 대해서 걱정을 시작한다. 그녀는 두 사람을 엮어주겠다고 생각한 것이 애초에 "바보 같고 잘못된 일"이었으며, "심각해야 할 일을 가볍게 여긴 결과"라고 반성하면서, "염려와 부끄러움에 휩싸여서 다시는 이런 일은 안 하겠다고 결심한다." 해리엇은 엘튼이 엠마에게 청혼한 사실에 슬퍼하지만, 그녀의 엠마에 대한 애정은 변하지 않고, 엘튼은 엠마와의 어색한 만남을 피하기 위해 바스로 떠난다.

엘튼이 떠나고 나서 마을에는 새로운 인물이 두 사람 나타난다. 한 명은 웨스튼씨의 아들로서 어머니가 돌아가시자 외삼촌인 처칠씨에게 양자로 입적된 프랭크 처칠이다. 프랭크 처칠은 아버지 웨스튼 씨를 방문하겠다는 편지를 자주 보냈으나 오랫동안 그 방문을 미루었다. 방문을 미룬 이유는 프랭크의 외숙모인 처칠 부인의 병세 때문이라고 알려져 있었으나, 나이틀리는 프랭크가 진정 남자다운 남자라면 자신의 의무를 다하기 위해서 아버지를 찾아와야 한다고 주장한다. 엠마는 누군가에게 경제적으로 의존해야 하는 사람은 가고 싶은 곳을 마음대로 갈 자유가 없다고 프랭크를 감싼다. 그러나 나이틀리는 프랭크가 심약하고 남자답지 못한 사람일 것이라고 결론을 내린다. 그렇게 오랫동안 예고되었던 프랭크의 방문이 드디어 이루어지자 엠마는 그에게 깊은 관심을 보인다. 엠마는 결혼해서 아버지 곁을 떠나는 일은 결코 없을 거라고 독신주의를 천명하지만, 속으로는 혹시 결혼한다면 프랭크 처칠과 하게 될지도 모른다고 오랫동안 생각하고 있었기 때문이다.

또 다른 한 명은 마을 교구의 목사였던 고 베이츠씨의 손녀인 제인 페어팩스이다. 제인 페어팩스는 부모가 돌아가시고 나서 아버지 친구의 집에서 그 집 딸의 친구로서 함께 교육을 받는다. 우아하고 말이 없는 제인은 엠마와 동갑이라 엠마의 가까운 친구가 될 것이라고 사람들이 기대하고 있으나, 제인과 성격이 맞지 않는 엠마는 제인의 빼어난 재주를 질투하며 그녀를 멀리한다. 제인은 친구가 딕슨이라는 사람과 결혼해서 아일랜드로 떠나자 집으로 돌아온다. 그녀는 한동안 하이베리의 집에서 늙고 귀먹은 할머니와 사람은 좋으나 말 많고 주책없는 이모인 미스 베이츠의 집에서 시간을 보내다가 가정교사 자리를 알아봐야하는 처지가 되었다. 그녀가 받은 교육은 가정교사가 되어 남의 집 아이들을 가르치면서 주인도 하인도 아닌 외롭고 고립된 처지에서 남은 생을 보낼 수단으로만 쓰이게 될 것이다. 나중에 제인 페어팩스는 가정교사를 일종의 노예 제도와 비교하며 쓰라린 심정을 토로한다. 엠마는 제인의 처지에 동정심을 금할 수 없으나, 특유의 상상력을 발휘하여 제인이 친구의 남편인 딕슨씨와 사랑에 빠져서 하이베리로 도망쳐 왔다는 생각을 하기 시작한다. 쾌활하고 낙천적이며 싹싹한 프랭크에게 호감을 갖게 된 엠마는 그에게 제인과 딕슨의 관계에 대한 의심을 털어놓고, 프랭크는 제인의 의심에 저항하는 듯

하더니 곧 그 해석을 받아들인다.

콜씨 집에서 열린 파티에 제인과 프랭크, 엠마와 나이틀리 등 하이베리의 주요 인물들이 모두 초대를 받는다. 웨스튼 부인은 나이틀리씨가 제인과 미스 베이츠를 위해 마차를 내주었다는 말을 듣고, 제인과 나이틀리 씨의 결혼 가능성을 예견한다. 엠마는 나이틀리의 재산이 자신의 조카에게 가야하기 때문에 나이틀리씨는 결코 결혼하면 안 된다고 분개한다. 나이틀리는 나중에 엠마에게 제인이 너무나 내성적이고 말이 없기 때문에 결혼 상대로는 마음에 들지 않는다고 분명히 말하고, 엠마는 안심한다.

프랭크는 무도회를 열 계획을 세우고 장소를 물색하던 중, 외숙모의 부름을 받고 급히 돌아간다. 엠마는 프랭크와 사랑에 빠졌다고 생각했지만, 프랭크가 떠난 다음에도 여전히 삶을 즐기는 자신을 보고, 프랭크에 대한 사랑이 크지 않았을 거라고 생각한다. 엠마는 자기가 아니라 해리엇이야말로 프랭크에게 가장 잘 어울리는 배필이 될 것이라고 생각하게 되지만, 섣부르게 두 사람을 맺어주려는 시도는 하지 않으려고 결심한다.

한편 엘튼은 바스에 가 있는 동안 약혼을 하여 해리엇에게 충격을 주고 동네에 신선한 센세이션을 일으킨다. 얼마 후 결혼식을 마친 그는 신부를 데리고 돌아온다. 엠마는 엘튼 부인을 만나자마자 그녀가 교양 없고, 무례하며, 관심을 끌기 좋아하는 허영심 많은 여자라는 결론을 내린다. 엘튼 부인은 엠마와 친해지려고 했으나 엠마가 받아들이지 않자 대신 제인 패어팩스의 후견인을 자처하며, 조금만 기다려달라는 제인의 부탁에도 불구하고, 제인에게 가정교사 자리를 찾아주겠다고 생색을 낸다.

프랭크의 숙모인 처칠 부인이 건강을 위해서 하이베리에서 가까운 리치몬드로 이사 오자 프랭크는 지난 번 방문 때 접었던 무도회를 다시 주최한다. 무도회에서 엘튼은 파트너가 없어서 춤을 못 추고 있는 해리엇과 춤추기를 공개적으로 거부한다. 굴욕감에 차 있던 해리엇에게 나이틀리가 춤을 청해서 그녀의 자존심을 회복시켜 준다. 엠마는 자신의 친구에게 기사도 정신을 발휘한 나이틀리에게 진심으로 감사하고 나이틀리와 춤을 춘다. 다음 날 해리엇은 산책 나갔다가 집시 무리를 만나게 되는데, 마침 지나가던 프랭크가 그녀를 구해준다. 해리엇은 엠마에게 자신은 엘튼에 대한 감정을 완전히 버렸고, 자신을 곤경에서 구해준 훌륭한 남자를 좋아하게 되었지만, 신분의 차이 때문에 그와의 관계는 꿈도 꿀 수 없다고 말한다. 엠마는 해리엇의 운명에 개입하지 않으려고 결심했기 때문에 그 남자가 누군지 일부러 묻지 않는다. 그러나 엠마는 해리엇이 자신을 집시에게서 구해준 프랭크를 좋아하게 된 것은 당연하다고 생각하면서 신분의 차이는 얼마든지 극복할 수 있다고 해리엇의 희망을 북돋아준다.

한편 나이틀리는 제인과 프랭크 사이에 은밀한 눈짓이 오고가는 것을 관찰하고, 엠마에게 알렸으나 엠마는 두 사람은 어떠한 관계도 없다고 강력하게 부인한다. 프랭크는 낱말 게임을 하면서 제인에게 딕슨이라는 단어를 보여주고, 제인이 여기에 대해 분개하자 엠마는 자신이 알고 있는 비밀을 프랭크에게 말해준 것을 후회한다.

하이베리 사람들은 얼마 후 애비에 딸기 따는 피크닉을 하고 다음 날 경치가 아름답기로 유명한 '복스 힐' 구경을 간다. 복스 힐 피크닉에서 엠마는 프랭크와 노골적으로 친하게 굴면서, 친절한 미스 베이츠에게 모욕적인 말까지 한다. 이 일로 엠마는 나이틀리에게 심하게 꾸지람을 듣고 몹시 상심하게 된다. 이 사건이 엠마를 자기 성찰로 나아가게 하는 두 번째 계기이다. 이 사건에 대한 엠마의 심정은 엘튼이 자신에게 청혼해서 해리엇에게 미안해할 때 보다 훨씬 더 강렬한 언어로 묘사된다. "그녀는 말로 표현할 수 없을 정도로, 숨길 수도 없을 정도로 애가 탔다. 여태까지 살면서 어떤 상황에서도 이렇게 속상하고 부끄럽고 후회스러운 적이 없었다. 그녀는 너무나 강하게 충격을 받았다." 엠마는 미스 베이츠에게 잔인하고 냉정하게 군 것에 대해 마음 깊이 후회하며 눈물까지 흘린다.

박스 힐 사건 후 엠마는 미스 베이츠의 집을 찾아가서 화해를 시도한다. 사람 좋은 미스 베이츠는 엠마를 받아들여주지만 제인은 엠마가 시도하는 화해의 손길을 뿌리친다. 바로 다음 날 프랭크를 옥죄고 있던 처칠 부인이 죽음을 맞게 되자, 프랭크는 숙모가 두려워서 비밀로 했던 제인과의 약혼을 공개한다. 엠마가 프랭크를 좋아한다고 생각했던 웨스튼 부부는 엠마가 상처받을까 걱정하지만, 엠마는 자신이 전혀 프랭크에게 관심이 없음을 알린다. 엠마는 엠마대로 프랭크를 좋아하는 해리엇이 상처받을까봐 걱정한다. 그러나 엠마는 뜻밖에도 해리엇이 좋아하는 사람이 엘튼이 무도회에서 해리엇을 퇴짜놓았을 때 그녀를 굴욕에서 구해준 나이틀리라는 사실을 알게 되자 심한 충격을 받는다. 해리엇은 엠마가 희망을 주지 않았으면 자신은 나이틀리를 좋아하는 건 감히 꿈도 못 꿀 일이었지만, 이젠 나이틀리도 자신의 마음을 받아주고 있는 것 같다고 밝힌다. 나이틀리가 해리엇을 좋아한다는 말을 듣자마자 엠마는 불현 듯 "나이틀리 씨는 자기 말고 어떤 누구하고도 결혼하면 안된다"고 생각하면서 자신이 그 동안 나이틀리를 깊이 사랑해왔음을 깨닫는다. 이 사건은 엠마의 자기 성찰에 세 번째 계기가 된다. 그녀는 그 전에는 한 번도 겪어보지 못한 명료함으로 자신의 마음을 뒤돌아보고 자신의 행동을 성찰해본다. 그리고 그 동안 해리엇에게 얼마나 몹쓸 짓을 했는지, 다른 사람의 감정에 개입한 것이 얼마나 주제넘고 잔인한 짓이었는지를 확실하게 깨닫는다. 엠마는 너무나 고통스러웠지만 꿋꿋하게 해리엇의 얘기를 들어주고, 나이틀리 씨가 해리엇에게 좋아한다는 감정을 표현했다면 결코 허투루 그럴 사람은 아니라며 그녀를 격려해주기까지 한다. 해리엇이 떠난 뒤 엠마는 자신의 교만과 착각이 가져온 해악에 대해서 깊이 성찰해본다.

한편 나이틀리씨는 프랭크와 제인의 약혼 소식을 듣고 프랭크를 좋아하던 엠마가 상심해있을 거라 믿고, 엠마를 위로해주러 온다. 엠마가 프랭크를 좋아한 적이 없음을 밝히자, 안심한 나이틀리씨는 엠마에게 할 말이 있다고 고백한다. 엠마는 나이틀리가 신분이 낮은 해리엇을 좋아하는 것에 대해 자신과 의논하려 하는 것이라고 생각하고, 처음에는 듣기를 거부한다. 엠마의 거부에 상처입은 나이틀리를 보면서 엠마는 자신이 어떤 고통을 당하더라도 나이틀리의 말을 끝까지 듣기로 결심하는데, 결국 나이틀리의 입에서 나온 것은 엠마에 대한 사랑의 고백이다. 행복에 겨운 엠마는 나이틀리와 약혼을 하고, 병약한 엠마의 아버지가 살아계시는 동안은 나이틀리가 엠마의 집에 들어와 살기로 한다. 엠마는 이제 해리엇을 걱정하기 시작하며, 일 년 동안 세 명 이상의 남자와 사랑에 빠지는 건 해리엇에게도 무리일 것이라고 생각한다. 엠마의 예상과 달리 마틴에게서 다시 청혼을 받은 해리엇은 그의 신청을 받아들인다. 『엠마』는 마틴과 해리엇, 제인과 프랭크, 엠마와 나이틀리의 결혼식으로 끝을 맺는다.

문학사적 의의[1]

『엠마』에는 해리엇 스미스가 마을의 잡화점에서 산 옷감을 엠마의 집으로 보낼지 자신의 학교로 보낼지 결정을 못하고 망설이는 장면이 나온다. 이 장면은 해리엇의 우유부단한 성격을 잘 보여준다는 점에서 의미가 있을 뿐, 그다지 중요한 장면으로 여겨지지 않는다. 그러나 얼핏 보기에 너무나 사소한 여성 일상의 한 풍경을 담은 이 장면은 영국소설사에서 매우

---

[1] 이 글의 "문학사적 의의" 부분은 필자의 논문 「감정, 계급, 영국성: 제인 오스틴의 『엠마』」(『18세기 영문학』 9.1 (2012))의 내용을 일부 수정해서 실은 것임을 밝혀둔다.

의미 있는 장면이라고 볼 수 있다.

　호머(Homer)의 서사시에서부터 버지니아 울프(Virginia Woolf)의 소설까지 서구 2000년의 문학사를 다룬 『미메시스』(*Mimesis*)에서 에리히 아우얼바흐(Erich Auerbach)는 시대에 따른 문학작품의 주인공과 주제의 변화에 대해서 다루고 있다. 아우얼바흐에 따르면 고대 서사시인 오디세이에 등장하는 주요 인물들은 신, 영웅, 그리고 왕들이며, 이들의 운명과 비극이 소설의 주요 주제를 이룬다. 평민들은 개가죽을 뒤집어 쓴 군사들이나 오디세이의 상처를 알아보는 유모 등 부수적인 인물뿐이다. 중세에 이르면 문학작품의 주요 대상은 주로 기독교의 성인과 순례자가 되고, 일반 민중들은 단지 짧은 소극에서 웃음의 대상이 될 뿐이었다. 17세기 절대왕정하의 프랑스 신고전주의에서도 고대 영웅들과 귀족이 주류였다. 그러나 17세기 말 18세기를 거쳐 중산층이 부상하면서 소설이라는 장르가 등장하고, 소설은 귀족 계급에 맞서 중산층의 가치를 설파하는 주요한 장르가 된다. 특히 18세기 중엽 이후에는 새롭게 교육 받은 중산층 여성들이 작가와 독자로서 대거 소설이라는 장르에 참여하기 시작한다. 18세기 후반과 19세기 초반에 소설을 쓴 작가들은 대부분 여성이었다. 버지니아 울프는 18세기에 중산층 여성들이 글을 쓰기 시작한 것이 중요한 혁명적인 의미를 갖는다고 설파한다. 즉, 그 이전까지 주로 전쟁이나, 정치, 혹은 주요 역사적 사건 등 남성 세계를 대상으로 했던 문학작품들에 서구 역사상 처음으로 여성의 일상생활의 영역이 주요 주제로 등장하게 되는 것을 지적한 것이다. 이때 여성들이 집과 마을에서 보내는 하루하루의 삶과, 여성들의 욕망, 감정, 사랑과 결혼 등이 문학 작품의 소재로 등장하게 된다. 그리고 당시 사회에서의 여성의 교육 문제, 여성의 제한적 삶과 지위 등이 소설에서 다루어진다.

　오스틴의 소설 역시 이런 여성소설의 전통을 의식적으로 이어가면서 여성의 삶을 주제로 다루고 있다. 『노쌩거 사원』에서 오스틴은 남성들이 써 놓은 역사에 대해서 "교황과 왕의 싸움, 전쟁과 역병"만을 다루며 역사책에 나오는 남자들은 아무짝에도 쓸모없는 무뢰배들이고, 여성은 거의 나오지도 않는다고 불평한다. 이와 다르게 여성작가들의 소설에 대해서는 "인간 본성에 대한 가장 철저한 지식"이나 "생생한 재기와 유머"를 가장 뛰어난 언어로 전달하는 장르라고 언명한다. 그러나 여성 소설의 전통을 잇는 오스틴의 소설은 다른 여성작가의 소설들보다 훨씬 더 여성의 일상에 깊이 천착한다. 소설에 있어서 개연성을 매우 중시했던 오스틴은, 이전의 작가들이 여주인공들의 삶을 흥미롭게 만들기 위해서 도입했던 많은 장치들, 즉 어린 시절 유모나 집시에 의해 납치되어 운명이 바뀌게 된다던가, 혹은 캐나다의 강에서 혼자 카누를 타고 내려온다던가 하는 극적인 요소들을 거부한다. 그리고 의식적으로 자신이 잘 아는 주제인 시골 마을에서의 3, 4가정의 이야기를 중심으로, 실제 주변의 삶에서 일어날 법한 이야기만 소설에 담는다. 그러므로 오스틴의 첫 작품인 『분별과 감수성』이 출판되었을 때 당대 비평가들은 소설에 센세이셔널한 요소가 부족하다고 불평했다. 후기작 『엠마』에서 오스틴은 여성의 사소한 일상성을 훨씬 더 상세하게 담아내고 있다. 엠마의 세계는 연필 조각, 상처에 붙이는 회반죽, 옷감을 파는 잡화점과, 파이를 만들 사과와 건강에 좋은 죽, 그리고 집에서 잡은 돼지의 뒷다리 살 등 당시의 일상을 가득 채운 물건들에 대한 묘사로 꽉 차 있다. 이런 일상적인 물건들을 배경으로 사람들의 관계 역시 주변에서 흔히 일어날 수 있는 일상성의 범주를 벗어나지 않는다. 존 머레이는 『엠마』에 "사건과 로맨스"가 없다고 비판하고, 당시의 유명한 소설가 마리아 에지워스도 『엠마』에는 스토리라고 할 것이 없다고 불평한다. 그러나 이는 오스틴이 보다 극적이고 선정적인 이야기를 쓸 능력이 없기 때문이 아니라, 일상의 개연성과 리얼리즘에 철저하게 바탕을 둔 소설쓰기를 추구했기 때문이다. 오스틴 이전의 소설가들에게 있어 해리엇이 가게에서 물건을 앞에 두고 망설이는 장면은 소설에서 다룰 만큼 중요한 가치를 지닌 사건이 아니었을 것이다. 그러나 오스틴은 이 에피소드를 자신의 소설에 집어넣음으로써 여성 일상의 매우 사소한 영역까지 소설의 대상으로 확장하는 것이다. 월터 스콧(Walter Scott)은 『엠마』가 선정적이고 멜로드라마적인 요소를 피하면서 매일 매일 주변에서 일어나는 일상적인 삶을 재현하는 새로운 종류의 소설을 썼다고 칭찬하며, 이런 점에서 오스틴의 소설이 거의 독보적이라고 보는데, 이는 오스틴 소설의 세계를 정확하게 파악한 것이다.

　제인 오스틴의 소설은 모두 여주인공의 결혼을 다룬다는 점에서도 당시 여성소설의 전통 위에 서있다. 1740년대부터 1820년대까지 여성소설의 주류는 '구혼소설'(The Courtship Novel)이라는 장르였으며, 여성들의 결혼문제는 당시 소설, 품행지침서, 잡지 등에서 끝없이 나오는 중요한 화두였다. 결혼문제가 중요한 문제가 된 데는 몇 가지 이유가 있다. 우선 당시의 중산층은 귀족 계급이 결혼을 집안끼리의 거래행위로 보는 것을 부도덕하다고 여기며, 감정과 사랑에 바탕을 둔 개인적 선택으로서의 결혼을 옹호한다. 그러나 개인의 자유로운 선택을 옹호하게 되는 경우 올바른 배우자의 선택이 어려울뿐더러, 결혼을 매개로 하는 돈과 자본의 흐름을 통제하기 어려운 점이 있어서 당시의 모든 글에서는 육체적 욕망이나 지나가는 열정에 바탕을 두지 않은 신중한 결혼을 할 것을 권장하고 있다. 오스틴 소설에서 이상적인 결혼은 개인적인 감정에 기반을 둔 사랑과, 사회적 경제적 조건의 결합으로 나타난다.

　당시 결혼이 중요한 화두인 또 다른 이유는 영국 제국주의의 팽창으로 결혼적령기의 남성들이 대거 해외로 나갔기 때문이기도 한다. 제인 오스틴 시대에 여성 4명 중 한 명은 독신이었고, 빅토리아조 중엽에는 여성들

3명 중 1명이 독신으로 여생을 보냈다는 통계는 당시 결혼의 어려움을 잘 보여준다. 양가집 규수들의 경우 열려있는 직업이 거의 없는 상태에서 결혼은 유일한 직업의 역할을 했다. 오스틴은 가난한 독신 여성의 삶을 『엠마』에 등장하는 미스 베이츠의 모습에 가장 잘 투영하고 있다. 목사의 딸로 아버지가 죽은 뒤 늙은 어머니를 모시고 조카를 돌보면서 가난한 삶을 꾸려가는 베이츠는 어쩌면 실제 오스틴의 처지와 가장 비슷한 인물일 것이다. 평생 독신으로 살았던 오스틴 역시 기댈 형제가 없었다면, 미스 베이츠처럼 이웃의 호의와 은혜에 기대어 살아가면서 오만한 이웃의 모욕까지 감수를 했어야할지 모른다. 이웃의 은혜로 살아가는 운명보다 어쩌면 더 잔인한 것은 가정교사로 가야할 처지에 놓인 제인 패어팩스의 운명이다. 가정교사는 경제력이 없는 양가집 규수에게 열린 거의 유일한 직업이었으나, 주인도 하인도 아닌 처지로서 어느 세계에도 속하지 못하며 굶어죽지 않을 정도의 월급을 받는 비참한 처지였다. 오스틴은 『엠마』에서 제인의 입을 빌어 가정교사 직위를 노예제에 비유하며 그 비참함을 고발한다.

부유한 독신여성의 운명도 그다지 바람직한 것만은 아니다. 엠마는 자신이 평생 독신으로 살겠다고 천명하면서, 할 수 있는 일의 목록을 독서, 양탄자 짜기, 조카 돌보기 등으로 꼽는다. 사실 엠마는 많은 것을 자신의 의지대로 하는 인물이라고 설정되어 있지만, 그녀의 하루하루는 아버지를 돌보는 데 바쳐지고, 그녀의 삶은 하이베리의 좁은 지역으로 한정되어 평생 바다도 한 번 가보지 못한 것을 슬퍼하며, 혼자서는 가까운 이웃집까지 걸어가는 것도 제약이 있다. 이는 나이틀리나 프랭크가 마음대로 여행을 다니고 업무를 보는 삶과는 대조되는 삶이다. 이렇듯 『엠마』에서는 당시 독립적인 남성과는 다른 의존적이고 제약된 여성의 삶에 대한 암묵적인 비판이 내재되어 있다. 엠마가 다른 사람들의 운명에 대해서 상상력을 이용해서 이야기를 만들어내고, 이를 연출하려고 드는 것도 딱히 할 일이 없는 권태와 지루한 삶의 결과이고, 자신의 총명한 지성을 사용할 적합한 대상을 찾지 못했기 때문이라고 볼 수 있을 것이다.

일상성과 결혼, 여성 문제는 오스틴의 모든 소설의 주제이나, 『엠마』에서만 특히 두드러지는 주제는 영국성(Englishness)에 대한 찬양이다. 영국은 오랫동안 프랑스와의 차이를 통해서 영국적인 정체성을 정의해 왔는데, 특히 오스틴이 살았던 18세기 말에서 19세기 초까지 프랑스 혁명과 나폴레옹 전쟁을 통해 프랑스에 대한 적의와 영국에 대한 애국심에 대한 논의가 빈번히 회자되었다. 『엠마』에서는 영국이라는 단위가 일종의 상상적 공동체로서, 비교의 기본 단위로서 무수히 등장한다. 일례로 웨스튼 부인은 "영국에서 가장 훌륭한 컨트리 댄스 반주자"이고, 엠마가 살고 있는 서리 주는 "영국의 정원"이라고 불릴만한 아름다운 곳이며, 나이틀리의 정원에서 자라는 딸기는 "영국 최고의 과일"이다. 나이틀리는 엠마가 자신의 잔소리와 꾸지람을 "영국의 어떤 여성이 참아주었을 것보다 잘 참아주었다고" 감사한다. 이렇듯 『엠마』는 당시 민족주의의 발흥과 더불어 영국이라는 기본 단위국가와 그 정체성이 하이베리 주민들의 일상에 스며들어 있음을 보여준다. 또한 조지 나이틀리와 동생 존의 관계는 일견 무심하고 냉정해 보이지만, 두 사람 사이에는 "무슨 일이 있을 경우 서로를 위해서 어떤 것이라도 할 수 있을 깊은 애정이 자리 잡고" 있는데, 오스틴은 이를 "진정 영국적인 스타일"이라고 부른다.

이 소설에서 가장 영국적인 인물은 조지 나이틀리이고, 프랑스적 특징을 대변하는 인물은 프랭크 처칠이다. 우선 조지 나이틀리라는 이름은 영국의 수호성인으로 영국을 괴롭히는 용을 죽인 세인트 조지와 기사를 연상케 하는 나이트의 조합으로 이루어진다. 그러므로 그의 이름은 애국심과 기사도 정신의 결합으로 볼 수 있다. 이 작품에서 그의 기사도 정신과 따뜻한 마음씨는 그가 사회적 약자라고 볼 수 있는 미스 베이츠나 제인 페어팩스를 돌봐주는 데서 잘 드러난다. 그는 자신이 먹을 사과를 하나도 남겨 놓지 않고 베이츠 댁에 보내주거나, 제인과 미스 베이츠가 밤이슬을 맞으며 걷지 않도록 마차를 제공해준다. 나이틀리가 가장 기사도적인 면모를 보인 사건은 무도회에서 엘튼에게 무시당한 해리엇을 치욕에서 구해 준 사건이다. 엠마는 "나이틀리 씨는 어떤 사람보다도 선하고, 남에게 도움을 주며, 사려 깊고 인정 많은 일을 할 수 있는 분"이라고 말하면서, "눈에 드러나지 않는 친절"을 베풀고 도움이 필요한 모든 이들에게 따뜻한 모습을 보이는 그가 아주 "인간적인"(humane)한 사람이라고 덧붙인다.

이와 달리 이름부터 프랑스와 연결되는 프랭크 처칠은 영국적인 진중한 특성과 배려가 결여된 인물로 그려진다. 나이틀리는 프랭크에 대해서 "자기 자신의 소망"과 "자신의 편의" 이외에는 관심이 없는 "이기적인 열정"으로 가득한 인물이라고 판단한다. 그리고 그를 새어머니에게 응당 갖추어야 할 예를 갖추지 않는 "심성이 약한 인물"로서 영국적인 특질이라고 여겨지는 "강한 의무감"이 결여된 인물이라고 본다. 특히 나이틀리는 프랭크가 싹싹하고, 유쾌하고, 매너가 좋을 수는 있으나 "다른 사람들의 감정에 대한 영국적인 세심함"을 갖추고 있지 않다고 비판한다. 프랭크는 제인과의 비밀 약혼을 숨기기 위해서라는 구실로 제인의 눈앞에서 엠마를 좋아하는 척 함으로써 제인의 감정에 깊은 상처를 주고, 자신과 제인의 관계에 대해 주변사람들을 속이는 걸 즐기는 태도를 보여주는 데, 이는 프랭크가 다른 사람의 감정에 대한 배려가 없음을 보여준다. 소설의 말미에서 프랭크가 엠마와 나이틀리에게 조금은 긍정적인 인상을 주고, 제인 페어팩스와 결혼해도 무방한 남성으로 받아들여지는 것은, 프랭크가 제인에 대해 갖는 감정이 진심이라는 걸 보여주기 때문이다. 프랭크는 웨스튼 부인에게 보낸 편지에서 제인이 아픈 것을 보고 느꼈던 고통스런 감정을 생생하게 표현했고, 이에 대해 나이틀리는 "아, 여기서는 감정이 표현되는 군. 제인이 아픈 걸 보고 정말 괴로워했던 것 같은데"라고 말하며 제인에 대한 그의 진심을 인정한다.

『엠마』에서는 다른 사람들의 감정에 대한 세심한 배려는, 오직 "진실한 감정"을 갖추고 있는 인물에게만 가능하다. 이 소설에서 긍정적인 인물들은 모두 진실한 감정과 세심한 마음 씀을 갖추고 있는 인물들로 그려진다. 엘튼의 경우 엠마에게 청혼한 것도 그녀의 사회적 지위와 재산을 노린 것뿐이었고, 어거스타와의 결혼 역시 그녀의 재산과 자신의 자존심 회복을 위해서 한 것이었다. 이렇게 진심어린 감정이 결여된 엘튼이었기에 무도회에서 해리엇을 면전에서 무시할 수 있었던 것이다. 해리엇에게 청혼한 농부 마틴은 엘튼과 달리 진실한 감정과 세심함을 갖춘 인물이다. 나이틀리는 마틴이 "우연히 생겨난 이기적인 열정으로 아무 여자한테나 청혼하는" 사람이 아니라 "너무나 진실한 감정을 갖춘" 사람이라고 평가한다. 이 구절에서 나오는 "이기적인 열정"이라는 표현은 앞서 보았듯이 프랑스적인 인물인 프랭크를 묘사하는 데 사용되었다. 그러므로 마틴은 프랭크와 극명한 대조를 이루는 영국적인 남성상을 보여주는 것이다. 해리엇이 일개 농부와 결혼하기를 원하지 않기 때문에 마틴을 깎아 내리고 싶어 하는 엠마도 그가 쓴 청혼편지를 읽고서 그가 매우 '신사다운' 사람임을 인정하지 않을 수 없다. 또한 마틴의 편지는 "훌륭한 분별력, 따뜻한 애정, 관대함, 예의바름, 그리고 심지어는 세심한 감정까지도 표현하였다"고 묘사됨으로 다시 한 번 그를 영국적인 특성을 갖춘 인물로 나타내준다. 엠마가 나이틀리의 던웰 애비에 방문했을 때 마틴의 애비 밀 팜을 보면서 "영국의 신록, 영국의 문화, 그리고 영국의 아늑함"을 본 것은 우연이 아닌 것이다. 어떤 비평가들은 엠마가 프랭크가 아니라 나이틀리와 결혼하게 되는 것을 프랑스적인 것에서 영국적인 것으로의 이동이라고 보는데, 똑같은 맥락에서 해리엇이 엘튼이 아니라 궁극적으로 마틴과 결혼하게 되는 것도 프랑스적인 것에서 영국적인 것으로 옮겨가는 것으로 볼 수 있을 것이다.

『엠마』에서 감정의 문제는 영국성이라는 개념뿐만 아니라 계급의 문제와도 밀접한 관계를 맺는다. 18세기에서 19세기에 이르기까지 중산층이 자기 의식적 계급으로 부상하던 시기에 영국에서는 인간의 가치에 대한 재해석이 이루어진다. 특히 중산층의 대표적인 장르인 소설에서는 혈통, 가문, 신분, 재산 등의 외적인 기준보다 인품이나 개인적 능력과 자질, 도덕성 등의 내적인 가치가 한 개인을 규정하는 데 있어서 더욱 중요한 기준이 된다. 이는 오스틴의 소설에서도 중요한 주제로 등장한다. 제인 오스틴의 소설들에는 봉건적인 기준에 의해서 신분이나, 가문, 재산, 그리고 계급 등 외적인 기준으로 인간을 판단하고 평가하는 속물적인 태도를 가진 인물들, 즉 『오만과 편견』의 레이디 캐서린이나, 『노쌩거 사원』의 틸니 장군, 『설득』의 월터 엘리엇 경, 그리고 『오만과 편견』 앞부분에서의 다아시 같은 인물들이 많이 나온다. 이런 인물들은 대개 부정적으로 그려지고 있는데, 이들이 긍정적인 인물로 독자의 공감을 얻기 위해서는 다아시가 그랬듯이 계급이나 재산, 사회적 신분과 관계없는 내면적 가치를 알아보고, 신분의 높고 낮음에 관계없이 다른 사람의 감정에 대한 세심한 배려를 하는 법을 배워야 한다.

『엠마』에서 "타인의 감정에 대한 세심함"을 거론할 때는 대개 자신보다 사회적 지위가 낮은 사람들에 대한 감정적 배려의 문제와 연결된다. 나이틀리가 프랭크에 대해 "영국적인 세심한 감정"을 갖추지 않았다고 비판한 것은, 프랭크가 새어머니인 웨스튼 부인이 무일푼의 가정교사 출신이라서 그녀에게 당연히 갖추어야할 예를 갖추지 않았다는데서 비롯되었다. 그러므로 『엠마』에서 영국적인 감정적 세심함은 계급적 오만함이나 속물주의를 넘어서 지휘 고하에 상관없이 사람에 대한 예를 갖추는 미덕과도 연결된다.

주인공 엠마는 아버지나 언니, 미스 테일러 등 주변 사람들을 최선을 다해 배려하고, 가난한 사람들에게도 따뜻한 온정을 베푸는 인물이다. 그러나 소설 초반부에서 아직 도덕적 성숙을 이루지 못한 엠마는 인간의 내면적 가치를 제대로 판단할 줄 모르며, 자신보다 낮은 계급 사람들의 감정에 대해 배려하지 못하는 오만한 속물근성을 자주 보여주기도 한다. 이 소설의 또 하나의 큰 주제는 감정적 세심함을 배워나가며 도덕적 성숙을 이루는 엠마의 감정교육이라고 볼 수 있다. 그녀의 속물주의는 장사꾼 출신인 콜가족을 무시하고, 농부인 마틴을 비하하는 것, 미스 베이츠를 모욕하는 것에서 잘 드러난다. 엠마가 농부 마틴을 처음 만났을 때, 그녀는 마틴의 외모, 목소리, 걸음걸이, 매너 등 순전히 외적인 기준으로만 그를 판단한다. 이에 반해, 나이틀리는 마틴이 분별 있고 성실하며 진정으로 품위 있는 인물이라고 그의 인품을 칭찬한다. 계급적 가치와 인간의 가치를 함께 가는 것으로 보는 엠마의 편견이 인간성에 대한 엠마의 올바른 판단을 처음부터 막아놓았으므로, 엠마는 마틴과 해리엇의 결혼을 적극적으로 막고자 하는 것이다. 오스틴 시대에는 신사는 타고난 신분으로만 결정되는 것이 아니라 신사다운 행동을 해야 신사라는 생각이 받아들여지기 시작한다, 그러나 엠마는 마틴의 낮은 지위에 눈이 멀어서, 마틴이야말로 진정한 신사다운 인물이라는 사실을 깨닫지 못하는 것이다.

이렇게 사회적 지위가 낮은 사람들에 대한 엠마의 무심함은 엠마가 미스 베이츠의 감정에 심하게 상처를 주는 것은 유명한 '복스 힐' 일화에서 가장 잘 나타난다. 이 에피소드에서 엠마는 목사의 딸에서 이웃의 집으로 사회적 신분의 하강을 맞본 미스 베이츠를 무시하고 조롱하는 발언을 한다. 이 사건 이후 나이틀리는 엠마의 무정함을 심하게 나무란다. 엠마를 질책할 때 나이틀리가 강조하는 점은 미스 베이츠의 사회적 위치이다. 그는 엠마에게 미스 베이츠가 "부유하거나" 혹은 엠마와 사회적 위치가 "동등"하다면 오히려 엠마의 잘못이 그렇게 크지 않았을 것이라고 말한다. 그러나 사회적으로 몰락한 미스 베이츠에게 엠마가 "연민"을 보여주는 대신 그녀를 조롱한 것은 정말 큰 잘못을 저지른 것이라고 타이른다. 나이틀리의 질책을 듣고 나서 엠마는 평생에 가장 큰 굴욕과 슬픔을 느끼며 철저한 반성을 시작한다. 그리고 엠마는 '감정의 관점'에서 자신의 삶을 돌아보게 된다. 이후 엠마는 많이 변모된 면모를 보여준다. 그녀는 제인 패어팩스의 처지와 괴로움에 대해 연민을 느끼며 그녀에게 어떻게든 도움이 되려고 애쓴다. 그리고 또한 해리엇의 진짜 감정을 제대로 읽어내지 못한 채 그녀의 운명에 개입하려고 했던 것이 얼마나 사려 깊지 못했던 일인지를 깊이 깨닫는다. 엠마의 도덕교육이 감정교육의 형태로 본격적으로 이루어지는 것이다. 엠마의 감정 교육을 통해서 오스틴 소설은 인간의 내면적 가치를 외면적 가치의 우위에 두는 당대 중산층 이데올로기의 핵심을 가장 이데올로기적이지 않은 형태로 훌륭하게 설파하고 있는 것이다.

▶▶ 더 읽을거리

Bloom, Harold, ed. *Jane Austen's Emma*. New York: Yale UP, 1987.
Jones, Vivien. *How to Study a Jane Austen Novel*. New York: MacMillan, 1996.
Johnson, Claudia. *Jane Austen: Women, Politics, and the Novel*. Chicago: U of Chicago P, 1988.

Kirkham, Margaret. *Jane Austen, Feminism and Fiction*. London: The Athlone Press, 1997.

Stafford, Fiona, ed. *Jane Austen's Emma: A Case Book*. Oxford: Oxford UP, 2007.

Todd, Janet. *The Cambridge Introduction to Jane Austen*. Cambridge: Cambridge UP, 2006.

▎김 진 아 (충북대학교)

메리 셸리
Mary Shelley

작가 소개

영국의 저명한 문필가들 중 메리 셸리(Mary Shelley, 1797-1851) 만큼 가족이 모두 탁월한 문필가들로 이루어진 경우를 찾기는 어려울 것이다. 그녀는 1797년 8월 30일 메리 울스톤크래프트 고드윈(Mary Wollstonecraft Godwin)이라는 이름으로 저명한 두 명의 문필가의 딸로 태어났다. 아버지 윌리엄 고드윈(William Godwin)은 『정치적 정의에 관한 탐구』(*An Enquiry Concerning Political Justice*, 1973)를 집필한 영향력 있는 급진적 정치 사상가이자 『케일럽 윌리엄즈』(*Caleb Williams*, 1794)를 비롯하여 여러 권의 소설을 쓴 문필가이며, 어머니 메리 울스튼크래프트(Mary Wollstonecraft) 또한 오늘날 근대 계몽주의 페미니즘 저서의 효시라 여겨지는 『여권의 옹호』(*A Vindication of the Rights of Woman*, 1972)를 집필한 급진적 여성주의 철학자이자 『여성의 억압, 또는 머라이어』(*The Wrongs of Woman, or Maria*, 1793) 등의 소설을 쓴 문필가이다. 그녀의 남편은 두 말이 필요 없는 대표적인 영국 낭만주의 시인들 중의 하나인 퍼시 비쉬 셸리(Percy

Bysshe Shelley)이다.

  어머니 울스튼크래프트가 메리를 낳은 열흘 만에 사망하자, 고드윈은 갓 태어난 메리와 패니(Fanny)―아내가 결혼 전 미국인 사업가 길버트 임레이(Gilbert Imlay)와의 사이에서 낳은 딸―를 홀로 키우기 어려워 제인(Jane)과 찰스(Charles)라는 두 자식이 있는 메리 제인 클레어몽(Mary Jane Clairmont)과 재혼했다. 급한 성질에 다투기 잘하는 새어머니와 메리의 사이는 별로 좋지 않았던 것으로 알려져 있다. 아버지는 풍부한 독서를 통한 당시 보통 여성들이 기대할 수 없었던 훌륭한 교육의 기회를 메리에게 허락해주었다.

  메리가 셸리를 만나게 된 것은 고드윈 추종자였던 셸리가 고드윈의 집을 규칙적으로 방문할 때였다. 두 사람은 메리의 어머니 무덤가에서 은밀하게 만나며 사랑을 키웠고, 1814년 채 열 일곱 살이 되기 전 메리는 셸리와 함께 사랑의 도피를 떠났다. 이 사건은 당대 점잖은 계층의 사람들에게는 물론, 놀랍게도 결혼을 억압적 독점이라며 비난했던 아버지에게조차 인정받지 못했다. 그래서 메리 부부는 1818년 고국을 떠나 1823년 메리 혼자 귀국하기까지 유럽에서 긴 유랑 생활을 했다.

  메리의 삶은 결코 평탄했다고 말할 수 없다. 셸리 부부는 끊임없는 경제적 곤란과 사회적 배척을 겪어야 했으며, 죽음의 그림자 또한 그녀 곁에 늘 드리워져 있었다. 1816년 이복 언니 패니는 아편 약병과 편지를 남기고 자살하였고, 셸리의 전부인 해리엇(Harriet)도 하이드 파크(Hyde Park)의 서펀타인(Serpentine) 호수에 투신자살하였다. 여기에 예정보다 두 달 일찍 태어난 첫 딸이 한 달도 되지 않아 죽었고, 클라라(Clara)와 윌리엄(William)도 각각 1818년과 1819년 한 살과 세 살 반의 나이에 이질과 말라리아로 죽었다. 많은 여성들과 친분을 유지하고 또 가정의 울타리 밖에서 남성 친구들과 더 많은 시간을 보내 아내를 외롭게 만들었던 남편도

1822년 이탈리아 해안에서 요트여행에서 돌아오던 길에 풍랑을 만나 익사체로 발견되었다. 이 모든 죽음들은 메리에게 심각한 우울증과 죄책감에 시달리게 했음에 틀림없다. 메리의 아이들 중 오직 퍼시 플로런스(Percy Florence)만이 살아남았고, 결국 할아버지의 영지를 물려받은 아들로 인해 메리는 글을 쓰며 상대적으로 평온한 말년의 삶을 보낼 수 있었다.

남편의 죽음 이후 귀국한 메리는 남편의 시들을 편집하여 출판하는 일에 몰두했으며, 또 많은 소설들과 여행기 등을 집필하면서 전문작가로서 삶을 살아갔다. 여러 명의 남자들이 구혼한 것으로 알려져 있지만 독신으로 남았던 메리는 1851년 53세의 나이로 뇌종양으로 죽었다. 메리가 죽은 후 일 년이 되던 날 아들 부부가 열어본 메리의 책상에서 죽은 아이들의 머리카락과 남편이 쓴 시 「아도네이스」(Adonais)가 있었으며 특히 시가 적힌 종이에 남편 유골의 재와 심장이 있었다고 한다.

한편 『프랑켄슈타인』(*Frankenstein*)을 집필하게 된 계기가 되었다고 알려져 있는 1816년 여름의 일화는 유명하다. 셸리 부부는 제인 클레어몽과 함께 스위스 제네바 호수 근처에서 체류하던 중 빌라 디오다티(Villa Diodati)에서 주치의 폴리도리(John William Polidori)와 함께 머물고 있던 바이런(George Gordon Byron)과 자주 만났다. 날씨가 좋지 않아 자주 집 안에 묶여 있어야 했던 그들은 종종 프랑스어로 번역된 독일 귀신 이야기를 읽으며 소일하였다. 그러다가 바이런이 귀신 이야기 짓기 시합을 하자고 제안을 했으며, 그 결과 『프랑켄슈타인』이 쓰였다고 한다. 메리는 1831년 상당한 수정과 함께 다시 출판된 소설의 서문에서, 남편과 바이런이 당대 과학적 발견들을 토대로 시체나 몸의 조각들을 모아 되살릴 수 있는 가능성 등에 대해 대화를 나누는 것을 듣고 잠이든 날 소설의 중요한 장면이 되는 꿈을 꾸었고 바로 이 꿈이 소설의 기원이라 말한 바 있다.

프랑켄슈타인
Frankenstein

작품 줄거리

　소설은 영국인 선장 월턴(Robert Walton)이 북극탐험의 여행을 나선 후 고국에 있는 누이 사빌 부인(Mrs. Saville)에게 보내는 편지글로 시작된다. 월턴이 북극탐험에 나서게 된 이유는 아무도 가보지 못한 그곳에서 자신의 열렬한 호기심을 만족시키고 인간의 발자국으로 찍히지 않은 땅을 밟게 되리라는 기대에서 이다. 또한 북극을 관통하는 항로를 개척하거나 지구 자기(磁氣)의 비밀을 밝힘으로써 대대손손 인류에게 큰 은혜를 베풀 수 있다는 기대감도 월턴을 북극으로 인도한 동기이다. 월턴은 고국에서 편안하고 부유한 삶을 살 수도 있었지만 자신에겐 늘 재산보다 명예가 더 중요한 것이었음을 천명한다. 한편 월턴은 누이에게 이 여행에서 늘 성급하게 행동하지 않을 것이며 특히 다른 사람의 안위가 자신에게 달렸을 때 신중하고 사려 깊게 행동하겠노라고 약속한다.
　어느 날 월턴의 배는 안개와 얼음 바다로 둘러싸여 꼼작도 못하고 있다가 놀랍게도 한 사람을 만나게 되는데, 그가 바로 빅터 프랑켄슈타인(Victor Frankenstein)이다. 월턴은 그를 지극정성으로 간호하며 간절히 바라던 친구를 드디어 찾았다고 생각하고 형제애마저 느낀다.

한편 빅터는 월턴이 자신처럼 지식과 지혜를 추구하는 호기심 많은 자임을 알아보고, 자신처럼 불행해지지 말기를 바라는 마음과 그의 시야와 분별력 넓혀 주리라는 믿음에서 자신이 겪어 온 도저히 믿기지 않는 일들을 이야기해주겠노라고 말한다. 바로 이 이야기가 소설의 본체를 이룬다.

빅터 프랑켄슈타인은 제네바의 유서 깊은 가문의 맏아들로 태어났다. 아버지 알폰즈 프랑켄슈타인(Alfonse Frankenstein)은 올곧고 존경받는 고위 공직자로서 젊은 시절 쉴 새 없이 공적인 일에 전념하다가 인생의 황혼기에 이르러서야 친구의 딸인 캐롤라인 보포르(Caroline Beurfort)를 아내로 맞이한다. 당시 캐롤라인은 사업에 실패하여 폐인이 된 아버지를 힘들게 뒷바라지하던 중 아버지마저 막 돌아가셔서 "고아이자 거지"의 신세에 놓여있었다. 한편 프랑켄슈타인이 네 살 되던 해, 이탈리아로 시집갔다가 죽은 고모의 딸 엘리자베스(Elizabeth Lavenza)가 식구로 들어와 빅터와 누이 이상의 관계를 맺게 된다. 빅터에겐 또한 어니스트(Ernest)와 윌리엄(William)이라는 두 남동생이 있다. 한편 상인의 아들인 앙리 끌레르발(Henry Clerval)도 늘 빅터의 집에서 함께 지내며 빅터와 형제애를 나눈다. 프랑켄슈타인은 이 어린 시절을 가족들 간의 사랑이 넘쳐나고 걱정과 근심이 없는 절대적으로 행복했던 시기로 기억한다.

13세가 되던 해 온 가족이 쏘논(Thonon)이라는 온천지로 여행을 가게 되었는데, 그곳에서 빅터는 우연히 아그리파(Cornelius Agrippa)의 저서를 읽게 되고, 이후 마그누스(Albertus Magnus) 등의 비밀스러운 학문에 더욱 빠져든다. 재산보다 명예를 추구하는 빅터는 영생을 가능하게 하는 생명수를 발견하여 인류로부터 질병과 급작한 죽음을 없앨 수 있다면 그보다 더 큰 영광은 없을 것이라고 생각한다. 한편 벨리브(Belrive) 교외 저택에 살던 14세가 되던 해, 빅터는 오래된 참나무가 벼락을 맞고 완파되는 놀라운 광경을 보게 된다. 아버지는 전기의 놀라운 힘을 설명해주셨고, 이 사건은 빅터가 마음속에서 스승으로 모셨던 중세 연금술사들의 영향력으로부터 벗어나는 계기가 된다. 17세가 되자 부모님은 빅터를 잉골슈타트(Ingolstadt) 대학으로 보내기로 결정한다. 그러나 갑작스런 어머니의 죽음으로 인해 빅터의 대학행이 다소 지연된다. 어머니의 때 이른 죽음은 성홍열에 걸린 엘리자베스가 병이 나아간다는 소식에 기쁜 나머지 감염의 위험이 완전히 사라지기 전 엘리자베스를 만나는 경솔함을 보였기 때문이다. 이후 빅터는 예정되었던 대로 잉골슈타트 대학으로 향한다. 대학에서 만난 발트만(Waldman) 교수는 빅터에게 깊은 영향을 미친다. 그는 근대과학이 흙탕물에 손을 담구고 현미경이나 들여다보는 비천한 일처럼 보이지만 사실은 실제로 기적을 이루는 작업으로서 "자연의 후미진 곳을 꿰뚫고 들어가 자연이 숨어서 어떻게 일을 하는지 밝히는 것"이라고 근대화학 예찬론을 편다. 빅터는 발트만의 웅변에 감동받고 열심히 화학공부를 하여 2년 안에 화학 기구 개선의 중요한 발견을 하는 등 더 이상 배울 것이 없는 수준에 오른다.

슬슬 귀향을 생각하던 중, "생명의 근원은 어디에서 나오는 것인가?"라는 치명적인 생각이 빅터에게 떠오른다. 도저히 사람의 감각으로 견디기 힘든 죽음과 부패의 과정을 연구함으로써 그는 생식과 생명의 원인, 나아가 생명이 없는 물질에 생명을 부여하는 법을 깨닫게 된다. 이후 그는 인간보다 우월한 종족을 만들기 위해 생명을 부여받을 몸을 만드는 일에 전념한다. 한밤중에 해부실, 도살장, 납골당 등에서 재료를 수집하고 꼭대기 층의 외딴방에 "더러운 창조의 작업실"을 차려놓고 실험에 매진하여 드디어 빅터는 생명의 불꽃을 받아들일 용기를 만드는데 성공한다. 비가 후드득 내리는 어느 11월을 밤 빅터는 마침내 사체의 조각들을 이어 붙여 만든 용기에 생명의 불꽃을 주입한다. 생명이 없던 몸이 누런 눈을 뜨고 사지를 움직이기 시작했을 때, 빅터는 성공에 기뻐하기는커녕 근육과 혈관을 채 덮지도 못한 누런 피부, 흐릿한 누런 눈, 쭈글쭈글한 얼굴, 일자로 쭉 찢어진 검은 입술과 같은 괴물의 흉측함에 혐오감을 참지 못하고 방을 뛰쳐나간다. 실험실을 뛰쳐나와 침실을 서성이다 잠이 든 빅터는 악몽을 꾼다. 꿈속에서 빅터는 잉골슈타트의 거리에서 한창 때의 엘리자베스를 만나 반가움에 포옹하며 입을 맞춘다. 그러자 입맞춤과 함께 엘리자베스는 옷 주름에 구더기가 꼬여있는 수의를 입고 있는 어머니의 시체로 변한다. 놀라서 꿈에서 깨었을 때, 괴물이 침대의 휘장을 걷고 자신을 바라보며 씩 웃는 듯 뺨에 주름을 만들며 알아들을 수 없는 말을 한다. 그러나 빅터는 그 말을 듣지 않고 붙들려는 듯 그를 향해 쭉 뻗은 손을 마다하고 도망쳐나간다. 빅터는 이후 발작을 일으키고 여러 달 동안 열병을 앓게 되는데, 때마침 잉골슈타트로 온 앙리가 그를 지극정성으로 간호해 회복시킨다.

귀국 날짜를 기다리던 중 아버지로부터 온 한통의 편지가 막내 동생 윌리엄의 죽음을 알린다. 빅터는 서둘러 귀국길에 오르고, 제네바 근교에 도착했을 때 동생이 시체로 발견된 곳을 가보기로 한다. 때마침 폭풍우가 몰아치고 호수에 펼쳐지는 장엄한 광경을 바라보다가 빅터는 자기가 만들어낸 괴물이 자기를 스치고 순식간에 깎아지른 절벽을 올라가 산 너머로 사라지는 것을 본다. 괴물을 보는 순간 빅터는 그가 동생의 살해범임을 직감한다. 동시에 빅터는 괴물을 "무덤에서 풀려나와 내게 소중한 모든 것을 파괴하지 않을 수 없는 나 자신의 흡혈귀, 나 자신의 혼령"으로 간주한다.

빅터가 집을 떠난 지 6년 만에 집으로 돌아온 날은 윌리엄의 살해범으로 지목된 저스틴(Justine Moritz)이 재판을 받는 날이다. 저스틴은 이 집안에 하녀로 들어왔지만 가족처럼 사랑을 받던 소녀이다. 저스틴은 사형이 집행되기 전날 빅터와 엘리자베스에게 고해신부가 파문을 당하지 않으려면 죄를 자백하라고 강요하여 어쩔 수 없이 거짓 자백을 하였지만 자신은 무고하다고 말한다. 저스틴의 무고함을 알면서도 침묵할 수밖에 없었던 빅터는 절망에서 헤어나지 못하고 사람을 피한다. 아버지는 빅터의 마음의 병을 덜어주기 위해 샤모니(Chamounix) 계곡으로 여행을 제안한다. 빅터는 홀로 나선 몽땅베르(Montanvert) 등정에서 괴물과 두 번째 조우한다. 괴물은 빅터에게 창조주로서의 의무를 다하면 자신도 피조물로서의 의무를 다하겠노라며 자신의 이야기를 들어달라고 간곡히 청하고, 이후 괴물의 이야기가 이어진다.

　태어나자마자 버림을 받은 괴물은 잉골슈타트의 외곽의 숲에서 살면서 경험을 통해 하나씩 감각과 이성을 발달시켜나간다. 점차 주변에서 먹을 것을 구할 수 없게 되어 서쪽으로 이동하다가 우연히 들어가게 된 마을에서 사람들의 공격을 받아 상처를 입은 채 괴물은 어느 농가에 딸린 헛간에 숨는다. 이 농가는 드 라씨(De Lacey)라는 이름의 프랑스 가족이 살고 있는 집이다. 괴물은 헛간과 농가를 잇는 벽에 난 틈새를 통해 이들의 삶을 엿보며 언어, 가족제도, 사회제도, 세계의 역사 등을 배우게 된다. 앞을 보지 못하는 아버지, 아들 펠릭스(Felix)와 딸 아가사(Agatha)로 이루어진 이 가족은 누추한 삶을 살고 있지만 태도가 고상하고 품위가 있어, 괴물은 이들을 우월한 존재로 보며 그들이 서로의 감정과 생각을 교류하는 수단인 말과 글을 배워 그들에게 받아들여지길 간절히 소망하게 된다. 또 괴물은 눈을 치워주거나 땔감을 모아오거나 물을 길어주는 등 마치 "보이지 않는 손"처럼 숨은 하인이 되어 그들의 생활을 몰래 돕는다. 괴물은 그들의 아름다운 모습과 웅덩이에 비친 그림자로 알게 된 자신의 추한 모습을 비교하여 스스로 괴물로서의 정체감을 갖게 되기도 한다.

어느 날 사피(Safie)라는 검은 머리카락과 달콤한 목소리를 지닌 뛰어난 미인이 이 집에 나타난다. 사피의 아버지는 터키인으로 파리에서 성공한 상인인데, 드 라씨 가족이 재산몰수와 영원한 추방의 처벌을 받게 된 것은 이방인인 그를 도왔기 때문이다. 사피는 드 라씨 가족을 배반한 아버지를 따라 고국으로 돌아가는 대신 펠릭스를 택한다. 그녀가 이렇게 용감한 행동을 할 수 있도록 한 것은 죽은 어머니의 가르침이었다. 기독교를 믿는 아랍인이었던 사피의 어머니는 딸에게 동양여성에게 금지된 지성과 자유로운 영혼을 추구하라고 가르쳤다.

괴물은 펠릭스가 사피에게 불어와 역사를 가르쳐주는 것을 이용하여 어깨너머로 언어를 배울 뿐 아니라 점차 사회의식이 생긴다. 사회에서 가문과 재산이 있는 자가 존경받는다는 것을 알게 되면서 자신은 누구인가라는 의문이 들게 된다. 또 숲속에서 우연히 발견한 책들―『젊은 베르테르의 슬픔』(Die Leiden des jungen Werthers), 플루타르크의『영웅전』한 권, 그리고 밀튼(John Milton)의『실낙원』(Paradise Lost)―과 빅터의 실험실에서 입고 나온 외투 호주머니에 있던 빅터의 일기도 괴물의 인식의 지평을 넓힌다.『실낙원』을 읽으면서 괴물은 자신이 아담에 비견되면서도 행복에서 추방된 사탄과 비슷하다고 느끼게 되며, 빅터의 일기를 통해 자신이 추악하게 만들어진 후 창조자에게 버림받았다는 사실을 알게 된 후 사탄도 그를 추종하는 무리가 있는데 자신만 철저하게 혼자라는 사실을 절감하고 점점 초조해져 간다.

자식들이 소풍을 나가 노인이 혼자 있는 틈을 타 괴물은 드디어 자신의 운명을 결정하게 될 노인과의 대면의 기회를 잡는다. 앞이 보이지 않는 노인은 괴물에게 동정적이었지만 때마침 돌아온 펠릭스는 괴물을 흠씬 때렸고, 이후 드 라씨 가족은 농가를 버리고 떠나버린다. 괴물은 배신감에 농가를 불태우고 온 인류, 특히 자신을 만든 창조주와의 영원한 전쟁을 선포하고 남서쪽으로 이동한다. 여행 중 괴물은 한 소녀가 급류에 휩쓸려 떠내려가는 것을 구해주었지만 소녀의 아버지는 괴물에게 총을 쏘는 것으로 은혜를 갚는다. 힘든 여행 끝에 제네바 근처까지 온 괴물은 윌리엄을 만나게 되는데, 그가 아직 어려서 흉측한 외모에 대한 편견이 없으리라는 생각에 윌리엄을 데려다 가족으로 삼고자 한다. 그러나 윌리엄은 괴물을 "괴물"이라 부르며 아버지 프랑켄슈타인에게 이르겠다고 소리 지른다. 괴물은 윌리엄이 원수의 집안인 것을 알고 목을 졸라 살해한다. 또한 윌리엄이 목에 걸었던 캐롤라인의 초상화가 들어있는 목걸이를 잠들어 있는 저스틴의 치마폭에 숨겨 저스틴이 살인자의 누명을 쓰도록 만든다.

괴물은 이렇게 모든 악행을 고백하면서도 자신이 악해진 것은 "강요된 고독"의 결과이며 자신이 동등한 자와 교제하며 살게 되면 착해질 것이라 주장하며 자신을 "존재와 사건들의 사슬"에 연결시켜달라고 요구한다. 한 마디로 자신에게 자신처럼 흉측하게 생긴 배우자를 만들어줄 것을 요구하는 것이다. 이에 빅터는 괴물의 논리에 설득되어 요구를 들어주는 것이 그에게나 인류에 대한 온당한 처사라 결론을 내린다.

괴물에게 배우자를 만들어주겠다는 약속이행을 차일피일 미루고 있는 와중에 아버지는 엘리자베스와의 결혼을 권한다. 빅터는 결혼하기 전 세상구경을 하고 싶다고 말하는데, 집을 떠나서 여성 괴물을 만드는 일을 완수하려는 의도도 여행 동기 중의 하나였다. 빅터는 앙리와 합류하여 라인 강을 따라 로테르담(Rotterdam)까지 가서 영국으로 건너가 런던에서부터 스코틀랜드의 퍼스(Perth)까지 여행을 한다. 이후 빅터는 앙리를 그곳에 남겨두고 홀로 오크니(Orkney) 제도의 작은 섬으로 가 여성괴물을 만드는 작업에 착수한다. 그러던 어느 날, 여성괴물이 본성상 남성괴물보다 더 사악할 것이며, 분명 이성적인 괴물일 그녀가 통제되지 않을 수 있으며, 궁극적으로 두 괴물의 공감의 결과로 악마의 종족이 생겨나 인류를 위협할 것이라는 생각이 빅터에게 떠오른다. 빅터는 배우자를 만들어주겠다고 약속한 것은 개인적인 이기심에서 전 인류의 생명을 희생시키는 것이라는 논리를 펴며 거의 완성단계에 있던 여성괴물의 몸을 갈기갈기 찢어버린다. 이 광경을 모두 지켜본 괴물은 "네 결혼식 날 보자"는 말을 남기며 사라진다. 빅터는 산 사람의 살을 토막 낸 죄의식을 느끼며 한 밤중에 배를 타고 바다로 나가 여성괴물의 몸의 잔해를 돌과 함께 바구니에 담아 바다에 던진다. 잠시 잠을 청한 사이, 배는 높은 파도에 떠밀려 아일랜드까지 밀려간다. 겨우 해안에 도착하자 사람들은 조사할 것이 있다며 그를 치안판사인 커윈(Kirwin)에게 데려가고, 커윈은 간밤에 해안에서 발견된 젊은 남자의 교살된 시신이 있는 방으로 그를 데려간다. 시신은 다름 아닌 앙리의 시신이었다. 빅터는 자신이 그를 죽였다고 외치며 정신을 잃고 쓰러진다. 커윈의 도움으로 아버지가 오게 되고, 재판을 거쳐 빅터는 무죄판결을 받고 귀국한다.

　귀국 후 빅터를 기다리고 있는 것은 엘리자베스와의 결혼이다. 신혼 첫날밤 총으로 무장하고 주변을 살피던 빅터에게 갑자기 엘리자베스의 비명이 들리고, 빅터는 괴물의 목표가 자신이 아니라 엘리자베스였다는 사실을 그제야 깨닫는다. 아버지와 남은 가족이 걱정되어 빅터는 서둘러 집으로 돌아온다. 그러나 아버지는 엘리자베스 죽음의 소식에 크게 상심하여 결국 죽고 만다. 모든 가족이 죽고 나자 빅터는 제네바의 치안판사에게 가서 온 가족의 죽음의 살인자로 괴물을 고발한다. 그러나 치안판사에게 빅터의 이야기는 믿겨지지 않는 초자연적인 이야기일 뿐이다. 빅터는 이제 고향을 떠나 스스로 괴물을 쫓기로 결심한다. 떠나기 직전 가족묘지에 들린 빅터는 가족의 영령들이 자신에게 복수의 임무를 부여했다고 믿으며 마치 순교자가 순례의 길을 나서는 것처럼 복수의 길을 떠난다. 이후 빅터와 괴물의 쫓고 쫓는 추격전이 시작된다. 괴물은 혹시 빅터가 자신을 놓치기라도 할까봐 표식이나 음식 등을 놓아두며 북극까지 빅터를 인도한다. 그곳에서 빅터는 소설이 시작되는 시점의 월턴을 만나게 된다.

한편 월턴의 선원들은 더 이상 죽음의 여행을 계속하길 거부하고 항로가 남쪽으로 열리면 고국으로 돌아가자는 요구를 한다. 이에 죽어가는 빅터는 선원들에게 이마에 치욕을 새기고 가족에게 돌아가지 말고 싸워서 이긴 영웅으로 돌아가라는 열변을 토한다. 선원들이 감동을 받은 것도 잠시, 결국 월턴은 항로가 열리면 남쪽으로 항해할 것을 약속한다. 빅터는 월턴에게 괴물을 추격해 달라고 말할 순 없지만 만나게 되면 반드시 죽여 달라는 부탁을 한다. 빅터는 마지막까지 마음의 평화와 가족의 사랑과 같은 단순한 행복과 명예와 야망 사이에 갈등하며 생을 마감한다. 괴물은 빅터의 시신 앞에 모습을 드러낸다. 처음으로 괴물을 똑똑히 보게 된 월턴은 처음에는 그 흉측한 모습에 손으로 눈을 가리지만 곧 정신을 차리고 창밖으로 달아나려는 괴물에게 "멈춰"라고 말한다. 괴물은 월턴의 반응에 놀라며 그에게 자신의 마지막 심정을 말한다. 괴물은 자신의 본성이 선을 사랑하고 악을 증오하는 것이었다고 주장하며, 이제 마지막 남은 일은 북극점으로 가 장작더미를 쌓아놓고 당당히 불길 속으로 올라가겠노라고 장엄하게 말하며 어둠 속으로 사라진다.

문학사적 의의

『프랑켄슈타인』이 오늘날 대학 영문과에서 가장 빈번하게 다뤄지는 정전들 중의 하나로 자리 잡았다고 말하는 것은 과언이 아니다. 그러나 이 소설을 실제로 읽기보다 여러 대중적 각색물로 먼저 접한 일반 독자들은 여전히 과학도 프랑켄슈타인과 그가 만든 괴물을 혼동하면서 이 소설을 어린이나 지적 수준이 낮은 독자들을 대상으로 한 판타지 오락 소설 정도로 여긴다. 즉, 이 소설이 속한 고딕장르는 선정적이고 저급한 취향에 영합하는 하위 장르에 불과하다는 인식에 누구나 아는 "프랑켄슈타인"이라는 이름과 결합된 대중성이 더하여져 이 소설 고유의 가치가 오랫동안 의심받아온 것이다. 이러한 결과를 예측한 듯, 1818년 『프랑켄슈타인』이 첫 출판되었을 때 익명의 저자는 서문-널리 알려져 있듯이 초판의 서문은 남편 셸리가 썼다-을 통해 두 가지 측면에서 이 소설을 옹호한다. 첫째, 이 소설의 초자연적인 사건은 과학적으로 볼 때 완전히 불가능한 것이라고는 할 수 없고, 또 당시 선풍적인 인기를 누리던 저급 장르인 고딕 소설들에 나오는 귀신이나 마술과는 완전히 다른 새로운 소재일 뿐 아니라, 호머, 셰익스피어, 그리고 밀턴의 작품이 그랬던 것처럼 이 소설 역시 좁은 의미의 개연성은 없다하더라도 보다 포괄적이고 당당한 인간의 열정을 진실 되게 그려내고 있다고 주장한다. 두 번째로는 이 소설은 독자에게 미칠 도덕적 파급효과에 무심하지 않으며 특히 가족 간의 사랑과 보편적 덕성을 보여주려는 도덕적 의도를 가지고 있다고 주장한다. 이제 『프랑켄슈타인』은 이러한 서문의 우려가 무색할 정도로 문학사에서 그 위치가 확고하다. 이는 앞서 언급한 서문의 주장이 받아들여져서라기보다는 70년대 여성주의 비평가들에 의해 소설의 가치가 적극적으로 발굴되고, 특히 90년대 이후 엘리트문학과 대중문학의 경계가 허물어지고 문화연구가 본격화되면서 소설의 의미가 다양하게 재해석되었기 때문이다. 이 다양한 해석들의 주요 쟁점들을 살펴보는 것은 곧 『프랑켄슈타인』의 문학사적 의의를 밝히는 것이 될 것이다.

우선 많은 비평가들이 그 탁월함을 인정한 소설의 서술구조를 살펴보자면, 이 소설은 액자 서술자(frame narrator)인 월턴의 편지글로 시작하여 프랑켄슈타인의 이야기, 프랑켄슈타인의 이야기 속에 삽입되어있는 괴물의 이야기, 다시 이어지는 프랑켄슈타인의 이야기, 그리고 마지막으로 이야기를 닫는 월턴의 편지글로 구성된다. 즉, 월턴, 프랑켄슈타인, 괴물이라는 세 명의 일인칭 시점의 서술자가 존재하는 셈이다. 그런데 이 세 명의 서술자들의 이야기들은 그저 나열되어있기만 한 것이 아니라 유기적으로 밀접하게 연관되어 있다. 우선 월턴은 기능적인 액자 서술자의 역할 이외에도 프랑켄슈타인과의 닮은 점과 다른 점을 보임으로써 소설의 주제적 울림을 강화하는 역할을 한다. 죽은 시체들을 이어 모아 산 사람을 만들어냈다는 이성과 상식으로 도저히 납득할 수 없는 사건을 전지적 시점에서 서술하기보다 이를 액자 서술자로 하여금 듣고 전달하게 하는 것은 황당무계하다는 비난을 빗겨가기 위해 작가가 택하는 흔한 전략이다. 나아가 월턴은 전 인류에게 보탬이 되겠다는 미명하에 사실은 개인적인 정복욕과 야망에 이끌리고 있다는 점에서 프랑켄슈타인과 닮았다. 다만 프랑켄슈타인이 인간으로서 넘어서는 안될 선을 넘어가는 것과 달리 월턴은 선원들의 생명을 위험에 빠뜨리지 않기 위해 목적을 이루지 못했지만 발걸음을 되돌린다는 점에서 프랑켄슈타인의 영웅적 행동을 간접적으로 비판하는 시금석 역할을 수행하기도 한다. 한편 프랑켄슈타인과 괴물의 경우 이들 각자의 이야기는 일정 부분 중복되는데, 이는 어느 한편의 이야기가 전적으로 옳다는 믿음을 흔들기 위한 작가의 전략이라 할 수 있다. 즉, 무조건 괴물을 천성적인 악인으로 몰아가며 자신의 행위를 끝까지 정당화하는 프랑켄슈타인의 이야기는 선하게 태어났지만 사회로부터 축출되고 학대 받았기 때문에 악하게 되었다는 괴물 자신의 이야기에 의해 반박 당함으로써 소설의 진정한 '괴물'은 누구인가라는 의문을 갖도록 한다. 또한 괴물의 이야기 안에는 드 라씨 가족의 이야기가 있고, 또 그 안에는 사피의 이야기와 편지, 좀 더 들어가면 그 안에 죽은 사피의 어머니가 묻혀 있다. 반대로 소설의 가장 외곽에는 사빌 부인이 월턴의 편지 수신인으로 설정되어 있다. 이렇게 죽은 사피의 어머니로부터 사빌 부인에게까지 파장이 펼쳐지는 『프랑켄슈타인』의 동심원 모양의 정교한 서술구조는 이 소설이 단지 선정적인 내용에만 기대고 있는 것이 아니며, 탁월하다고 정평이 난 『어둠의 핵심』(*Heart of Darkness*, 1899)의 서술구조에 비견될 만큼 현대성과 문학성이 있는 소설임을 증명한다. 한편 『프랑켄슈타인』의 서술은 남성의 가부장적 권위를 해체하는 여성적 글쓰기로 분석되기도 한다.

오늘날 『프랑켄슈타인』이 문학적 명성을 누리게 된 데는 70년대 여성주의 비평가들의 공적이 크다. 19세기 초반 낭만주의 문학의 극성기에 출판된 이 소설은 처음에는 유명인사의 딸이자 아내라는 작가의 이력이 주된 관심을 끌었고, 기껏해야 "현대의 프로메테우스"라는 소설의 부제 덕에 낭만주의의 남성계보 한 자락에 그 이름을 올리는 정도의 성과를 거뒀다. 그러나 앞서 언급한 것처럼 괴물을 통한 프랑켄슈타인 비판이 주목을 받으면서 셸리가 남편 또는 아버지가 대표하는 낭만적 이상주의의 파괴성을 폭로하고 있다는 해석이 우세해지고, 그 결과 여성작가로서의 셸리의 독자적 명성이 그 토대를 마련하게 된다. 모어즈(Ellen Moers)는 이 소설이 출산과 그 이후의 우울증과 같은 여성적 경험에 천착하는 '여성 고딕' (Female Gothic)이라 칭했으며, 길버트와 구바(Sandra M. Gilbert & Susan Gubar), 존슨(Barbara Johnson), 푸비(Mary Poovey) 등은 셸리가 여성의 문학적 창조를 죄악시하는 당대 가부장적 풍토와 어떻게 협상하고 또 그를 전복시키며 여성작가로 재탄생하는지 설명했다. 엘리스(Kate Ellis)는 이 소설이 가부장적 부르주아 가족의 여성 억압을 비판한다고 보았으며, 멜러(Anne E. Mellor)는 셸리가 이성 중심의 남성적 근대 계몽주의와 그 극한인 최첨단 과학주의의 파괴성에 대한 대안으로 대 자연, 즉 여성적 가치를 제안한다고 말한다.

전기에서도 언급하였듯이, 셸리는 태어나면서 어머니를 죽게 했다는 죄책감 또는 버림받았다는 배반감을 경험한 것으로 여겨진다. 셸리 자신 또한 『프랑켄슈타인』 집필을 전후한 어린 나이에, 그것도 결혼도 하지 않은 상태에서 임신, 조산, 출산과 같은 감당하기 어려운 경험을 반복해야 했다. 게다가 태어난 네 명의 아이들 중 세 명의 죽음도 지켜보아야 했다. 작가로서의 자신의 권위를 주장하고 있는 1831년 판 『프랑켄슈타인』 서문에 의하면, 셸리는 또한 이 시기에 저명 문필가의 딸로서 그 이름에 걸맞은 작품을 생산해내야 한다는 일종의 압박감까지 가지고 있었다. 물론 당대 사회가 여성에게 목소리를 허락하지 않는 사회였기 때문에 소위 '조신한 숙녀'로서의 품위를 지켜야 하는 의무와 작가로서 사회에 이름을 내걸어야 하는 상충된 의무 사이에서 셸리가 필연적으로 겪었을 갈등도 쉽게 짐작할 수 있다. 프랑켄슈타인이 괴물을 탄생시키고 탄생 직후 버리는 행동은 이와 같은 모든 경험과 유비관계를 이룬다. 인간보다 월등한 종족을 창조하려고 했다가 태어난 흉측한 형상의 괴물을 유기해버리고 마는 프랑켄슈타인의 행동은 한 어머니이자 여성작가로서의 셸리의 두려움을 투영한다. 동시에 태어나면서 버림받았다는 절망감과 남성중심 사회에서 셸리가 겪어야 했던 억압과 소외의 경험은 괴물의 행적 속에 고스란히 담겨있다.

물론 이 소설의 문학적 가치가 작가의 충실한 초상화라는 측면에 한정되지 않는다. 프랑켄슈타인 가족은 자본주의 사회의 가부장적 가족의 초상화이기도 하다. 일례를 들면, 캐롤라인, 엘리자베스, 저스틴과 같은 여성은 각자의 자질과 재능과 무관하게 가족과 사회의 지배질서를 유지하기 위해 희생된다. 즉, 엘리자베스는 동시대의 다른 근대국가들보다 제네바의 신분체제가 더 평등하다고 평가할 줄도 알고 변호사란 악의 공모자일 뿐 자신은 건강한 농부의 삶이 덜 해롭고 더 행복한 삶이라고 주장도 할 수 있는 지성을 보이지만, 프랑켄슈타인과 끌레르발과 같은 아들들이 대학교육의 수혜를 누리는 동안 그저 집에 남아서 살림을 돌본다. 1831년 판에 첨가된 몇몇 문장, 즉 "아버지는 어머니를 마치 정원사가 이국적인 꽃을 가꾸듯 보호했다"는 표현이나 "엘리자베스의 거룩한 영혼이 평화로운 가정에서 사당에 바친 등불처럼 빛났다"와 같은 표현은 당대 사회가 여성의 역할을 가정이라는 사적 공간 안에 한정하고서 소위 '가정의 천사' 역할을 강요하고 있음을 단적으로 보여준다. 한편 결코 여성에게 이롭다 할 수 없는 가정이지만 이마저도 공적 영역에서의 남성의 이기적 영웅주의에 의해 파괴되는 과정 또한 잘 그려져 있다. 빅터가 만들어낸 괴물은 가족의 구성원을 하나씩 죽여 나간다. 여기서 가정성(domesticity)에 대한 작가의 감정이 양가적임을 짐작할 수 있다. 가정은 현실과 유리된 남성의 이상주의의 대척점에 놓인 소통과 조화의 가치, 즉 빅터가 소설 속에서 말하듯 고향에 남아 가족과 어울리며 누리는 마음의 평정과 단순한 즐거움의 가치를 집약한다. 그러나 가정은 동시에 여성의 정체성 확립과 성장을 가로막는 장애물이다. 따라서 프랑켄슈타인 가족의 완전한 파괴는 그 원인인 남성의 낭만적 이상주의를 비판하기도 하지만 동시에 첫 서문에서 소설의 도덕적 의도가 가족 간의 사랑을 널리 알리려는 것이라는 주장을 무색하게 만들며 여성억압적인 가족제도에 대한 셸리의 숨은 분노를 가늠하게 해준다.

　『프랑켄슈타인』은 오늘의 현대문명사회의 맥락에서 특히 그 혜안이 돋보인다. 일찍이 과학소설의 시조로 일컬어진 이 소설은 오늘날 유전자 조작을 가능하게 한 첨단 생명과학이 인류의 미래에 가져올 엄청난 재난에 대해 경고한다. 프랑켄슈타인과 그에게 큰 영향을 준 발트만 교수는 모두 자연의 후미진 곳을 꿰뚫고 들어가 자연이 하는 일을 밝히겠다는 포부를 지닌 과학자이다. 베이컨(Francis Bacon) 이래 근대과학은 자연을 인간의 이성으로 좌지우지 할 수 있는 물질, 인간의 행복에 기여해야 하는 도구로 여겨왔다. 프랑켄슈타인은 인간 창조라는 신의 고유 영역을 침범한 것이기도 하지만, 여성의 몸 없이 남성의 순수 이성의 힘만으로 인간을 창조하려 했다는 점에서 기본적인 자연의 법칙을 위배했다. 이러한 맥락에서 프랑켄슈타인이 여성괴물을 만들다가 거의 완성단계에서 난도질해버리는 장면은 의미심장하다. 프랑켄슈타인은 여성괴물이 남성괴물보다 더 사악할 것이라고 미리 단정하며 또 이성적이어서 통제를 벗어날 것이라고 생각한다. 특히 여성괴물이 그 막대한 번식력으로 괴물의 자손을 지구에 퍼뜨릴 것이라는 생각이 들자 충동적으로 여성괴물의 몸을 갈기갈기 찢는다. 프랑켄슈타인이 태어나지 않은 미래의 어머니를 살해하는 것은 여성의 성적욕망에 대한 남성의 증오심, 여성의 다산성에 대한 남성의 시기심은 물론 나아가 물질성과 몸, 자연으로 비유되는 여성에 대한 정신, 이성, 문명으로 비유되는 남성의 가학적 폭력성을 그대로 드러낸다. 셸리는 이러한 폭력성에 대한 대안으로 끌레르발을 전경에 내세운다. 그는 남성인물이면서도 여성적 특성을 보이는데, 즉 일찍부터 언어와 문학 분야에서 남다른 재능을 보이고, 병든 프랑켄슈타인을 헌신적으로 간호하여 치유시키며, 상대방의 감정을 즉각적으로 감지하는 민감한 감수성과 공감의 능력을 지닌다. 비록 끌레르발도 괴물에 의해 죽는 운명을 피하지 못하지만, 그가 체화하는 공감과 조화와 같은 여성적 덕목은 프랑켄슈타인의 이기적 과학주의에 의해 파괴된 세계를 구원할 생태적 힘으로 남는다.

여기까지 살펴본 여성주의 비평이 제기한 주요 쟁점 이외에도 마르크스주의와 탈식민주의의 관점에서 주목하여 볼 쟁점들이 있다. 모레티

(Franco Moretti)는 프랑켄슈타인과 괴물의 관계를 자본가와 노동자의 관계로 보며, 괴물의 흉측한 모습은 영국 산업혁명기 자신의 노동으로부터 소외되어 가는 노동자의 실제 모습이라고 말한다. 나아가 셸리가 괴물의 탄생을 우연한 사건으로 돌리고 프랑켄슈타인과 괴물 모두를 제거함으로써 산업혁명에서 자본주의 사회로 이어지는 역사적 흐름을 지워버리려 했다고 주장한다. 한편 어느 곳에서도 받아들여지지 못하는 누런 피부의 괴물은 인종적 타자를 상징하며, 항로를 개척하고자 북극을 탐험하는 월턴은 제국팽창의 선봉장이며, 끌레르발 또한 동양경영에 관심이 있는 자라는 의견도 있다. 괴물이 가문과 재산이 있는 자들은 사회에서 존경을 받는데 자신은 그중 아무 것도 없다고 말할 때, 또 드 라씨 가족의 노동의 짐을 숨어서 대신 져주고도 정당한 대가를 받지 못하는 것을 볼 때, 괴물이 프롤레타리아를 상징한다는 주장은 설득력이 있다. 그러나 새로운 노동자 계급형성의 현실을 인정하고 싶지 않아 역사에서 지워버렸다고 주장하는 것보다 셸리가 여성과 마찬가지로 또 다른 사회적 타자인 무산계급에 대한 정당한 대접의 필요성을 환기시키고 있다고 말하는 것이 더 타당해 보인다. 소외 계층에 대한 작가의 관심은 인종적 타자에서도 찾을 수 있다. 괴물은 유럽인에게 영토를 빼앗긴 아메리카 대륙의 원주민의 불행한 운명에 슬퍼한다. 무엇보다도 이상적인 가족의 전범을 보여주는 드 라씨 가족은 인종적 타자라 할 수 있는 동양인 사피를 가족의 일원으로 받아들인다. 특히 사피는 동양여성이지만 어머니의 가르침에 따라 독립과 지성을 추구하는 신여성으로 그려져 있다. 물론 사피의 아버지와 같은 인물을 통해 동양 전반을 전제와 신의 없음으로 특징짓고 사피만을 예외적으로 서양적 덕목으로 무장시킨 것에 불과하다고 볼 수 있다. 그러나 사회적 타자인 괴물에 대한 독자의 공감을 자극함으로써 셸리가 여성, 노동자, 인종적 타자 모두의 존재를 환기시키고 있음은 부인할 수 없다고

본다.

단일 소설로 이처럼 다양한 비평적 관심과 해석을 유도한 예를 찾기란 쉽지 않다. 간단히 언급해본 여성주의, 마르크스주의, 탈식민주의 이외에도 정신분석학, 해체주의, 젠더비평 등 수 많은 비평적 해석이 『프랑켄슈타인』에 적용되어 왔다. 심지어 보팅(Fred Botting)은 이 소설을 문학작품이 아니라 비평의 산물이라고까지 말하였다. 그러나 헤블러(Diane Long Hoevler)의 말처럼, 이 소설을 분석한 수많은 비평가들이 이 소설을 문학작품으로 "탄생시켰다"고 말하는 것은 공정치 못하며, 오히려 이 소설이 그렇게 다양한 독자와 비평가를 계속해서 자극하고 당혹하게 만드는 것이야말로 바로 이 소설이 서로 상충되는 여러 목소리로 "인간"이 된다는 것에 대한 중요한 쟁점들을 제기하고 있다는 증거로 보아야 할 것이다.

▶▶ 더 읽을거리

Botting, Fred. *Making Monstrous: "Frankenstein," Criticism, Theory*. New York: St. Martin's, 1991.

Gilbert, Sandra M., and Susan Gubar. "Horror's Twin: Mary Shelley's Monstrous Eve." *The Madwoman in the Attic: The Woman Writer and the Nineteenth-Century Literary Imagination*. New Haven: Yale UP, 1979. 213-47.

Levine, George and U. C. Knoepflmacher, eds. *The Endurance of Frankenstein: Essays on Mary Shelley's Novel*. Berkeley: U of California P, 1974.

Mellor, Anne K. "Making a "monster": an Introduction to *Frankenstein*." *The Cambridge Companion to Mary Shelley*. Ed. Esther Schor. Cambridge: Cambridge UP, 2003. 9-25.

Moretti, Franco. "Dialectic of Fear." *Sings Taken for Wonders: Essays in the Sociology of Literary Forms*. Trans. Susan Fischer, David Forgacs, and David Miler. London: Verso, 1983. 83-108.

Poovey, Mary. "'My Hideous Progeny': The Lady and the Monster." *The Proper Lady and the Woman Writer: Ideology as Style in the Works of Mary Wollstonecraft, Mary Shelley, and Jane Austen*. Chicago: U of Chicago P, 1984. 114-42.

▌김 순 원 (가천대학교)

에밀리 브론테
Emily Brontë

작가 소개

　에밀리 브론테(Emily Brontë, 1818-48)는 일남 오녀 중 넷째 딸로 태어나 외부와 접촉이 거의 없는 독특한 삶을 살았다. 에밀리는 영국 요크셔(Yorkshire)의 쏜톤(Thornton) 지방에서 태어나 언니 샬롯(『제인 에어』(Jane Eyre)의 저자)과 여동생 앤(『교수』(Professor)의 저자)과 자매이다. 세 자매는 독서, 집필, 이야기 수집 등 다양한 작품 활동을 함께 했을 뿐 아니라 서로에게 격려가 되어 주었으며 이는 샬롯(Charlotte), 에밀리, 앤(Anne) 모두 어엿한 소설가로 성장하는데 큰 영향을 미쳤다. 한편 에밀리의 아버지 브론테씨는 교구 신부이자 영국 성공회 사제였다. 1821년 에밀리의 어머니가 서른아홉의 이른 나이로 죽자, 이모인 브랜웰(Aunt Branwell)이 브론테 가족과 함께 살며 아이들과 가사를 돌보았다. 그러나 에밀리와 자매들은 브랜웰 이모의 열정적인 신앙심을 본받지는 않았다. 오히려 브론테의 생애에 대한 연구 자료에 따르면 『폭풍의 언덕』(Wuthering Heights)에 등장하는 하인 조셉(Joseph)이 브랜웰 이모의 감성적인 신앙심을 강조하는 인물로 묘사된 것으로 분석한다.

브론테씨는 유년기 초부터 모든 교육적 혜택은 딸보다는 아들에게 물려 줘야 한다는 빅토리아대의 전통적 가치관에 따라 아들과 딸들을 교육했다. 브론테씨는 1남 5녀 중 아들은 직접 교육시킨 반면 어린 막내딸인 앤을 제외한 네 명의 딸 마리아(Maria), 엘리자베스(Elizabeth), 샬롯 그리고 에밀리는 1824년 코완 브릿지(Cowan Bridge)에 있는 목사 자녀를 위한 기숙사로 보냈다. 불행히도 이 학교의 교장은 가혹하고 잔인한 사람이었고 학생들에게 엄격한 규율과 지독한 일과를 시행했다. 열악한 급식과 학교 시설 때문에 기숙사 학생들은 영양실조, 전염병 그리고 겨울 내내 가혹한 추위로 고통받았을 뿐 아니라 학교 내에 장티푸스 열병이 발생하기도 했다. 그 결과 마리아와 엘리자베스는 둘 다 1825년 봄 결핵으로 죽었다. 샬롯과 에밀리는 집으로 돌아온 후 앤을 비롯하여 각별한 자매관계로 발전해 나간다.

끔찍한 기숙사 학교를 경험하고 집으로 돌아온 이후, 이들 세 자매는 아버지의 서재에서 풍부하고 다양한 독서를 통해 자발적으로 지적인 성장을 계속해 나갔다. 정치, 예술 그리고 문학에 대한 아버지의 적극적인 관심과 아버지가 브랜웰 이모와 벌이는 토론은 브론테 자매의 관심을 자극했고 환상과 현실세계가 공존하는 독특한 상상의 세계를 창조해내는데 일조하였다. 이러한 브론테 자매의 작품세계는 단순히 흥밋거리로 시작한 소설과 희곡 및 시 등이 얼마나 창의적이었는지를 보여준다. 에밀리와 앤은 그들만의 환상의 세계인 곤달(Gondal)을 창조했는데 곤달은 북대서양 연안의 섬으로 추정되지만 기후는 요크셔와 비슷한 세계였다. 에밀리와 앤은 1831년 곤달에 대한 글을 쓰기 시작했고 그 해 샬롯은 집을 떠나 학교에 진학하게 되었다.

곤달에 관한 이야기는 산문과 운문으로 쓰여 졌으나, 현재 산문은 없고

시(詩)만이 전해 내려온다. 곤달을 배경으로 한 작품은 1848년 에밀리의 죽음 직전까지 계속 쓰여 진 것으로 알려져 있다. 에밀리의 시는 그녀의 개인적 경험을 반영하기도 했으나 대부분 곤달에 관해 쓰인 것으로 보인다. 대체로 그들끼리만 지냈던 세 자매는 상상의 세계에 대한 이야기를 계속 발전시켰다. 그러나 세 자매는 당시 사회가 자신들의 작품에 우호적이지 않을 것임을 알고 있었다. 이는 여성작가의 작품을 경시하는 빅토리아대 영국사회의 선입관 때문이었다. 따라서 샬롯, 에밀리, 앤은 각각 커러 벨(Currer Bell), 엘리스 벨(Ellis Bell), 액튼 벨(Acton Bell)이라는 남자 가명으로 출판했다. 그리고 에밀리와 앤이 사망한 후에야 그들의 본명은 샬롯에 의해 밝혀졌다.

오빠인 브랜웰(Branwell)의 대학 교육비를 위해 세 자매 모두 돈을 절약하며 생계를 꾸려야만 했기에 에밀리는 1837년에 교사가 된다. 그러나 브랜웰은 이들 자매들의 희생과 헌신에도 불구하고 불건전하고 타락한 생활을 거듭해왔다. 브랜웰은 처음의 약속과는 달리 생계유지가 불가능할 정도로 술과 아편에 중독되었고 이는 1848년 9월 죽음에 이르기까지 계속되었다. 브론테 자매들은 그들의 '자긍심과 희망'이었던 브랜웰이 남긴 것은 단지 '오빠라는 존재에 대한 공허감'과 '쓰라린 연민'뿐이라고 한탄했다. 설상가상으로 에밀리는 브랜웰의 장례식에서 감기에 걸렸는데 이것이 나중에 결핵으로 악화되었다. 샬롯이 고통스럽게 술회하듯, 에밀리는 모든 의료적 시술, 음식, 위문을 거부했고, 1848년 12월 19일 죽는 날까지 스스로 고집을 부리며 일상의 가사 업무를 계속했다.

폭풍의 언덕
Wuthering Heights

작품 줄거리

『폭풍의 언덕』의 중심 줄거리는 캐서린 언쇼(Catherine Earnshaw)와 히스클리프(Heathcliff)의 강인하고 열정적이며 비극적인 사랑에 맞추어져 있다. 소설의 전반부에서 1세대 주인공인 캐서린과 히스클리프의 줄거리는 유년기적 특징인 열정을 강조하는 한편 자아에 대한 낭만적 추구와 개인주의를 극대화하고 있다는 점에서 낭만주의적·고딕 장르의 성격을 특징적으로 보여준다. 반면 이 소설의 후반부는 빅토리아대 리얼리즘 가정소설(domestic novel)의 특징을 바탕으로 다음 2세대 남녀 주인공인 어린 캐서린(캐시) 린턴(Cathy Linton)과 헤어튼 언쇼(Hareton Earnshaw)의 새롭게 안착된 남녀 상호관계와 사회구조를 보여준다. 캐시와 헤어튼은 계급과 젠더의 주종관계를 극복하고 개인에게 정신적이고 신체적인 자유를 주는 새로운 구조의 가정생활로 복귀한다.

이 소설에서 하녀이자 서술자인 넬리 딘(Nellie Dean)은 캐서린과 히스클리프를 맹렬히 비판하는데, 이는 그들의 열정이 비도덕적일 뿐 아니라 주요한 갈등의 원인이 된다고 믿기 때문이다. 그러나 브론테가 독자들에게 이 연인들이 비난당할 만한 사람으로 보이도록 의도한 것인지, 혹은 사회적 규범과 전통적 관습을 초월한 고딕 낭만주의의 영웅으로 그들의 사랑을 이상화하고자 한 것인지는 확신하기 어렵다. 이 소설은 두 개의 평행선을 이루는 스토리를 중심으로 구성되어 있다. 소설의 전반부는 1세대인 캐서린과 히스클리프의 비극적인 스토리에 초점을 맞추고 있는 반면, 후반부는 그 다음 2세대인 캐시와 헤어튼 사이에 자라나는 새로운 정체성과 사랑에 초점을 둔다. 전반부와 대조적으로, 후반부의 관계는 행복한 결말을 맺으면서 워더링 하이츠(Wuthering Heights)와 스러시크로스 그랜지(Thrushcross Grange)의 평화와 질서가 회복된다.

『폭풍의 언덕』은 1801년에서 시작되는데, 그 해 런던의 사업가 록우드(Lockwood)는 요크셔의 기머튼(Gimmerton)에 있는 우아한 시골 저택인 스러시크로스 그랜지를 빌려 생활한다. 록우드는 왜 집주인이자 부유한 신사인 히스클리프가 그랜지가 아닌 북쪽 농가 워더링 하이츠에서 살기로 했는지를 이해할 수가 없다. 록우드가 히스클리프에게 인사차 찾아가지만 갑작스런 눈보라에 발이 묶여 그곳에서 하룻밤을 보내게 된다. 그날 밤, 록우드는 자신이 캐서린 린튼이며 이십 년간을 떠돌았으니 집 안으로 들여보내 달라고 애원하는 한 소녀의 악몽에 시달린다. 록우드가 그랜지로 돌아온 후에 가정부인 넬리 딘이 그에게 언쇼 가족과 워더링 하이츠에 관한 이야기를 들려준다. 언쇼 가족은 힌들리(Hindley)와 캐서린이라는 자식이 둘 있었는데 언쇼 씨는 리버풀(Liverpool)에 다녀오면서 불가사의하게도 히스클리프라는 이름을 가진 캐서린 또래의 고아 아이를 집으로 데려온다. 캐서린은 성장하면서 히스클리프와 친구 이상의 강한 신뢰와 사랑으로 발전하는 반면, 힌들리는 히스클리프에 대한 아버지의 편애와 절대적인 믿음에 질투를 느끼게 된다.

언쇼씨가 죽자 대학 재학중이던 힌들리는 아내와 함께 돌아오고 워더링 하이츠의 주인으로 실권을 행세한다. 힌들리는 고의적으로 히스클리프를 비하시켜 무지한 머슴이 되도록 전락시킨다. 그리고 힌들리는 캐서린을 스러시크로스 그랜지 상속자인 에드가 린튼과 우정관계를 유지하도록 조장한다. 아들 헤어튼의 출산 직후 아내의 죽음에 힌들리는 절망에 빠져 무자비한 음주와 괴로움으로 난폭해진다.

한편 에드가 린튼(Edgar Linton)은 캐서린에게 청혼하고 캐서린은 이를 넬리 딘과 논의한다. 캐서린은 히스클리프를 사랑하지만 그와 결혼하는 것이 자기의 사회적 지위를 떨어뜨리는 것이기 때문에 에드가의 청혼을 승낙했다고 설명한다. 주방 구석에서 이를 엿들은 히스클리프는 고통 속에 말없이 사라진다. 자신의 말을 히스클리프가 엿들었을지 모른다는 두려움에 캐서린은 폭풍우 치는 밤에 그를 찾으러 달려 나간다. 그 결과 캐서린은 심한 뇌막염을 앓게 된다. 뇌막염을 회복한 뒤, 삼년 후에 캐서린이 마침내 에드가와 결혼하여 넬리 딘과 함께 그랜지에서 살게 된다.

결혼한 캐서린과 에드가는 행복하게 지낸다. 그러던 어느 날, 히스클리프가 부유하고 교양 있는 신사로 완전히 변모하여 워드링 하이츠에 돌아온다. 에드가는 히스클리프에 대한 캐서린의 사랑을 질투하는데, 한편 넬리 딘은 히스클리프가 힌들리와는 도박을 하면서 계속 하이츠에서 머무는 이유에 의문을 갖게 된다. 히스클리프가 그랜지를 방문하던 어느 날, 에드가와 격렬한 다툼을 벌이게 된다. 그랜지에 히스클리프의 접근 금지령을 내린 에드가에 대항하여 극도로 흥분한 캐서린은 삼 일간 침실 문을 잠그고 어떠한 사람의 방문이나 음식까지도 거부한다. 마침내 캐서린을 설득하여 침실로 들어간 넬리 딘은 캐서린이 병색이 짙고 고열과 정신착란에 시달리고 있음을 알게 된다. 캐서린은 차가운 밤바람이 부는 창밖을 바라보며, 죽음만이 하이츠로 돌아가 히스클리프와 재결합할 수 있는 유일한 방법이라고 호소한다. 에드가는 정신착란에 시달리는 캐서린의 건강을 심히 염려한 나머지, 히스클리프와 도망친 여동생 이사벨라(Isabella)를 찾아

낼 엄두조차 내지 못한다.

 캐서린은 열병에서 회복되었으나 임신을 한 데다 워더링 하이츠와 히스클리프에 대한 그리움으로 계속 야위어가고 있었다. 두 달 뒤 히스클리프와 이사벨라는 하이츠로 돌아오고 이사벨라는 넬리 딘에게 편지를 통해 방문을 청한다. 하이츠를 방문한 넬리는 히스클리프에게 학대당하고 있는 이사벨라의 모습에 충격을 받는다. 그리고 히스클리스의 집요한 설득 끝에 넬리 딘은 어쩔 수 없이 히스클리프와 캐서린의 만남을 돕는다. 비밀리에 만난 캐서린과 히스클리프는 에드가의 귀가로 방해받기 전까지 포옹하고 절망 속에 흐느낀다. 히스클리프와의 마지막 만남 이후 캐서린은 의식을 회복하지 못한 채 딸인 어린 캐시를 낳고 사망한다.

 이사벨라는 캐서린의 장례식 다음날 밤, 목에 생긴 칼자국에서 피마저 흘리는 초췌한 모습으로 한밤중에 스러시크로스 그랜지에 나타난다. 이사벨라는 힌들리와 히스클리프가 인정사정 없는 몸싸움에 정신이 팔려 있었기 때문에 하이츠에서 도망쳐올 수 있었다고 설명한다. 도망친 이사벨라는 몰래 런던 근처에 살면서 거기서 병약한 남자아이, 린튼 히스클리프(Linton Heathcliff)를 출산한다. 캐서린이 죽은 후 6개월 뒤 힌들리가 갑자기 죽자 조셉은 히스클리프가 간접적으로 힌들리를 죽인 것이라고 암시한다. 힌들리의 죽음에 대한 소문이 무성한 중에, 히스클리프는 힌들리가 진 도박빚을 이용하여 힌들리의 땅과 재산의 완전한 소유권을 차지한다.

 그 다음 12년간 어린 캐시 린튼은 넬리 딘의 보살핌과 에드가의 교육을 받으며 행복하게 자라난다. 이사벨라가 죽자 에드가는 병약한 린튼 히스클리프를 그랜지로 데려와 돌봐주려 한다. 그러나 히스클리프는 자신의 부권을 내세워 린튼을 하이츠로 데려온다. 어린 캐시에겐 하이츠를 방문하는 것이 허락되지 않았지만 열여섯이 되던 해 꾀를 부려 넬리 딘과 함께 처음으로 하이츠를 방문한다. 히스클리프는 어린 캐시와 자기 아들 린튼의 결혼을 원할 뿐만 아니라 린튼에게 그랜지와 에드가의 재산을 물려주고 싶다고 넬리에게 말한다. 하이츠에 방문을 금지하는 아버지의 명에도 불구하고 캐시는 은밀히 린튼과 연애편지를 주고받기 시작한다. 넬리 딘은 연애편지를 중단시키려 하지만 히스클리프는 결국 어린 캐시를 설득해 상사병이 났다며 린튼을 만나러 와달라고 한다.

캐시는 넬리 딘이 갑자기 병이 나자 그녀를 간호하는 동안에도 밤에는 린튼을 만나기 위해 하이츠를 방문한다. 그 후로 넬리 딘과 캐시는 속임수에 넘어가 하이츠에 5일 동안 갇히고, 캐시는 죽어가는 린튼 히스클리프와 강제 결혼을 한다. 캐시는 임종 직전인 아버지를 만나기 위해 때맞춰 간신히 도망쳐 나오지만 에드가의 죽음 직후 히스클리프는 그랜지와 모든 에드가의 소유물에 대한 재산권을 주장하며 그랜지를 록우드에게 임대한다. 캐시는 어쩔 수 없이 하이츠로 돌아와 살면서 린튼을 돌보는데, 린튼은 그녀가 온지 얼마 안 되어 곧 죽는다. 캐시가 하이츠에서 힘든 시련을 겪는 동안, 또 다른 사촌이면서 하이츠에 살고 있는 헤어튼은 그녀의 친구가 되려고 노력하지만 허사로 끝난다. 어린 캐시는 헤어튼이 히스클리프를 존경하며 그와 동일시한다는 것을 알고 헤어튼에게 혹독하고 경멸적으로 대한다.

넬리 딘의 이야기는 여기서 끝이 나고 록우드는 마침내 그랜지를 떠나 런던으로 되돌아갈 것임을 알리기 위해 하이츠를 찾는다. 이 때 록우드는 캐시가 헤어튼의 무식함과 글을 못 읽는다는 사실 때문에 그를 얼마나 괴롭히는지를 목격한다. 그러나 록우드가 일 년 뒤 1802년 여름 하이츠로 돌아왔을 때, 멋진 신사의 복장을 하고 다정한 캐시의 도움을 받아가며 독서에 몰두하고 있는 헤어튼의 모습에 놀라움을 금치 못한다. 록우드는 히스클리프가 죽었다는 것을 알고 넬리 딘에게 캐시와 헤어튼이 연인이 된 사연을 묻는다.

넬리 딘은 록우드가 그랜지를 떠난지 얼마 되지 않아 자신은 워더링 하이츠로 옮겼다고 설명한 뒤, 히스클리프의 갑작스런 변화에 대해 이야기한다. 넬리 딘은 히스클리프가 모든 곳에서 죽은 캐서린을 볼 수 있다고 주장한 것과 힌들리, 에드가 및 그들 자손에 대한 복수의 욕망을 누그러뜨리게 된 사실을 설명한다. 또한 어느 날 아침 히스클리프가 록우드가 악몽을 꾸었던 바로 그 창문에 죽어있는 것을 발견하게 된 경위와 몇몇 마을 사람들이 캐서린과 히스클리프의 유령을 하이츠와 그 근방에서 보았다는 소문을 이야기해준다. 록우드는 에드가와 히스클리프 무덤 사이에 놓인 캐서린의 무덤가를 지나 집으로 돌아온다.

문학사적 의의

에밀리 브론테의 짧은 생애나 소설 『폭풍의 언덕』의 배경은 1760년부터 1850년에 걸쳐져 있는데 이 시기는 영국 역사상 가장 중대한 시기 중의 하나로, 영국 국가 경제의 중심이 농업 관련 무역에서 도시의 제조업과 광산업으로 변화하고 있는 때였다. 1811년까지 농업, 삼림관리 그리고 어업이 국민총생산의 33% 이상을 차지했으나, 1851년에 이르자 그 비율은 20% 가량으로 줄었고 대신 제조업, 광업, 건설업이 국가의 선도적인 산업이 되고 있었다.

18세기 후반 새로운 수력과 증기력으로 가동되는 섬유공장이 경제를 장악하면서 지주들의 권익이 도전받기 시작했다. 영국 전역에서는 이전에 집이나 소규모 작업장에서 행해지던 직물틀 직조, 못 제조, 양모 의류제작 등 전통산업이 확장 및 산업화되었고 그러한 산업화 과정에 많은 노동력이 적극 동원되기 시작했다. 산업주의의 급속한 팽창은 18세기 전반의 주요한 특징이었다.

따라서 19세기 초반에는 공장이나 작업장 등에서 대량생산이 이루어지면서 대부분의 가내수공업은 점차 사라졌고 가내 직물 공업 또한 산업주의의 초기에 쇠퇴하기 시작했다. 엘리자베스 개스켈(Elizabeth Gaskell)은 브론테 자매의 전기 도입 문단에서 이러한 변화와 발달이 브론테 자매의 고향인 요크셔에 미친 영향을 강조했다. 개스켈이 강조한, 도시풍과 시골풍의 혼합성과 칙칙함은 '산업 혁명'의 초창기 산물이었고, 이는 빅토리아 대 초기 영국의 도시 거주민과 시골 거주민 간의 양극화를 보여주는 대표적 예시가 된다.

18세기 많은 지역 공동체는 식품 부분에서는 자급자족이 가능했던 반면, 런던을 포함한 주요 도시들이 형성한 거대한 시장은 상업정신으로 무장한 농부와 사업가에 의해 착취되고 이용되고 있었다. 따라서 사회 계급이 불확실해지고 한 단계 유연해졌다. 『폭풍의 언덕』의 시작 부분에서 록우드는 '옷과 말'에서 신사로 보이는 자신의 집주인이, 왜 북쪽 농부들의 집인 워더링 하이츠에 살고 싶어 하면서 우아한 스러시크로스 그랜지 저택을 남에게 임대주려 하는지를 이해하지 못한다.

18세기 후반과 19세기 초반, 영국사회의 계급질서에서 최상층부에는 왕족이 있었고, 뒤이어 귀족 계급, 이어서 신사 계급(gentry), 그 다음에는 하층 계급으로 이어졌는데 인구의 대다수는 이 하층 계급이었다. 신사 계급이나 중상류층 계급은 하인과 때로는 큰 토지를 소유하고 있었지만 사회적 위치는 취약했다. 귀족들은 공식적 직함이 있었기 때문에 정형화되고 안정된 사회적 위치에 있었으나 신사 계급의 구성원들은 직함이 없었기 때문에 사회적 위치가 불안정할 수밖에 없었다. 예를 들어, 어떤 사람이 자신을 신사 계급이라고 생각한다 해도 주변 사람들은 공감하지 않을 수도 있었다. 그 사람이 정말 신사인지 아닌지에 대한 논의는 그가 얼마나 많은 땅을 소유하고 있는지, 어떤 집에 사는지, 얼마나 많은 소작인과 하인을 거느리는지, 화법은 어떠하며, 말과 마차는 갖고 있는지 또 그의 돈이 땅에서 나오는지 아니면 무역에서 나오는지 등의 문제들과 연관되었다.

『폭풍의 언덕』은 재산과 사회 계급 간에 밀접한 관계가 있다는 암묵적 가정 하에서 결혼과 유산상속 구조의 갈등을 강하게 드러낸다. 계급적 위치는 종종 한 인물의 결혼 의사나 동기를 결정하는 중요한 요인이 된다. 히스클리프와 캐서린을 헤어지게 하고 그들을 불행하고 비극적인 결혼생활로 몰고 가는 것이 이런 계급과 재산의 문제이다. 예를 들어, 캐서린은 "지역 최고의 여자"가 되기 위해 에드가와 결혼하기로 결심한다. 린튼 가문은 비교적 단단하게 신사 계급에 자리 잡고 있지만 언쇼 가문은 사회적으로 훨씬 더 불안한 위치를 차지하고 있었기 때문이다. 그들에겐 마차도 없고, 땅도 더 적으며, 록우드가 매우 놀라며 언급하듯 그들의 집은 신사의 집이 아닌 "북쪽 농부"의 집처럼 생겼다. 사회적 신분의 변화는 캐서린의 결혼에서도 나타나지만 집 없는 부랑아에서 입양에 의한 청년 신사로, 평민인 하인 일꾼에서 부유한 주인 신사로 변화하는 히스클리프의 궤적에서 더욱 뚜렷하다.

최근 『권력의 신화』(*Myths of Power*)에서 테리 이글턴(Terry Eagleton)은 『폭풍의 언덕』을 마르크시즘적 관점에서 분석한다. 이글턴은 브론테의 소설이 계급적·사회적 정체성을 가진 세력들 간의 '소모적인 대결'을 제시하는 동시에 사회적 개인적 조화를 위해 섣부른 시도를 거부한다고 설명한다. 따라서 이글턴에 의하면 히스클리프는 열정의 원칙에 따라 행동한 것이 아니라 리버플 슬럼(Liverpool Slums)가에서 온 부랑아로서 힌들리 언쇼와 에드가 린튼(신사 계급)이 휘두르는 파괴적인 계급차별에 대한 복수를 시도하는 것이다. 히스클리프의 복수는 지배계급이 돈과 정략결혼, 토지 몰수와 상속제도를 어떤 방식으로 지배하고 차별하고 있는지를 폭로

한다는 점에서 의미가 있다.

히스클리프는 또한 사회적 법칙뿐 아니라 도덕적 법칙에도 저항하는 바이런의 낭만적 영웅(Byronic Romantic Hero), 즉 기원이 모호하며 또 복수를 향한 무모한 여정을 떠나는 부랑아와 공통점이 많다. 히스클리프와 캐서린 간의 격렬한 사랑은 셸리(Shelley)와 바이런의 낭만주의 시에 비견할 만하며 초자연적 힘이나 꿈에 대한 묘사는 낭만주의적인 특징을 보여준다. 예를 들어, 유년기에 형성된 히스클리프와 캐서린의 친밀감은 어른이 된 후에도 그들의 행동에 영향을 미친다. 그러나 이러한 낭만주의적 특성은 에밀리의 소설 속에서 현실세계와 융합을 이룬다. 에밀리는 정치에도 관심이 있었고 대조적인 정치적 견해를 가진 두 신문들을 읽고 가족들과 함께 토론을 나누었으며, 정치적 논란 많았던 ≪블랙우드 잡지≫(Blackwood's Magazine)도 읽었다. 따라서 『폭풍의 언덕』의 낭만주의는 재정적인 압박 및 가정적·사회적 책임을 담은 실제 세계에 대한 인식과 균형을 보여준다.

'고딕'과 '감상'이라는 비평 용어는 빅토리아대 소설에 적용할 때 주의를 기울여야 한다. 빅토리아대 소설에서 많이 등장하는 질질 끄는 죽음, 특히 어린이들의 죽음은 때로 감상적으로 평가되기도 하나, 이는 빅토리아 시대에 대한 잘못된 이해에서 근원한다. 빅토리아 시대의 사람들에게 있어 장티푸스 열병이나 콜레라로 인한 갑작스런 죽음과 결핵처럼 오래 끄는 치명적 질병은 삶의 일부였다. 그런 병자를 집에서 간호한다는 것은 고통을 경감시켜줄 수 없으며 그것이 가난 때문이라는 무기력 때문에 가족들의 고통은 배가되곤 했다. 빅토리아 시대의 독자에겐 유아들의 갑작스런 죽음이 등장하지 않는 소설은 오히려 사실성이 경감된 것으로 보일 수 있다. 이 때문에 빅토리아 시대의 가정생활에는 극적 요소(drama)와 연민의 정(pathos)이 풍부하다. 이런 특징들이 소설 속에서 감상적인 요소로 간주되는지 여부는 사건 자체 보다는 기록된 사건의 처리에 달려있다. 따라서 소설에서 린튼 히스클리프의 지연되는 죽음은 빅토리아 시대의 경험에서 일상적이지 감상적인 것은 아니다. 그러므로 에밀리에게는 『폭풍의 언덕』에서 극복해야 할 문제가 두 가지 있다. 하나는 가정생활을 소재로 다루는 대다수 빅토리아대 소설가들의 공통적인 문제, 즉 감상적으로 흐를 가능성이 있는 주제를 다룬다는 점이다. 다른 하나는 캐서린을 향한 히스클리프의 평범하지 않지만 불가능하지도 않은 인간의 열정을 다룬다는 독특한 문제에 관한 점이다.

가부장의 원죄가 후손에게 이어진다는 고딕적인 주제는 부권적 권위의 비적법성과 잔인함을 재현한다. 3세대에 걸쳐 같은 이름의 반복적 사용도 가부장의 죄가 되풀이 되고 있음을 보여준다. 언쇼씨(가부장)의 가내 독재, 히스클리프(사생아)의 거친 난폭성, 상속자 린튼 히스클리프의 병약함과 죽음 그리고 캐서린의 페미니즘적 저항은 모두 이전 세대의 역할과 성격을 뒤바꾸고 있다. 따라서 고딕적인 주제는 남녀 개인에게 모든 사회적·가족적 유대를 뒤흔들고 심지어 사람을 반사회적이고 열등한 것으로 몰아가는 규칙을 위반할 매개물을 제공한다.

페미니스트 연구자들에 있어 브론테의 문학 작품은 자신이 계승한 가부장적 문학 전통과 19세기 문화의 젠더화된 범주에 반대하는 대담한 성적·정치적 저항의 지표이다. 그리고 에밀리 브론테의 격동하는 에너지는 남성주의적 동일시라기보다는 여성주의적 반동을 의미한다. 페미니즘 작가로서의 브론테에 대한 첫 번째 논평은 샌드라 엠. 길버트와 수잔 구바(Sandra M. Gilbert and Susan Gubar)의 『다락방의 미친 여자: 여성 작가와 19세기의 문학적 상상력』(*The Madwoman in the Attic: The Woman Writer and the Nineteenth-Century Literary Imagination*)에서 나타난다. 이 책은 여러 여성 작가가 가부장적 문화의 억압적 형식과 협상하고 전복하는 전략들을 탐구하고 있다. "밀튼의 유령"(Milton's bogey)이란 기독교적 서사시 『실낙원』(*Paradise Lost*)에서 존 밀튼(John Milton)이 보여준 남성주의적 창조와 타락 신화가 갖는 문화적 역량을 의미한다. 길버트와 구바에 의하면, 밀튼의 가부장적 신화가 '남자'의 기원과 몰락에 관한 문화적으로 지배적인 해석이라면 사실상 이 서사시가 말하는 이야기는 여성의 '열등성, [⋯] 여성의 악마와 같은 분노, 원죄, 타락과 배제'에 관한 것이다. 길버트와 구바에 의하면, 밀튼의 이브는 19세기 여성 작가들에게 타락한 여성성의 패러다임이 된다. 길버트와 구바는 브론테를 분석하면서 『폭풍의 언덕』이 여성의 이야기를 극대화한다고 설명한다. 즉, 캐서린 언쇼의 이야기는 밀튼의 여성 타락 서사를 수용하는 동시에 저항하는 것으로 해석된다.

『폭풍의 언덕』은 그 문학적 영향과 중요성에도 불구하고, 1847년 초판 당시 매출도 형편없고 다소의 엇갈린 평가만 받았다. 빅토리아 시대의 독자들은 (이 소설이 비록 성행위나 유혈 사태를 그리고 있지는 않다 해도) 이 소설은 통제되지 않은 사랑과 잔혹성을 다룬다는 면에서 충격적이고 부적절하다고 생각했다. 그러나 오늘날 『폭풍의 언덕』은 세계 문학 정전에서 확고한 위치를 갖고 있으며, 에밀리 브론테는 남녀를 통칭하여 19세기에서 가장 뛰어난 작가 중의 하나로 존경받는다. 『폭풍의 언덕』은 18세기 후반의 고딕 전통에 일부 근간하고 있으나 그 정교한 관찰력과 예술적 섬세함에 있어서 고딕 장르를 초월한다.

▶▶ 더 읽을거리

Armstrong, Nancy. "Emily Brontë in and out of Her Time." *Genre* 15 (1982): 243-64.

Davies, Stevie. *Emily Brontë: Heretic*. London: Women's Press, 1994.

Eagleton, Terry. *Myths of Power: A Marxist Study of the Brontës*. London: Macmillan, 1975.

Gilbert, Sandra M., and Susan Gubar. *The Madwoman in the Attic: The Woman Writer and the Nineteenth-century Literary Imagination*. New Haven, Conn.: Yale UP, 1979.

Homans, Margaret. *Bearing the World: Language and Female Experience in Nineteenth-century Women's Writing*. Chicago and London: U of Chicago P, 1986.

Sussman, Herbert, ed. *Emily Brontë: Twayne English Authors Series*. NY: Simon & Schuster Macmillan, 1998.

Ward, Ian. *Law and the Brontës*. NY: Palgrave Macmillan, 2012.

┃정 이 화 (성신여자대학교)

샬롯 브론테
Charlotte Brontë

작가 소개

　샬롯 브론테(Charlotte Brontë)는 1816년에 태어나 1855년까지 길지 않은 생애를 살았지만 영국 소설의 역사에 커다란 발자취를 남겼을 뿐 아니라 20세기 후반부터 그 가치가 새로이 재발견되고 있는 작가이다.

　샬롯 브론테의 아버지 패트릭 브론테(Patrick Brontë)는 영국 국교 목사였으며, 어머니 마리아 브랜웰(Maria Branwell)은 문학에 재능을 보인 여성이었으나 1남 5녀를 남긴 채 샬롯이 5살 때 세상을 떠나고 말았다. 영국 북부 요크셔 지방에 위치해 있는 하워스(Haworth)의 교구 목사였던 패트릭 브론테는 경제적으로 어려움을 겪고 있었기 때문에 가난한 목사의 딸들을 위한 자선학교인 코완 브리지 학교(Clergy Daughters' School at Cowan Bridge)에 네 딸을 보냈다. 그러나 이 학교의 열악한 교육환경으로 인해 많은 학생들이 병에 걸리게 되었는데, 이 때 샬롯의 두 언니 마리아와 엘리자베스도 목숨을 잃었다. 샬롯과 에밀리는 급히 집으로 돌아오게 되었지만 사랑하던 두 언니를 잃고 슬픔의 날들을 보내야 했다. 후에 샬롯이

다시 다닌 학교는 로우 헤드 학교(Roe Head School)였다. 건강이 좋지 않았던 패트릭 브론테는 자녀들이 스스로 살아갈 능력이 있도록 해주어야한다는 생각에 가정교사가 될 수 있는 실력을 갖추게 하기 위하여 이 학교를 보냈던 것이다. 샬롯은 이곳에서 공부도 하고 나중에는 선생도 했으며, 이곳을 떠난 후에는 몇몇 집에서 가정교사도 하였다.

로우 헤드 학교의 선생으로 혹은 가정교사로 생활하면서 무의미한 삶에 괴로움을 느끼던 샬롯은 하워스에 자신의 학교를 열 계획을 세우고 1842년에 외국어에 대한 지식을 늘리기 위하여 동생인 에밀리와 함께 브뤼셀로 떠났다. 브뤼셀의 상류계층 자녀들이 다니던 콘스탄틴 헤거(Constantin Heger)의 기숙학교는 일종의 문화적 충격을 주었다. 샬롯은 다른 나라에 대한 문화적 인식을 넓혀갔으며, 헤거 선생님의 교육방법에서 영감을 받기도 하였다. 나아가 헤거 선생님에 대한 사랑에 빠졌는데 유부남이었던 헤거 선생님에 대해 샬롯이 바랄 수 있었던 것은 우정이 전부였으나 그것조차 여의치 않아 가슴 저미는 사랑을 경험해야만 했다.

사랑하는 사람에게 외면당하고, 하워스에서 학교를 열려던 계획도 오려는 학생이 없어 실패로 끝났을 뿐 아니라, 온 가족의 희망이었던 남동생 브랜웰이 예술가로서나 작가로서 실패하여 술주정뱅이에 아편중독자가 되고 유부녀와의 사랑에 빠져든 것은 샬롯의 생애에 점점 검은 그림자를 드리웠다. 그러나 좌절에 빠져있던 샬롯은 1845년 가을 어느 날 우연히 에밀리가 쓴 시를 발견하게 되면서 새로운 전기를 맞이하게 된다.

샬롯은 어린 시절부터 동생들과 함께 상상의 세계에 대한 글을 썼다. 에밀리와 앤은 곤달(Gondal) 왕국에 관한 이야기를 만들어갔고, 샬롯과 브랜웰은 앵그리아(Angria)에 대해 1839년까지 이야기와 시를 써나갔었다. 부모의 학식과 말재주를 물려받은 네 자매는 상상 속의 왕국에서의 모험담을 써나간 습작을 통해 상상력을 발전시키고 문학적 기술을 습득

함으로써 후에 뛰어난 문학적 성취를 이루어내는 밑바탕을 마련하였다고 할 수 있다.

에밀리가 시를 쓰고 있었고 앤도 나름의 시를 쓰고 있었음을 알게 된 1845년 샬롯은 두 동생을 설득하여 자비로 시를 출판하기로 하였다. 그런데 이들은 신분이 밝혀지는 것을 원하지 않았기 때문에 남성적인 가명을 사용하여 책을 출판하기로 결정하였다. 그리하여 1846년 5월 말 브론테 자매의 첫 책이 『커러, 엘리스, 액턴 벨의 시』(*Poems by Currer, Ellis and Acton Bell*)라는 제목으로 출판되었다. 몇몇 잡지들은 이 책에 대해 상당히 좋은 서평을 실었으나 브론테 자매의 커다란 기대와는 달리 이 책은 실패로 끝나고 말았다. 그 해 두 권 밖에 팔리지 않았던 것이다.

그러나 세 자매는 실패에 크게 절망하지 않았는데 그것은 그들이 시에서 다루었던 주제들을 발전시켜 열심히 소설을 쓰고 있었기 때문이었다. 샬롯은 『선생님』(*The Professor*)을, 에밀리는 『폭풍의 언덕』(*Wuthering Heights*)을, 앤은 『아그네스 그레이』(*Agnes Grey*)를 쓰고 있었던 것이다. 세 자매는 이번에는 자비로 출판하기를 원하지 않았기 때문에 그들의 소설을 출판해 줄 출판업자를 찾아내야만 했다. 1847년 7월 15일에 샬롯은 『선생님』의 원고를 읽은 <스미스, 엘더>(Smith, Elder) 출판사에서 3권으로 구성된 소설이라면 출판을 검토해 보겠다는 답을 받게 되었다. 8월 7일에 샬롯은 한 달 내로 소설을 보내겠노라고 답했고, 8월 24일에는 1846년부터 쓰기 시작한 『제인 에어』(*Jane Eyre*)를 탈고하였다. 마침내 1847년 10월 16일에 『제인 에어』가 커러 벨의 이름으로 출판되었는데, 이 소설은 출판되자마자 훌륭한 작품이라는 서평을 받으며 불티나게 팔려나갔다.

1848년 초부터 샬롯은 다음 소설인 『셜리』(*Shirley*)를 쓰기 시작하였다. 그러나 그 해 가을부터 샬롯에게는 매우 힘든 일들이 일어나 글을 쓸 수 있는 형편이 아니었다. 브랜웰의 건강이 갑자기 악화되어 9월 24일에 죽음을 맞이하였고, 브랜웰의 장례식 후 감기와 기침 증상이 낫지 않던 에밀리는 12월 19일에 죽었고, 언제나 약하던 앤도 에밀리와 같은 증상인 결핵으로 다음 해 5월 28일에 죽고 말았다. 아버지 또한 계속 건강이 좋지 않아 샬롯이 간호를 도맡아 해야 했으며, 샬롯 자신의 건강도 악화되었다. 이런 어려움들을 당하면서도 마침내 『셜리』를 1849년 가을에 출판한 것은 샬롯이 극복해 낸 많은 어려움 가운데에서도 돋보이는 것이었다.

1850년 말부터 샬롯은 『빌레트』(*Villette*)를 쓰기 시작한다. 건강이 좋지 않은 가운데, 우울증, 불면증, 식욕부진, 악몽 등에 시달리며 브뤼셀에서의 경험을 써나갔다. 아버지의 병세가 악화되고 하인들도 병에 걸려 샬롯을 더욱 힘들고 외롭게 하는 가운데 마침내 힘들고 외로운 인생을 사는 여주인공의 이야기 『빌레트』를 1852년 11월에 탈고하였으며, 1853년 1월에 출판되었다.

1854년 6월에 아버지 브론테 목사의 반대에도 불구하고 샬롯은 하워스의 부목사였던 니콜스(Nichols) 씨와 결혼한다. 그러나 그 이듬해 건강악화에 임신 초기의 입덧 증상이 겹친 끝에 1855년 3월 31일 39세의 나이에 결핵으로 인생을 마감하고 말았다. 샬롯 브론테 생전에 출판되지 못하였던 『선생님』은 1857년에 출판되었고, 그녀가 쓰고 있었던 마지막 소설 『엠마』(*Emma*)는 미완성 유고로 1860년에 출판되었다.

제인 에어[*]
Jane Eyre

작품 줄거리

『제인 에어』는 아주 어릴 때 고아가 된 못생기고 가진 것 없는 제인 에어라는 한 소녀가 자유롭고 독립적인 인간으로 올바로 서려는 노력을 통해, 영적·도덕적·정서적 성장을 이루어 가는 이야기를 담고 있다. 『제인 에어』는 크게 다섯 장소 — 구박덩이로 어린 시절을 보내는 외숙모네 집 게이츠헤드(Gateshead), 고통스런 사춘기를 보내는 로우드 학교(Lowood Institute), 가정교사 생활을 하다 로체스터 씨와 사랑에 빠지는 쏜필드 저택(Thornfield Hall), 선교사로 떠나려는 씬진 리버즈 목사를 만나 청혼을 받게 되는 마쉬 엔드(Marsh End), 로체스터 씨와 결혼하여 정착하는 펀딘 영지(Ferndean Manor) — 를 배경으로 이야기가 진행된다. 게이츠헤드와 로우드 학교는 재능있고 독립적인 여자아이가 어린 시절 겪게 되는 어려움들을 잘 보여주는 배경이며, 쏜필드와 마쉬 엔드는 결혼 적령기의 여성이 겪는 전형적인 유혹들을 보여주고 있고, 펀딘은 여성의 성장이 의미하는

---

[*] 이 글은 필자가 『제인 에어』에 대하여 지금까지 출판했던 글들을 종합하여 편집한 것임.

바가 과연 무엇인지에 대해 많은 질문을 던지게 하는 배경이다.

　제인 에어는 부모를 잃고 외숙모 집인 게이츠헤드에 얹혀살며 그 집의 하인만도 못한 푸대접과 핍박 속에서 산다. 어느 날, 사촌 존의 폭력 앞에 저항하다 9년 전 외삼촌인 리드 씨(Mr. Reed)가 돌아가신 "붉은 방"에 갇힌다. 블라인드와 커튼이 쳐진 창문과 잠긴 문, 그리고 가만히 앉아 있지 않으면 묶어 놓겠다는 위협으로 인해 그 방은 문자 그대로 감옥이라고 할 수 있다. 이곳에서 제인은 자신이 당한 부당한 대우에 괴로워하며 날이 어두워지자 내보내달라고 애원하지만 다시 그곳에 갇히게 되고 공포에 사로잡혀 기절하고 만다. 얼마 후, 로우드 학교를 운영하는 브로클허스트 씨(Mr. Brocklehurst)가 게이츠헤드를 방문하고, 리드 부인은 브로클허스트 씨 앞에서 제인을 거짓말쟁이라고 이야기한다. 브로클허스트 씨가 떠난 후, 제인은 리드 부인에게 거짓말은 리드 부인이 하였다고 말하는데, 당황하는 리드 부인 앞에서 제인은 처음으로 승리감을 맛보면서도 동시에 후회의 쓰라림을 경험한다.

　제인은 베씨의 배웅을 받으며 게이츠헤드를 떠나 로우드 학교로 간다. 밤늦게 도착한 로우드에서 제인은 템플 선생님(Miss Temple)의 친절한 환영을 받으며 학교생활을 시작한다. 하지만 로우드 학교는 도저히 못 먹을 음식을 제공하고 추위에 떨게 하는 등, 학생들은 열악한 환경 속에 살고 있었다. 제인은 헬렌 번즈(Helen Burns)가 스캐처드 선생님(Miss Scatcherd)에 의해 부당하게 벌 받는 것을 수차례 목격하고 헬렌에게 가서 왜 매번 억울하게 당하느냐고 물어본다. 헬렌은 원수를 사랑해야 한다는 생각과 자신에게 잘못이 많다는 태도를 취하지만 제인은 이에 동조하지 않는다.

　제인이 로우드에 온지 3주 후, 브로클허스트 씨가 로우드에 나타난다. 그는 템플 선생님에게 아이들의 의복과 식사를 더욱 엄격히 제한하여 검소함을 가르쳐야 한다고 일장 연설을 하지만, 정작 그의 부인과 두 딸은 매우 화려한 복장을 하고 나타나 그가 위선자임을 드러내준다. 한편 제인은 석판을 떨어뜨려 브로클허스트 씨의 눈에 띄게 되고, 그는 제인에게 "거짓말쟁이"라고 쓴 석판을 들고 의자 위에 올라가 모두의 앞에 서 있게 한다. 나중에 템플 선생님은 제인에게 자초지종을 묻고, 게이츠헤드에서 제인을 치료해 주었던 로이드 씨에게 사실을 확인한 후, 전교생 앞에서 누명을 벗겨 준다. 제인은 로우드에서 학업에 전념하여 점차 반도 올라가고 불어와 그림도 배우게 된다.

로우드에서 추운 겨울이 지나고 5월이 왔으나, 학교에는 티푸스가 돌아 많은 학생들이 앓거나 죽거나 떠나는 일이 생긴다. 헬렌은 결핵에 걸려 위중한 상태에 놓이고, 결국 제인이 병문안 가서 함께 안고 자던 날 새벽에 죽고 만다. 제인은 로우드 학교에서 6년간은 학생으로, 2년간은 선생으로 지낸다. 그런데 템플 선생님이 결혼하여 떠나는 날, 제인은 갑자기 자신이 갇혀있음을 느끼고 자유를 갈망하며 새로운 환경에 가기를 원한다. 그래서 광고를 내고, 쏜필드의 페어팩스 부인(Mrs. Fairfax)의 연락을 받아 가정교사로 가게 된다.

제인은 한 밤중에 쏜필드 저택에 도착하여 페어팩스 부인의 다정한 영접을 받고 아델(Adèle)의 가정교사가 된다. 다음 날 오후에 집 구경을 하며 지붕에 올라갔다 삼층에 왔을 때 으스스한 웃음소리를 듣는다. 어느 날 오후, 제인은 우체국에 가는 길에 한 남자가 말을 타고 오다 떨어지는 것을 보고 도와주었는데, 바로 그가 쏜필드 저택의 주인인 로체스터 씨(Mr. Rochester)였다. 다음 날, 로체스터 씨는 제인을 불러 차를 마시며 여러 가지를 물어보고 피아노와 그림 실력을 살펴본다. 로체스터 씨는 다분히 무례하고 퉁명스러운 태도를 보여주었으며 이에 대해 페어팩스 부인은 과거의 고통 때문이며 익숙해지면 괜찮을 것이라고 제인에게 말해준다. 얼마 후, 제인은 로체스터 씨와 대화 중 그가 쏜필드에 지닌 애증으로 심하게 고통을 겪는 모습을 보게 되고 도대체 왜 그가 그런 고통을 겪어야 하는지 의아해 한다.

어느 날 밤 문 밖에서 이상한 소리와 웃음소리가 들려 나가보니 로체스터 씨의 방에서 연기가 나고 있어 제인은 달려가 로체스터 씨의 불붙은 침대에 물을 부어 불을 끈다. 물세례를 받고 깨어난 로체스터 씨는 제인에게 아무에게도 알리지 말라고 부탁하고 손을 잡고 감사를 표한다. 제인은 이 일로 인하여 고통과 기쁨을 느끼며 잠을 이루지 못한다. 다음 날도 제인은 로체스터 씨를 만날 생각으로 가득한데, 페어팩스 부인으로부터 로체스터 씨가 저택을 떠났으며, 그와 몇 년간 친분이 있었던 아름답고 재예가 넘치는 귀족 가문의 브랜취 잉그럼(Blanche Ingram)의 집을 방문하러 갔다는 이야기를 듣고는 들떠있던 자신을 부끄럽게 여긴다.

2주 후, 로체스터 씨는 잉그럼 양을 비롯한 손님들과 함께 돌아와 쏜필드에서 파티를 연다. 잉그럼 양은 쏜필드에 머물러 있는 동안 갖은 수단을 동원하여 로체스터 씨의 마음을 사려하고, 제인은 잉그럼 양의 단점을 알면서도 결혼하려 하는 로체스터 씨로 인해 가슴아파한다. 한편 메이슨 씨(Mr. Mason)가 쏜필드를 방문하고, 그 소식을 들은 로체스터 씨는 사색이 된다. 로체스터 씨는 모든 사람이 자기를 멸시하고 떠나면 어떻게 하겠느냐고 제인에게 묻고 제인은 그의 곁을 지키겠다고 답한다. 그날 밤, 한밤 중에 누군가의 비명 소리와 구원 요청 소리가 들린다. 메이슨 씨가 누군가에게 찔리고 물어뜯긴 것이다. 로체스터 씨는 제인에게 의사를 데리고 올 때까지 메이슨 씨를 간호하라고 하여 제인은 두 시간 동안 어둠 속에서 피흘리는 메이슨 씨를 간호한다.

어느 날 게이츠헤드로부터 존 리드가 자살하였으며 리드 부인이 위독한 가운데 제인을 불렀다는 전언이 오고 제인은 게이츠헤드를 방문한다. 리드 부인은 마데이라에서 큰 재산을 축적한 제인의 삼촌인 존 에어 씨(Mr.

John Eyre)가 3년 전에 제인을 상속자로 삼고 싶다고 제인의 거처를 묻는 편지를 보냈던 것을 전해준다. 제인이 부자가 되는 것이 싫어서 이제까지 전하지 않았던 것이다. 제인은 리드 부인을 용서하고 화해하고 싶어 하지만, 리드 부인은 끝내 이를 거부하고 죽는다.

한 달여간의 게이츠헤드 방문을 마치고 쏜필드로 돌아오자, 로체스터 씨를 비롯한 모두가 기쁘게 제인을 맞아준다. 어느 여름날 저녁, 로체스터 씨는 자신이 결혼하게 되어 아델을 기숙학교에 보내고 제인에게는 아일랜드의 한 가정에 가정교사 자리를 소개하겠다고 말한다. 절망에 빠진 제인은 자신의 감정을 토로하며 자신이 로체스터 씨와 동등하게 감정을 가진 존재라고 주장한다. 이를 듣던 로체스터 씨는 마침내 제인에게 청혼한다. 제인은 로체스터 씨가 진심인 것을 알고 이를 수락한다.

이후로 로체스터 씨는 제인을 천사라고 부르며 각양의 옷과 보석으로 꾸며줄 생각을 하고, 제인은 이러한 관계에서 마치 노예 소녀가 된 듯 느끼며 자신도 로체스터 씨에게 무언가 해줄 수 있는 것을 찾게 되어 삼촌에게 편지를 보낸다. 결혼식을 이틀 앞두고 제인은 악몽에 시달리다 깬다. 그러자 뱀파이어처럼 보이는 이상한 여자가 제인 방에 와 면사포를 둘로 찢더니 촛불을 제인의 얼굴 앞에 대고 불어 꺼서, 제인은 기절했다가 깨어나는 경험을 한다.

제인과 로체스터 씨의 결혼식 날, 식장에서 로체스터 씨가 버싸(Bertha)와 결혼한 사이임이 밝혀진다. 제인은 처음으로 쏜필드 저택 3층에 있는 버싸의 방에 들어가 보게 되고, 버싸가 로체스터 씨에게 덤벼들다 의자에 묶이는 광경을 목격하게 된다. 로체스터 씨는 자신이 속아서 이런 여자와 결혼하였으니 제인과 다시 결혼하는 것이 합당하지 아니하냐고 주장하지만, 제인은 방에 돌아와 절망 속에서 잠들고 만다. 오후에 깨어난 제인은 쏜필드를 떠나야겠다고 느낀다. 로체스터 씨가 제인에게 강압적으로도, 애원

조로도 여러 방식으로 자신을 구원해달라고 간청하지만, 제인은 한 밤중에 쏜필드 저택을 몰래 떠난다.

쏜필드를 빠져나온 제인은 무일푼으로 추위와 굶주림 속에 늪지대를 헤매다 생사의 갈림길에 서게 되는데, 리버즈 남매-씬진(St. John), 다이애너(Diana), 메리(Mary)-가 사는 마쉬 엔드에 도달해 사흘 간의 혼수상태 끝에 간신히 살아나게 된다. 마쉬 엔드에 머물며 제인은 다이애너와 메리와 친분을 쌓으며 행복하게 산다. 씬진 리버즈 목사는 일하고 싶어하는 제인에게 가난한 아이들을 위한 시골학교 선생 자리를 제안하고 제인은 흔쾌히 수락한다. 우연한 계기로 제인은 이들이 자기의 사촌이라는 것을 알게 되며, 자신이 돌아가신 삼촌으로부터 2만 파운드를 상속받게 되었다는 사실도 알게 된다. 제인은 리버즈 남매들의 반대에도 불구하고 우겨서 네 명이 오천 파운드씩 나눠 상속받기로 한다.

크리스마스가 다가올 무렵, 씬진은 제인에게 그녀는 사랑을 위하여가 아니라 일을 위하여 태어났다면서 자신과 결혼하여 인도에 선교사로 같이 가자고 하면서, 이것은 하나님의 뜻이라고 주장한다. 제인은 여동생으로서 함께 갈 수는 있지만, 사랑 없는 결혼을 할 수는 없다고 답하고, 씬진은 다시 생각해보라고 한다. 씬진이 캠브리지로 떠나기 전날 밤, 제인은 씬진의 엄숙함 앞에 경외심마저 느껴 굴복하고 싶은 유혹을 느낀다. 심한 갈등 속에서 제인은 하나님의 뜻을 구하는데, 격양된 상태에서 "제인"을 세 번 부르는 로체스터 씨의 음성을 듣게 되고, 쏜필드로 돌아가기로 결심한다.

다음 날, 제인은 희망에 차서 쏜필드 저택을 향하여 갔으나, 폐허만이 그녀를 맞이해준다. 버싸가 불을 냈고 로체스터 씨는 지붕위로 올라간 버싸를 구하러 갔지만, 그녀는 뛰어내려서 죽고, 로체스터 씨는 계단으로 내려오다 집이 무너지는 바람에 한 눈을 잃고, 다른 한 눈도 시력을 잃고 팔을 많이 다쳐 자르게 되었다는 소식을 듣는다. 제인은 로체스터 씨가 머물고 있는 펀딘으로 가서 로체스터 씨를 만난다. 제인이 용기를 북돋워 주는 것에 힘입어 로체스터 씨는 제인에게 청혼을 하고, 제인은 이를 받아들인다.

마침내 제인은 로체스터 씨와 결혼하고, 10년간 행복한 결혼 생활을 누리고 있다. 처음 2년간 로체스터 씨는 장님이었지만 점차 한 쪽 눈의 시력을 회복하게 되었으며, 제인은 그의 눈을 닮은 아들을 낳았다. 다이애너와 메리도 결혼하여 행복한 삶을 살고 있는데 일년에 한 번씩 제인과 서로 왕래하며 산다. 씬진은 인도에서 선교사의 역할을 충실하고 훌륭하게 수행하다 미혼으로 죽는다.

문학사적 의의

1847년에 『제인 에어』가 커러 벨에 의해 출판되어 독자들에게 폭발적 인기를 얻게 되었을 때 당시 비평가들의 가장 중요한 관심은 커러 벨이 남자인가 여자인가 하는 것이었다. 1847년에서 1849년 사이에 이 소설에 대해 평론을 하였던 15명의 저명 비평가 중 9명이 이 소설의 "여성적" 혹은 "남성적" 요소에 대해 많은 논의를 하고 있음을 볼 수 있다. 1849년에 커러 벨이 여성임이 밝혀진 뒤에는 그와 같은 토론이 없어진 대신, 이 소설에 나타난 문체를 여성적인 것으로 정의하기 시작한 논의가 많았다. 예를 들어 어조에 대해 "감상", "섬세한 감성", "깊이 흐르는 여성다운 감수성" 등이 나타나있음을 논한 것이다. 그러나 다른 한 편에서는, 그 어조에 여성작가답지 못한 "저속성"과 "야비성"이 있다는 비난이 일기 시작하였다.

독자들의 사랑과는 달리 『제인 에어』는 비평가들에게 20세기 중반까지 그 진가를 제대로 평가받지 못하였다. 그러나 1970년대는 샬롯 브론테에 대한 평가에 있어서 분수령을 이루는 시기이다. 여성해방운동에 힘업어 여성문학을 바라보는 관점에 커다란 변화가 오게 됨으로써 샬롯 브론테에 대한 새로운 평가가 이루어지기 시작한 것이다. 특히 "여성중심 비평"이 시작되면서 대표적인 페미니즘 비평가들이 대부분 샬롯 브론테를 가장 중요한 소설가로 평가하기 시작하였다.

1977년에 출판된 모어즈(Ellen Moers)의 『여성 작가들』(*Literary Women*)이 브론테의 작품이 지닌 여성소설의 특성에 대해 본격적으로 논하기 시작했다면, 1979년에 리치(Adrienne Rich)는 제인 에어의 이야기를 "어머니 없고 경제적으로 힘없는" 여자가 "전통적으로 여성이 겪는 유혹들을 겪으며 각각의 유혹은 그에 따른 대안-제인이 모델로 삼아 따라갈 만한 혹은 제인이 의지해도 좋을만한 영적인 여성 혹은 도의적이거나 남을 돌보는 여성의 이미지-을 제시하고 있음을 발견하는 이야기"로 읽음으로써 브론테 소설에 나타난 여성간의 관계를 평가하기 시작하였다. 1977년 쇼월터(Elaine Showalter)는 『그들만의 문학』(*A Literature of Their Own*)에서 샬롯 브론테가 남성 필명으로 글을 쓰기 시작한 것은 전문적인 작가로서 자신을 인식하고 의식적으로 남성과 같은 기준에서 문학적 활동을 한 것으로 평가하고 여성문학의 역사를 샬롯 브론테로부터 시작한 것으로 평가하였다.

길버트(Sandra Gilbert)와 구바(Susan Gubar)가 1979년에 출판한 『다락방의 광녀』(*Madwoman in the Attic*)는 『제인 에어』가 문학사에서 갖는 핵심적 의의를 보여주었다. 그들이 로체스터 씨의 미친 아내인 버싸 메이슨을 지칭하는 "다락방의 광녀"를 책제목으로 사용한 것은 버싸가 그들의 페미니즘 이론에서 가장 핵심적인 요소를 육화하고 있는 인물이기 때문이다. 19세기 여성작가들은 가부장 사회의 구속물들에 대해 저항하고자 하는 욕망을 가지고 있었지만 동시에 작가로서 여자로서 인정받기 위해서는 가부장 사회의 인정을 받아야만 했다. 이러한 상황 속에서 여성 작가들은 가부장 사회에 대한 저항을 표현하되, 가부장적 구조를 파괴하려는 혁명적 충동을 여주인공이 아닌 버싸와 같은 광녀 혹은 괴물 같은 여자에 투사시킴으로써, 여성으로서 작가가 될 수 있을까 하는 불안감을 극복해 나갔다는 것이다. 여성작가들이 겪어야했던 이와 같은 "작가성에 대한 불안"(anxiety of authorship)을 극복하기 위하여 그들은 가부장적 문학 기준을 따르면서 동시에 그것을 전복하여 진정한 여성문학의 권위를 이루어내는 어려운 임무를 수행해냈는데, 그 전략의 핵심에 광녀 혹은 괴물 같은 여자가 있다고 보는 것이다. 그러므로 길버트와 구바에게 있어서 버싸로 대표되는 광녀는 여성작가들의 작품에 혁명적 요소를 부여하는 정교한 문학적 전략의 표상이 되고 있다.

『제인 에어』의 첫 번째 에피소드인 "붉은 방" 사건은 샬롯 브론테가 비판하고 있는 가부장 사회의 계급적·성적 억압의 상태를 잘 드러내고 있다. 게이츠헤드에서 제인은 외숙모와 외사촌들에게 조롱과 학대를 당하며 "아무 것도 아닌 것"(nobody)으로 간주되는 삶을 살아가고 있다. 그래도 게이츠헤드에 나름대로 순응하며 살려했던 제인을 "반란 노예"로 바꾸어 놓는 것이 유명한 "붉은 방" 사건이다. 제인이 감금되는 붉은 방은 가진 것 없이 친척 집에 얹혀사는 여자아이를 억압하는 환경과 이에 저항하는 어린 제인의 갈등을 보여주고 있을 뿐 아니라, 가진 것 없는 여성에게 가해지는 가부장적이고 물질적인 사회의 억압을 은유적으로 보여주고 있다.

이 사건 후 로우드 학교로 보내진 제인은 더욱 발달된 형태의 계급적·성적 편견에 기초한 억압적 사회 구조를 만나며 또 다시 이방인의 위치에 서게 된다. 그런데 로우드에서 제인이 헬렌 번즈와 템플 선생님을 만나면서 그들과 갖게 되는 "여성간의 관계"는 『제인 에어』에서 심도 있게 다루어지고 있는 주제의 하나로서, 샬롯 브론테가 남성의 인정 혹은 호의를 얻기 위하여 여성간의 경쟁이 일반화되어 있는 가부장사회에서 이에 반기를 드는 하나의 방법으로 꾸준히 추구한 중요한 주제이다. 여성간의 우애가 『제인 에어』의 주제로 부각되는 것은, 브론테가 『제인 에어』에 여러 종류의 비인습적인 여성들을 창조하고 그들 간의 우애를 세심히 다루고 있을 뿐 아니라, 제인이 겪는 어려움들을 극복해낼 수 있는 힘을 제공해주는 가장 중요한 원동력으로 제시하고 있기 때문이다. 게이츠헤드에서는 보모인 베씨(Bessie)와의 우정이, 로우드에서는 헬렌 번즈와 템플 선생님이, 마쉬 엔드에서는 다이애너와 메리와의 우애가 고독하고 힘없는 제인이 자신감을 상실하거나 자신을 포기하려는 위기에 처할 때 제인을 지탱해주는 힘을 제공하고 있다.

버지니아 울프는 『제인 에어』에 작가 샬롯 브론테의 분노가 그대로 드러나 작품이 "훼손되고 뒤틀렸다"고 비판하면서, 샬롯 브론테의 분노가 그대로 드러나 있는 부분으로 "원하는 사람은 누구든지 나를 비판하세요"로 시작되는 제인의 긴 독백과 그 독백에 코러스라도 넣는 듯이 들리는 버싸의 웃음소리가 들리는 제12장을 예로 들었다. 울프는 여기에서 버싸의 웃음소리가 갑자기 등장함으로써 작품의 "계속성"을 깨뜨리고 있으며, 이러한 급격한 "경련"이 작품 속에 등장하게 된 것은 작가 자신의 분노에 의한 것이라고 주장하고 있다.

사실 12장에서 샬롯 브론테는 많은 것을 말하고 있다. 여기서 작가의 분노가 제인을 통해 표출되고 있다는 울프의 지적은 합당한 것이다. 여성에게 활동을 허용하지 않고 단단히 구속하고 철저히 고여 있게 하는 것들에 대해 브론테는 분노를 가지고 비판하고 있다. 그러나 그 분노는 제인이 어린 시절부터 억압해온 분노와 연결되며 버싸의 광기와 연결되어 있다. 삼층 복도를 앞뒤로 거니는 제인의 모습은 후에 버싸의 정체가 밝혀졌을 때

드러나는 첫 모습이 갇힌 방 안에서 앞뒤로 걸어 다니고 있는 모습인 데에서도 나타나듯이, 샬롯 브론테는 제인의 억압된 자아와 버싸의 광기를 치밀하게 연결시키고 있다.

그러므로 제인이 그렇게 삼층 복도를 거닐고 있을 때 버싸의 웃음소리를 드물지 않게 듣는 것은 울프의 지적처럼 갑작스러운 "경련"은 아니다. 오히려 그것은 제인과 버싸를 "더블"로 만들고 있는 작가의 치밀한 기술이다. 뿐만 아니라 "빈곤의 40년대"(hungry forties)라고 불리던 1840년대에 영국 내에서 빈곤으로 인해 부글부글 끓고 있던 폭동의 기운들과 유럽대륙에서 소용돌이치던 혁명의 기운들을 여성의 마음속에서 들끓는 분노와 연결시킴으로써, 사회적·정치적 모든 약자에 대한 관심을 환기시키고 있는 것이기도 하다.

버싸에 대한 논의는 탈식민주의 관점에서 또 다른 의미를 갖는다. 카리브 해의 도미니카 출신인 진 리스(Jean Rhys)는 1966년에 버싸를 주인공으로 하는 소설 『광활한 사가소 바다』(*Wide Sargasso Sea*)를 출판하여, 서인도제도에서 크레올 여성들이 겪는 문제, 영국인 남성 로체스터와 겪는 갈등 등을 심도있게 다루었다. 1980년대와 90년대에는 스피박(Gayatri Chakravorty Spivak)이나 메이어(Susan Meyer) 등이 탈식민주의 관점에서 『제인 에어』를 다루었다. 스피박의 "세 여성의 작품과 제국주의 비판" (Three Women's Texts and a Critique of Imperialism)은 문학 생산이 당시 "영국의 사회적 임무"였던 제국주의에 기여했던 점을 비판한 탈식민주의 분야의 대표적인 비평이다. 스피박은 백인 여성주의자들이 높이 평가한 제인 에어의 주체성 형성이, 인간을 개인으로서 뿐 아니라 "개인주의자"로서 주체를 구성하고 "호명"하는 것이라고 비판하고, 『제인 에어』를 높이 평가하는 백인 여성주의 자체에 대한 비판으로 나아갔다. "제국주의적 공리들에 대해 의문을 갖지 않는 이데올로기"에 따라 제인이라는 인물이 개인주의자적인 발전을 하고 있으며, 이것에 대해 "미국 주류의 페미니스트들"이 찬양하고 있다고 비판한 것이다.

메이어 역시 백인 여성주의자들이 가지고 있는 개인주의자적인 경향을 비판했지만, 19세기 여성들이 젠더의 위계질서에 대해 저항한 것과 제국주의 사이의 관계를 좀 더 세밀하게 들여다보았다. 즉, 브론테가 억압에 대해 가지고 있는 불안감, 『제인 에어』 속에서 플롯을 추동시키고 결론에 이르게 하는 그 불안감의 핵심적 위치에 버싸가 있음을 인정하고, 이 소설의 세계를 위협하는 위험들을 대표하고 있는 점을 인정한다. 또한 『제인 에어』에서 인종은 비유적으로 사용되고 있으며, 인종적 "타자성"이 일반적 억압을 대표하는 기능을 하고 있다고 본다. 그런데 브론테가 계급과 젠더에 따른 억압과 인종적 타자성의 중요성을 명백하게 연결시키면서도, 왜 식민화된 인종들이 억압을 의미하는지 역사적 이유들을 제거해 버렸다고 그 점을 비판하였다. 영국의 지배에 대해 비판하고 억압받는 자들과 동일시하는 것으로 시작하였지만, 단순히 "노예"라는 은유를 전용하는 것으로 끝나고 말았다는 것이다.

신역사주의 비평에서도 『제인 에어』는 주목을 받았다. 예를 들어 푸비(Mary Poovey)의 『불균형한 발전』(*Uneven Developments*)은 젠더에 관한 이데올로기가 사회 전체에 균형있게 발전되어 있는 것이 아니라 불균형한 발전을 해왔음을 분석하였는데, 『제인 에어』에 나타난 가정교사의 문제가 당시 사회의 젠더 이데올로기, 즉 분리영역에 기초하여 여성의 노동을 바라본 이데올로기에 흠집을 내고 불균형을 야기함으로써 변화를 초래하게 된 점을, 당시 가정교사 문제에 대해 다룬 다양한 논쟁들과 함께 분석하고 있다.

『제인 에어』 비평에서 최근 새롭게 조명 받는 비평은 종교적 비평이다. 샬롯 브론테는 19세기 영국의 복음주의가 여성에게 주는 힘과 제한 사이에서 그 역동성을 가장 잘 활용하고, 그 제한에 대한 강력한 비판을 통해 새로운 여성에 대한 비전을 제시한 대표적 작가이다.『제인 에어』가 처음 출판되었을 당시에 반기독교적인 작품이라는 비판을 많이 받았고, 이에 대해 브론테가 반박의 글을 썼던 것은 유명한 일화이다. 예를 들어, 릭비(Elizabeth Rigby)는 1848년 ≪계간 논평≫(Quarterly Review)에서, "전체적으로 제인 에어의 자서전은 현저하게 반기독교적인 글이다"라고 주장하면서, "자부심 강하고 끊임없는 인권에 대한 주장이 있으며…… 신을 두려워하지 않는 불만의 어조가 널리 퍼져있다"고 비판하였다.『제인 에어』에 나타난 강렬한 자기주장, 사회에 대한 비판, 권위에 대한 도전들이 "차티즘과 혁명"을 불러온 바로 그 사고라고 지적한 릭비의 주장은 1848년 당시『제인 에어』에 대해 널리 행해지던 강력한 비판의 하나로서, 가부장적인 종교, 법, 경제에 대한 강력한 위협을 이 작품이 제기하고 있다는 것을 감지하고 그것이 반기독교적이라고 비판했던 것이다.

이러한 비판에 대해 브론테는『제인 에어』의 제2판을 출판하면서 서문을 통해 "나는 그런 의심을 품은 사람들에게 분명한 구분을 제시하고 싶다"라고 하면서, "관습이 도덕은 아니다. 자기 의(self-righteousness)가 종교는 아니다. 전자를 공격하는 것은 후자를 비난하는 것이 아니다. 바리새인의 얼굴에서 가면을 잡아 뜯는 것은 가시면류관에 불경건한 손을 쳐드는 것이 아니다. 이러한 것들은 정반대로 대립되어 있는 것이다"라고 반박하였다. 브론테는 당시 영국사회가 기독교 신앙이라고 내세우며 저지르던 바리새인적인 관습과 종교와 문화에 대한 전복적인 비판을 통해, 19세기 복음주의 정신에 따라 그녀가 직접 이해하고 해석한 기독교의 기본정신을 되살리려 하였음을 이 서문은 공표하고 있는 것이다. 이 서문에서 브론테는 작가로서 영국 사회에 대해 비판하는 자신의 작업을 미가야(Micaiah) 선지자의 작업에 비유하고 있으며, 자신의 비판을 반기독교적이라고 비판하는 사회를 미가야 선지자의 말을 싫어하고 아첨꾼의 말을 좋아하다 결국 멸망에 이른 아합(Ahab) 왕에 비유하고 있다. 브론테는 "회칠한 무덤"과 같은 영국 사회를 꿰뚫어 보기 흉한 진실을 드러내야 하는 선지자와 같은 역할이 작가로서 자신의 역할이라는 신념을 가지고 있었던 것이다.

그런데 브론테 자신이 『제인 에어』를 통해 표현하고자 했던 기독교적 관점을 이처럼 분명히 밝혔음에도 불구하고 이 부분에 대한 연구가 제대로 이루어지지 못한 것이 20세기의 큰 흐름이었다고 할 수 있을 것이다. 그러나 기독교를 제인이 극복해야할 가부장 사회의 한 면으로만 보는 협소한 관점을 극복하고, 샬롯 브론테가 소중히 여겼던 종교에 대한 관심에 주목하는 비평들이 최근에 나오기 시작하였다.

1999년에 토멜렌(Marianne Thormählen)이 출판한 『브론테 가와 종교』(*The Brontës and Religion*)는 브론테 자매들의 작품을 기독교적 관점에서 재해석 할 수 있는 중요한 자료들을 제공하였다. 토멜렌이 본격적으로 브론테를 종교적 맥락 안에서 분석한 이후 브론테 비평은 『제인 에어』에 나타난 기독교적 의미를 외면하거나 평가절하 하는 것은 작품의 많은 부분을 무시하는 것임을 인정하는 연구들이 나오고 있다. 조슈어(Essaka Joshua)는 이 소설을 정통 기독교의 메시지를 담은 매우 종교적인 소설이라고 주장하였으며, 설(Alison Searle)은 이 작품이 바울로부터 어거스틴에 이르는, 그리고 당대의 복음주의 목사들에게 까지 이르는 "고전적 기독교 신학의 모범"을 따르고 있음을 분석하였다. 특히 러모나카(Maria Lamonaca)와 그리징거(Emily Griesinger)는 이 소설에 나타난 페미니즘이 기독교적임을 분석하여, 페미니즘이 기독교를 가부장제의 대표로 보는 관점을 극복하였다.

이처럼 『제인 에어』가 가지고 있는 많은 복합적 의미들은 오늘날 다양한 비평이론들 특히 문학 작품이 역사적·사회적·문화적 산물임을 인식하고 문학 작품에 나타난 계급의 문제, 인종의 문제, 성의 문제, 종교의 문제에 관심을 갖는 다양한 비평가들에 의해 그 가치가 나날이 새롭게 탐색되고 있다.

▶▶ 더 읽을거리

Boumelha, Penny. *Charlotte Brontë*. Hemel Hemstead: Harvester Wheatsheaf, 1990.

Brontë, Charlotte. *Jane Eyre*. Ed. Q. D. Leavis. New York: Penguin Books, 1966.

Eagleton, Terry. *Myths of Power: A Marxist Study of the Brontës*. Anniversary ed. New York: Palgrave Macmillan, 2005.

Ellis, Lorna. *Appearing to Diminish: Female Development and the British Bildungsroman, 1750-1850*. London: Associated University Presses, 1999.

Gaskell, Elizabeth. *The Life of Charlotte Brontë*. Ed. Alan Shelston. Middlesex: Penguin Books, 1975.

Gilbert, Sandra M. and Gubar, Susan. *The Madwoman in the Attic: The Woman Writer and the Nineteenth-Century Literary Imagination*. New Haven: Yale UP, 1979.

Griesinger, Emily. "Charlotte Brontë's Religion: Faith, Feminism, and *Jane Eyre*." *Christianity and Literature* 58 (2008): 29-59.

Jenkins, Ruth Y. *Reclaiming Myths of Power: Women Writers and the Victorian Spiritual Crisis*. London and Toronto: Associated University Presses, 1995.

Joshua, Essaka. "'Almost my hope of heaven': Idolatry and Messianic Symbolism in Charlotte Brontë's *Jane Eyre*." *Philological Quarterly*

81(2002): 81-107.

Lamonaca, Maria. "Jane's Crown of Thorns: Feminism and Christianity in *Jane Eyre*." *Studies in the Novel* 34 (2002): 245-63.

Lodge, Sara. *Charlotte Brontë: Jane Eyre*. New York: Palgrave Macmillan, 2009.

Meyer, Susan L. "Colonialism and the Figurative Strategy of *Jane Eyre*." *Victorian Studies* 33 (1990): 247-68.

Poovey, Mary. *Uneven Developments: The Ideological Work of Gender in Mid-Victorian England*. Chicago: The U of Chicago P, 1988.

Rich, Adrienne. "*Jane Eyre*: The Temptations of a Motherless Woman." *On Lies, Secrets, and Silence: Selected Prose, 1966-1978*. New York: Norton, 1979. 89-106.

Searle, Alison. "An Idolatrous Imagination? Biblical Theology and Romanticism in Charlotte Brontë's *Jane Eyre*." *Christianity and Literature* 56 (2006): 35-61.

Showalter, Elaine. *A Literature of Their Own: British Women Novelists from Brontë to Lessing*. Princeton, New Jersey: Princeton UP, 1977.

Spivak, Gayatri Chakravorty. "Three Women's Texts and a Critique of Imperialism." *Critical Inquiry* 12 (1985): 243-61.

Thormahlen, Marianne. *The Brontës and Religion*. Cambridge UP, 1999.

Woolf, Virginia. *A Room of One's Own*. London: Harcourt Brace Javanovich, 1929.

▌오 정 화 (이화여자대학교)

윌리엄 메이크피스 새커리
William Makepeace Thackeray

작가 소개

　윌리엄 메이크피스 새커리(William Makepeace Thackeray)는 1811년 인도에서 태어났다. 아버지의 갑작스러운 죽음과 어머니의 재혼 결정으로 그는 1816년에 영국으로 홀로 귀국하게 되고, 유아기에 겪은 분리경험은 그에게 커다란 정신적 상흔으로 남는다. 영국에서의 학교생활은 새커리에게 또 다른 상처와 좌절의 경험이었다. 인도에서 태어난 영국인이라는 이유로 그는 급우들로부터 자주 폭행을 당했고, 교사들도 그를 부정적인 시선으로 바라보았다. 작가가 된 후 새커리는 소설에서 자신이 다녔던 퍼블릭 스쿨인 차터하우스(Charterhouse School)를 "Slaughterhouse"(도살장)이란 이름으로 바꾸어 사용했다.

　분리와 따돌림의 경험은 피해의식으로 남았고, 새커리는 영국사회 주류로의 진입을 통해 이를 보상받고자 했다. 그는 문학을 통해 자신의 욕구를 실현하려고 했다. 새커리는 가장 대중적인 인기가 높은 소설장르였던 범죄소설인 뉴게이트(Newgate) 소설과 상류사회 풍속소설인 실버-포크(Silver-Fork)

소설을 공격함으로써 문학적 명성을 획득하려 했다. 그가 주요 공격대상으로 설정한 작가는 1820년대와 1830년대 영국문단의 빛나는 존재였던 불워-리튼(Edward Bulwer-Lytton)과 자신보다 한 살 어리지만 이미 소설가로서의 입지를 확고히 굳힌 디킨즈(Charles Dickens)였다. 그는 뉴게이트 소설이 범죄자에 대한 공감을 유도하고 범죄를 낭만화하거나 이상화한다고 비판했다. 최초의 소설인 『캐더린』(Catherine, 1839-40)에서 새커리는 불워-리튼과 디킨즈의 뉴게이트 소설을 패러디했다. 새커리의 야심작이었던 『캐더린』은 기대했던 반향을 일으키지 못했다. 『캐더린』은 신진작가의 문학적 야심이 과도하게 표출된, "문학에 있어서의 아기 곰"이 발톱을 갈고 있는 재롱떨기로 규정되었다. 또 다른 반(anti)-뉴게이트소설인 『베리 린든』(The Memoirs of Barry Lyndon, Esq., 1844) 역시 주목을 받는 데 실패했다.

새커리에게 그토록 갈구하던 문학적 명성을 안겨준 것은 『허영의 시장』(Vanity Fair)이었다. 『허영의 시장』을 통해 그는 "세상에서 한 자리를 차지하기 위한 투쟁"에서 최초의 승리를 거두었다. 1850년대 중반까지 새커리는 『펜더니스』(The History of Pendenis, 1848-50), 『헨리 에스몬드』(The History of Henry Esmond, 1852), 『새로 온 사람들』(The Newcomes, 1853-55) 같은 뛰어난 소설을 세상에 내놓았다. 그는 빅토리아시대 정전작가로서의 위치에 우뚝 섰고, 자신이 꿈꾸던 주류사회의 성원이 되는 데 성공했다. 이후에도 새커리는 작가로서 생산적인 활동을 계속했고 『버지니아 주 사람들』(The Virginians, 1857-59), 『홀아비 러벨』(Lovel the Widower, 1860), 『필립의 모험』(The Adventures of Philip, 1861-62) 등의 소설을 남겼다. 1863년에 새커리는 "나름대로 일종의 위대한 인물"이 되어 세상을 떠났다.

허영의 시장
Vanity Fair

작품 줄거리

『허영의 시장』(*Vanity Fair*, 1847-48)의 서사는 베키(Becky Sharp)와 에밀리아(Amelia Sedley)라는 두 여성이 1810년대에서 1830년대에 걸쳐 드러내는 삶의 궤적을 중심으로 진행된다. 소설은 베키와 에밀리아가 핑커톤 양의 기숙학원(Miss Pinkerton's Academy)을 떠나는 장면으로 시작된다. 『허영의 시장』은 이후 베키와 에밀리아가 관련을 맺는, 계급적 배경과 도덕성에 있어서 극단적인 대조를 이루는 다양한 인간 군상들에 대한 묘사로 이루어진다. 이를 통해 새커리는 상류계급의 부패와 무능 그리고 중간계급의 상류계급에 대한 숭배와 추종행위를 통렬히 비판하는 동시에 건전한 중간계급이 지닌 도덕적, 계급적 우월성을 부각시킨다. 『허영의 시장』은 중간계급에 대한 새커리의 애증이 선명하게 드러난 빅토리아 시대 영국의 풍속소설이라 할 수 있다.

베키와 에밀리아는 상이한 계급적 배경과 대조적인 품성을 지닌 인물로 설정된다. 베키는 알코올 중독자인 화가 아버지와 오페라 배우인 프랑스인 어머니 밑에서 출생한 고아로, 기숙학원에서 하녀와 같은 역할을 수행함으로써 학비와 숙식비를 면제받는다. 에밀리아는 부유한 런던 상인의 딸로 태어나 유복한 환경 속에서 어려움 없이 성장한다. 이들의 출신 배경의 차이는 졸업 후의 삶의 형태에도 동일하게 적용된다. 베키가 빅토리아 시대 영국의 교육받은 여성에게 거의 유일하게 열려있던 직업인 가정교사가 되는 반면에, 에밀리아는 집으로 돌아가 가정의 천사가 되기 위한 준비를 한다. 베키가 신분 상승에 대한 열망을 표출하면서 자신의 성적 매력을 이용해 권력을 획득하려고하는 당대의 성 이데올로기에 반하는 여성으로 재현된다면, 에밀리아는 순종적이고 무성적인 면모를 지닌 당대의 젠더규범과 일치하는 여성으로 그려진다.

기숙학원을 떠나 가정교사로 일하러 가기 전 베키는 에밀리아의 집을 방문한다. 그곳에 머무는 동안 베키는 에밀리아의 친오빠인 조스(Jos Sedley)를 유혹한다. "옷차림에 신경을 쓰고, 용모를 자랑하고, 남의 이목을 끄는 힘을 의식하는 점"에 있어서는 "이 세상의 어느 요부에도 못지않은 인물"인 조스는 귀족계급을 선망하고 모방하지만 세련미나 우아함과는 거리가 먼 허영심 많은 부르주아 계급 남성의 전형이라고 할 수 있다. 조스와의 결혼을 통한 신분상승이라는 베키의 꿈은 에밀리아의 약혼자인 조지(George Osborne)의 방해로 좌절된다. 양가부모에 의해 어린 시절에 에밀리아와 정혼한 조지는 신흥 부르주아의 사치스러운 생활양식을 극명하게 드러낸다. 조지의 아버지 올드 오스본(Old Osborne)은 성공한 사업가임에도 불구하고 "길에서 귀족을 만나면 언제나 그 앞에 머리를 조아려 극진한 경의를 표하고 집에 돌아와서는 귀족연감을 펼치고 그가 머리를 조아렸던 귀족의 가문의 역사를 숙독"하는, 중간계급의 귀족 숭배현상을 대표하는 인물이다. 올드 오스본은 자신의 대에서는 오직 동경의 대상으로만 존재했던 귀족적 삶이 자신의 아들의 대에서 실현되기를 소망하면서, 조지가 "영국에서 가장 좋은 사회"에 속한 젊은 귀족들의 생활을 모방하는 것을 적극 권장하며 모든 지원을 아끼지 않는다. 아버지의 격려와 지원 하에 조지는 기품 있는 태도와 외양 그리고 고급스러운 소비에 익숙한 남성으로 성장한다.

조지의 가장 가까운 친구로 등장하는 도빈(William Dobbin)은 귀족적인 세련됨과는 거리가 먼 질박한 외모와 어눌한 말투의 소유자라는 점에서 조지와는 극단적인 대조를 이룬다. 하지만 도빈은 자신의 출신계급에 대한 자부심을 지닌 인물로서 지적, 신체적 수월성과 도덕적 엄격성을 드러내는 중간계급의 영웅으로 재현된다. 도빈은 기숙학교 시절 런던 잡화상의 아들이라는 이유로 귀족계급의 자제들로부터 시달림을 당한다. 그들의 우두머리격인 커프(Reginald Cuff)가 자신의 출신 성분을 조롱하고 괴롭히자 도빈은 커프에 분연히 맞서 격투를 벌여 그를 제압한다. 이후 도빈은 커프를 포함한 동급생들로부터 인정과 존경을 받으며 성공적인 학창생활을 하게 되고, 도빈이 쟁취한 최초의 승리는 그의 계급적 자부심을 확고하게 하는 전환점으로 작용한다.

조스와의 결혼을 통한 부르주아 계급으로의 진입에 실패한 베키는 에밀리아의 집을 떠나 크롤리 경(Sir Pitt Crawley) 가문의 가정교사로 사회생활을 시작한다. 크롤리 경은 "털이 뻣뻣한 목에 … 대머리가 번쩍거리는 교활하게 생긴 빨간 얼굴에 회색의 두 눈동자를 반짝거리며 입은 끊일 새 없이 이빨을 드러내어 웃는 통에 벌어져 있는" 외모의 소유자로 묘사된다. 그는 자주 술에 취해 실수를 하고 농부의 딸을 희롱하고 하류계급의 사람들에게 욕설을 하며, 소작인들의 정당한 삯을 지불하기를 거부하며 굶주린 농민의 아이들이 과일을 따먹는 일조차 범죄 행위로 처벌한다. 크롤리 경의 외모와 성품에 대한 이 같은 묘사는 그 자체가 당대 상류사회 풍속소설이 그리고 있는 기품 있고 우아한 귀족에 대한 패러디로 읽힌다. 새커리는 크롤리 경과 같은 "교활하고 이기적이고 천하고 멍청한 인물이 귀족 연감에 이름이 나올만한 인물이라는 사실을 시인하지 않으면 안되는"

어처구니없는 현실에 대한 강한 저항감을 해학적으로 드러내고 있는 것이다. 베키는 노름과 음주를 즐기는 방탕한 귀족청년인 크롤리 경의 둘째 아들 로든(Rawdon Crawley)을 유혹하는 데 성공하고, 둘은 비밀 결혼을 한다. 그러나 이 사실이 알려진 후 베키와의 결혼을 생각하던 크롤리 경의 분노를 사게 되어 베키와 로든은 브라이튼(Brighton)으로 떠난다.

에밀리아의 아버지가 파산함에 따라 조지의 아버지는 에밀리아와 조지의 결혼을 반대한다. 도빈은 에밀리아에 대해 남몰래 품고 있는 연정에도 불구하고 두 사람의 결합을 위해 노력한다. 조지는 도빈의 설득으로 에밀리아와 결혼하고, 부부가 된 두 사람은 브라이튼으로 신혼여행을 떠난다. 분개한 올드 오스본은 조지의 상속권을 무효화하고 그를 가문에서 축출한다. 아버지의 뜻에 반하는 결혼으로 모든 경제적 지원이 끊어진 상태에서도 조지는 "네 마리의 말이 끄는 바루슈(barouche)를 타고 … 최고급 호텔의 호화로운 객실에서 … 여섯 명의 말없는 흑인 웨이터의 시중을 받으며 식사를 하는" 생활을 계속 한다. 그가 고백한대로 호사스러운 생활이란 이미 그에게는 "변화시킬 수 없는 체질"이 되어버린 것이다. 브라이튼에서 조지와 에밀리아는 사교계의 여왕으로 행세하는 베키와 그녀의 남편 로든과 재회한다.

나폴레옹 전쟁이 발발함에 따라 로든과 조지, 도빈은 웰링턴(Wellington) 장군 휘하 영국군의 일원으로 프랑스와의 전쟁에 참가한다. 조지는 워털루 전투에서 전사하고, 전투를 피해 후방에 남아있던 로든은 전장에서 흘러나온 전리품을 구입하여 자신이 획득한 것처럼 만들어 집으로 보낸다. 전투에 참가한 도빈은 "가장 뛰어난 장교이자 가장 현명한 사람"이라는 평판을 받는다. 특히 자신도 부상을 입은 극한 상황 속에서 부상한 병사를 구해내어 안전한 곳으로 이송시키는 용기와 희생정신을 보임으로써 "군대 내에 그와 같이 훌륭한 장교는 없을 것"이라는 극찬을 이끌어낸다.

미망인이 된 에밀리아는 유복자를 낳은 후 아들의 이름을 남편의 이름을 따서 조지라고 짓는다. 올드 오스본은 손자를 에밀리아에게서 떼어내 자신의 집으로 데려와 양육하면서 손자에게 품위 있는 생활양식을 체질화시키려는 노력을 계속한다. 대를 이은 할아버지의 노력으로 영 조지(Young Georgy)는 열한 살이라는 나이에 고급 상점을 출입하고 연극 관람을 즐기며, 매일 저녁 만찬을 위한 의상을 차려 입고 은쟁반 위에 놓인 편지를 전달받는 "귀족과 같은" 생활을 향유한다.
　종전 후 로든과 베키는 파리에서 전쟁영웅 부부로 행세하며 사교계 생활을 즐긴다. 베키는 명사들이 모이는 파티를 주재하는 일로 세월을 보내고 로든은 도박에 몰두한다. 호화로운 생활로 인해 늘어난 엄청난 규모의 빚을 더 이상 감당할 수 없다고 깨달은 베키의 설득으로 로든은 군대 직위를 팔아 빚의 일부를 변제하고 영국으로 돌아간다. 부유한 독신여성인 고모인 크롤리 양(Miss Crawley)의 유산과 아버지인 크롤리 경의 작위와 유산이 모두 크롤리가문의 장남 피트(Pitt Crawley)에게 상속됨에 따라 베키와 로든은 영국에서 무일푼의 상태로 지내게 된다. 베키는 스테인 경(Lord Steyne)에게 접근하여 그의 후원으로 상류사회에서의 삶을 계속하고, 아내의 불륜을 알게 된 로든은 스테인 경을 구타한다. 로든은 베키와의 결별을 선언하고 스테인 경도 베키와의 관계를 정리한다. 다시 무일푼이 된 베키는 유럽의 여러 도시를 떠돌게 된다.
　에밀리아는 인도에서 돌아온 오빠 조스의 경제적 지원으로 궁핍한 상태에서 벗어나 이전과 같은 풍족한 생활을 하게 되고, 올드 오스본이 사망한 후 다시 아들인 영 조지를 데려와 함께 살게 된다. 에밀리아를 흠모해온 도빈은 그녀에게 청혼하지만 죽은 남편에 대한 절개를 지키기를 원하는 에밀리아는 청혼을 거절한다. 조스와 에밀리아, 영 조지 그리고 도빈은 유럽으로 여행을 떠나고 여행지의 도박장에서 베키와 마주친다. 베키는 에밀리아에게 조지가 워털루 전투 직전에 자신과 사랑의 도피를 떠나려고 했다는 사실을 알려준다. 죽은 남편의 실체를 알게 된 에밀리아는 미망에서 깨어나 도빈의 청혼을 받아들인다. 에밀리아와 도빈은 영국으로 돌아가고, 이미 조스를 완벽하게 사로잡은 베키는 조스와 함께 유럽에 남는다. 함께 지내던 조스가 사망한 후 베키는 영국으로 돌아와 조스의 유산으로 풍족한 생활을 한다. 그녀는 교회에 출석하고 자선행위에도 참여하는 모습을 보임으로써 자신에 대한 사회적 평판을 개선한다. 에밀리아와 도빈은 자선바자에서 일하고 있는 베키와 우연히 마주친다. 우아하고 새침하게 미소 짓는 베키와, 그녀를 보고 놀라 뒷걸음치는 에밀리아와 도빈을 보여주면서 소설은 종결된다.

문학사적 의의

산업혁명 이후 신흥 부르주아가 중간계급의 핵심세력으로 등장하면서 귀족계급에 의해 수행되던 품격 있는 생활양식은 사회적 지위의 표상이 되었다. 고급스런 소비행위를 바탕으로 한 귀족적인 삶이 중간계급이 지닌 계급상승욕구의 직접적인 대상으로 부각되면서, 중간계급의 귀족계급에 대한 동경은 더욱 심화되어 숭배에 가까운 양상을 띠었다. 초기 빅토리아 시대 영국에서 실버-포크 소설이라고 불리던 상류사회 풍속소설의 부상은 중간계급의 귀족계급에 대한 동경과 모방 욕구와 밀접한 관련을 지닌다고 할 수 있다. 상류사회 풍속소설은 소비양식을 중심으로 귀족계급에 관한 정보를 충실하게 제공함으로써 귀족적인 삶에 대한 중간계급의 욕망을 구체화시키는 기능을 담당했다. 상류사회 풍속소설은 1820년대 후반에서 1840년대 초반에 이르는 기간-특히 1830년대에-영국의 중간계급이 가장 열성적으로 탐독하던 소설양식으로 자리 잡았고, 불워-리튼, 디즈렐리(Benjamin Disraeli), 고어(Catherine Frances Gore)를 필두로 한 일군의 작가들에 의해 양산되었다.

『허영의 시장』을 통해 새커리는 상류사회 풍속소설에 의해 유포되고 확장되던 귀족계급의 문화적 영향력을 저지하고 중간계급의 지배력을 강화시키려고 했다. 그는 중간계급 일부에서 드러나는 "귀족이라는 우상에 대한 숭배"(Lordolatry)를 건강한 중간계급을 천박한 속물로 만드는 계급적 퇴행이자 사회적 악행으로 규정한다. 새커리는 소설 속에서 올드 오스본으로 대표되는 중간계급의 귀족숭배와 모방을 "나폴리의 거지가 일광욕을 할 때 그러는 것처럼 귀족의 발밑에 자기 몸을 던져서 그의 빛을 쬐는 것"과 같은 비굴한 행위이며 중간계급의 이런 행태가 "아마 오직 자유인으로 태어난 영국인만이 할 수 있는 일일 것"이라고 강하게 비판한다. 새커리의 중간계급의 귀족계급 따라 하기에 대한 비판은 『속물의 책』(*Book of Snobs*, 1848)에서도 발견된다. 그는 귀족적 속물을 여러 속물적인 행태 중에서도 사회에 가장 커다란 해악을 끼치는 최악의 속물로 지목한다. 중간계급의 귀족적 속물행태는 중간계급을 오만하게 할 뿐 아니라, 기품 있는 삶을 모방할 수 없는 하류계급을 맹렬한 증오심에 빠뜨리거나 자학하게 만드는 일이기 때문이다.

『허영의 시장』에서 귀족계급을 한결같이 무능하거나 사악하고 교활한 존재들로 재현한 것과는 달리, 새커리는 근면과 절제, 검약으로 대표되는 중간계급의 도덕률로 무장한 인물에 대한 이상화를 통해 중간계급의 계급적 불안감을 해소시키려고 했다. 『허영의 시장』에서 도빈은 소박한 외양과 겸손한 태도로 인해 주목받는 존재가 되지 못하고 종종 편견과 조롱의 대상이 되지만, 그가 소유한 헌신성, 절제력, 업무에 대한 해박한 지식, 책임감과 같은 중간계급의 덕목은 그로 하여금 사회적 존경심을 획득하도록 한다. 새커리는 도빈을 중간계급 영웅의 전형으로 재현함으로써 중간계급의 계급적 자존감을 회복시키려 했다. 중간계급의 계급적 수월성을 재승인 하려했던 새커리의 시도가 성공적이었다는 사실은 대표적인 새커리 연구자 중 한사람인 레이(Gordon Ray)의 평가로도 확인된다. 그는 『허영의 시장』이 거둔 대중적 인기의 요인으로 시대가 요구하는 이상적인 인물상을 "귀족계급의 맥락이 아닌 중간계급의 가치와 밀접한 연관을 이루도록 한" 것을 지적하고 있다.

새커리가 『허영의 시장』을 통해 이룩한 또 하나의 문학사적 성취로는 이 시기 영국 소설에 등장하는 일반적인 여성과는 전혀 다른 새로운 유형의 여성 인물을 창조하고, 그러한 인물에 대해 젠더 중립적인 태도를 견지했다는 점을 들 수 있다. 『허영의 시장』 서사의 중심에 위치한 베키는 당대의 젠더규범에 비추어볼 때 전복적이라고 밖에 할 수 없는 측면을 지닌다. 사회적 연고와 경제적 자산을 지니지 못한 그녀는 상류사회로의 진입이라는 자신의 욕망을 달성하기 위해 자신이 소유한 유일한 자본인 섹슈얼리티를 사용한다. 새커리는 베키가 벌이는 부도덕한 행각에 대해 상세히 기술하고 그녀의 물질적이고 부도덕한 삶의 방식에 대해 냉소적인 태도를 드러낸다. 그러나 베키를 향한 새커리의 비판적인 시각은 비슷한 경향을 지닌 남성 인물을 향한 그의 태도에서보다 더 엄격하거나 공격적이지는 않다. 베키는 욕망을 숨김없이 드러내고 그러한 자신에 대해 부끄러워하거나 참회하지 않지만, 그녀는 젠더 이데올로기를 위반한 여성에게 가해지는 혹독한 처벌을 받지 않는다. 무엇보다도 베키는 소설의 결말에서 경제적인 안정성을 획득하고 사회적 존중도 일정 부분 성취하는 것으로 처리되는데, 이러한 결말은 부도덕한 여인이 맞이하는 비극적인 최후라기보다는 오히려 해피엔딩에 가까운 것이다. 자신의 욕망에 충실한 고아 출신의 여성이 육체자본을 활용하여 계급사회에서 일정 지위를 쟁취하는 성공담으로 읽힐 수 있는 여지를 남겨둔다는 점에서 『허영의 시장』은 당대 영국소설에서의 여성재현과는 분명하게 구별되는 양상을 드러낸다고 할 수 있다.

▶▶ 더 읽을거리

Ferris, Ina. *William Makepeace Thackeray*. Boston: Twayne, 1983.

Fisher, Judith L. *Thackeray's Skeptical Narrative and the 'Perilous Trade' of Authorship*. London: Ashgate, 2002.

Harden, Edgar F., ed. *Selected Letters of William Makepeace Thackeray*. New York: NYUP, 1996.

Ray, Gordon, ed. *Letters and Private Papers of William Makepeace Thackeray*. Cambridge: Harvard UP, 1945-46.

Thackeray, William Makepeace. *Vanity Fair: A Novel Without a Hero*. Ed. Peter L. Shillingsburg. New York: Norton, 1994.

Tillotson, Geoffrey, ed. *William Thackeray: Critical Heritage*. London: Routledge, 1996.

Welsh, Alexander, ed. *Thackeray: A Collection of Critical Essays*. Englewood Cliffs: Prentice-Hall, 1968.

▮ 계 정 민 (계명대학교)

찰스 디킨즈
Charles Dickens

작가 소개

　윌리엄 셰익스피어(William Shakespeare)에 버금가는 영국의 국민 작가 찰스 디킨즈(Charles Dickens)는 1812년 2월 7일 영국의 남부 해안도시인 포츠머쓰(Portsmouth) 근처 포트씨(Portsea)에서 태어났다. 아버지 존 디킨즈(John Dickens)는 해군 경리국의 말단 직원이었는데 디킨즈는 그와 엘리자베스 디킨즈(Elizabeth Dickens) 사이에 태어난 5남 3녀 중 둘째이자 장남이었다.

　디킨즈의 아버지 존 디킨즈는 다감하고 호인다운 성격이었지만 씀씀이가 헤픈데다가 책임감도 별로 없는 사람이었고 디킨즈의 어머니 역시 살림을 규모 있게 꾸려나가는 편이 못되었다. 디킨즈가 태어난 이후로 그의 집안은 날로 기울어 가는데, 디킨즈가 12세 때인 1824년 2월에는 그의 아버지가 빚 때문에 마셜씨(Marshalsea)라는 채무자 감옥에 갇히는 일이 벌어진다. 그 결과 디킨즈는 어려운 가계를 돕기 위해 친지가 경영하는 워런(Warren)이라는 구두약 공장에 나가 주급 6실링을 받고 구두약병에 상표를 붙이는 일을 하게 된다. 구두약 공장의 노동자 생활은 디킨즈의 아버지가 얼마 후 석방됨으로써 8개월 여 만에 끝난다. 하지만 학교 다니던 것도 중단한 채 런던의 싸구려 하숙방에 혼자 외롭게 거처하면서 쥐가 들끓는 템즈(Thames)강변의 한 공장의 소년노동자로 일해야 했던 이 시절의 경험은 디킨즈의 마음에 평생 지워지지 않는 고통스러운 기억으로 남는다.

이후 디킨즈는 약 2년 반 동안 웰링턴 하우스 아카데미(Wellington House Academy)라는 사립학교에 다니다가 15세가 되던 1827년에 런던의 한 법률사무소 직원으로 취직한다. 여기에서 일하면서 그는 의회 기자가 되겠다는 결심을 하고, 틈틈이 속기술을 배워 마침내 1832년에 한 신문사의 의회담당기자로 취직한다. 그리고 2년 뒤에는 당시 유력 일간지였던 ≪모닝 크로니클≫(The Morning Chronicle)의 기자가 된다.

그러는 동안 디킨즈는 문학과 연극에 깊은 관심을 기울인다. 그는 틈나는 대로 도서관에 가서 독서에 몰두했으며 연극 공연장을 기웃거리며 배우가 되는 꿈을 키우기도 했다. 연극에 대한 그의 강한 동경과 관심은 평생 그를 떠나지 않는데, 그의 작품에 연극적 요소가 상당히 강하게 나타나는 것도 바로 이 때문이다. 문학에 대한 그의 관심과 재능은 1833년경부터 런던의 풍물을 묘사하는 짤막한 문학적 스케치들을 '보즈'(Boz)라는 필명으로 잡지에 기고하면서 발휘되기 시작한다. 이것들은 1836년에 『보즈의 스케치들』(Sketches by Boz)이라는 제목으로 출판되고, 이를 통해 디킨즈는 정식 작가의 길에 들어선다.

이 무렵 디킨즈는 한 출판사의 제안을 받고 월간연재물을 쓰기 시작하는데, 『피크윅 문서』(The Pickwick Papers)라는 제목의 이 작품은 곧 폭발적인 인기를 얻어 디킨즈를 일약 당대의 유명 작가로 올려놓는다. 디킨즈는 이에 자신을 얻어 곧 기자직을 그만두고 전업 작가로 출발한다. 그리고 이듬해인 1837년부터 『올리버 트위스트』(*Oliver Twist*)와 『니컬러스 니클비』(*Nicholas Nickleby*, 1839)를 비롯한 많은 장편 소설들을 연달아 발표한다. 그의 창조력이 특히 왕성하게 발휘된 시기는 1840년대와 1850년대인데, 그가 일생 동안 완성한 14편의 장편소설 가운데 9편, 즉 『골동품 가게』(*The Old Curiosity Shop*, 1840), 『바나비 러쥐』(*Barnaby Rudge*, 1841), 『마틴 처즐위트』(*Martin Chuzzlewit*, 1844), 『돔비 부자』(*Dombey and Son*, 1848), 『데이빗 코퍼필드』(*David Copperfield*, 1850), 『블리크 하우스』(*Bleak House*, 1853), 『어려운 시절』(*Hard Times*, 1854), 『리틀 도릿』(*Little Dorrit*, 1857), 그리고 『두 도시 이야기』(*A Tale of Two Cities*, 1859)가 바로 이 시기에 출판된다. 널리 알려진 중편 소설 『크리스마스 캐럴』(*A Christmas Carol*)이 나온 것도 바로 이 시기의 조반부인 1843년이다.

한편 넘치는 에너지의 소유자였던 디킨즈는 왕성한 창작 활동과 동시에 다른 여러 가지 사회적 활동도 정력적으로 수행한다. 그는 1837년부터 ≪벤틀리의 잡지≫(Bentley's Miscellany)를 비롯하여 ≪흔히 쓰는 말들≫(Household Words)과 ≪일 년 내내≫(All the Year Round) 등과 같은 잡지를 편집하거나 발행했으며, 1840년대 말부터는 당시 부유한 여성 복지가였던 앤젤러 버넷 쿠츠 양(Miss Angela Burdett Coutts)과 함께 창녀들의 갱생을 위한 자선사업에 적극적으로 참여하기도 했다. 그는 또한 틈날 때마다 이런저런 아마추어 연극 활동에 열정적으로 참여하곤 했는데, 여러 차례 지방 순회공연을 다녔을 뿐만 아니라 1847년에는 극단을 직접 조직하여 배우 겸 매니저로 활동하기도 했으며, 1851년에는 빅토리아 여왕 앞에서 공연을 하기도 했다. 디킨즈의 연극적 재능은 작품의 대중 낭독이라는 형식을 통해서도 발휘되었다. 1853년에 가진 『크리스마스 캐럴』의 대중 낭독을 시작으로 디킨즈는 기회 있을 때마다 각처를 돌아다니며 작품 낭독회를 열곤 했다. 무대 위에 올라가 대중들 앞에서 자기 작품의 중요한 대목들을 직접 낭독하면서 연기를 곁들이는 이 낭독회에서 디킨즈는 실감나는 목소리와 동작으로 매번 청중들을 감동과 열광 속에 몰아넣곤 했다.

디킨즈는 여행도 자주 했다. 영국의 각 지방은 물론이고 프랑스와 이탈리아를 비롯한 유럽의 각처와 대서양 건너 미국까지 그의 발길은 닿았는데, 때로는 집필의 압박감에서 벗어나 휴식과 충전을 얻고자, 때로는 그 반대로 바쁜 사회 활동에서 벗어나 창작에만 몰두하기 위해 나서는 여행길이었다. 그리고 연극 공연이나 작품 낭독을 위한 여행도 적지 않았다. 물론 작가답게 그는 여행 경험을 기록으로 남겨 놓기도 했는데, 1842년에 수 개월간 미국을 방문한 후 『미국 여행 노트』(*American Notes*)를 출판했으며 1846년에는 이탈리아 여행 경험을 기록한 『이탈리아의 풍경들』(*Pictures from Italy*)이라는 책을 펴냈다.

여러 가지 일을 정력적으로 수행해나가던 디킨즈는 1860년대 중반부터 건강에 이상을 보이기 시작한다. 『위대한 유산』(*Great Expectations*, 1861)을 발표한 지 3년 후인 1864년에 『우리가 서로 아는 친구』(*Our Mutual Friend*)를 쓸 때 그는 통풍으로 심하게 고생하는데, 이 작품을 완성한 뒤에도 그는 무리하게 두 차례의 지방 순회 낭독회를 하여 건강을 더욱 해친다. 게다가 1867년 말에는 친지들의 강력한 만류에도 불구하고 작품 낭독을 위한 두 번째 미국방문을 강행한다. 비록 금전적으로는 큰 수익을 올렸으나 무리한 여행과 혼신의 힘을 쏟는 낭독 연기로 인해 그의 건강은 이때 결정적으로 나빠진다. 이런 상황에서도 그는 영국에 돌아온 후 또다시 지방 낭독여행을 떠나고 새 장편 『에드윈 드루드의 비밀』(*The Mystery of Edwin Drood*)의 집필도 시작한다. 이처럼 무리한 강행군 탓에 그의 건강은 점점 돌이킬 수 없을 정도로 악화되는데, 그러다 마침내 1870년 6월 8일 저녁 그는 개즈 힐의 저택에서 뇌출혈로 쓰러진다. 그리고 다음날 그는 58세의 나이로 세상을 떠나고 만다.

소설가로서 디킨즈는 누구보다도 대중성이 강한 작가였다. 그는 귀족과 하층민, 지식인과 무식한 일반대중, 남녀노소 등을 가릴 것 없이 그야말로 각계각층의 빅토리아조 독자들로부터 사랑을 받았다. 물론 디킨즈의 작품에 특히 열중한 독자들은 당대의 지배계급이자 대다수 독자층을 형성하고 있던 중산계급이었고, 디킨즈 역시 중산계급과 늘 호흡을 함께 하면서 그들의 삶과 생각과 느낌을 소설로 훌륭하게 형상화했다. 하지만 수많은 인물창조와 풍성한 이야기를 통해 디킨즈의 시적 상상력이 펼쳐 보이는 축제적 해학과 활기찬 소극(farce), 질박한 멜로드라마와 감상주의, 진솔하고 따뜻한 인도주의, 통렬한 사회 비판과 풍자, 그리고 인간과 삶에 대한 창조적 통찰 등은 그 보편적이고 대중적인 호소력으로 인해 계급에 상관없이 당대의 모든 독자층을 열광시켰다. 사실 빅토리아조의 최고 대중작가로서 디킨즈의 훌륭함은 중산계급의 삶을 옹호하거나 대변한 점보다는 오히려 중산계급의 한계를 비판하고 그들의 상실된 양심을 자극하면서 이를 통해 참된 삶을 위한 보편적 가치를 역설했다는 점에 있다고 할 것이다.

　대중작가로서 디킨즈의 특히 두드러진 창작기법은 해학과 풍자이다. 디킨즈는 인물을 창조할 때 과장이나 희화화(caricature)를 통해 그 인물의 특징적인 인상이나 핵심적 성품을 한껏 부각시킴으로써 탁월한 희극적 효과를 창출해낸다. 디킨즈의 이러한 인물들이 일으키는 웃음은 때로는 그야말로 순수한 즐거움이나 온화한 공감에서 우러나오는 건강한 웃음이기도 하고 때로는 경멸과 분노를 동반하는 풍자적 조롱에 가까운 것이 되기도 한다. 전자의 경우 그것은 때때로 감상주의적 휴머니즘과 어우러지면서 독자들에게 한없는 웃음과 눈물을 선사하곤 하는데, 디킨즈가 당대 독자들의 정서적, 도덕적 욕구를 만족시켜주는 인기 대중작가의 명성을 얻을 수 있었던 비결의 하나도 바로 여기에 있었다.

　한편 후자 즉 풍자적 조롱의 경우, 그것은 일단 어리석음, 악덕, 이기심,

탐욕, 위선, 오만, 편견 등과 같이 바람직하지 못한 인간성의 본질에 대한 공격으로 의도된다. 하지만 디킨즈는 여기에서 그치지 않고 나아가 그런 악덕들이 필연적으로 발생시키는 사회의 부조리와 모순 및 타락상까지 날카롭게 풍자하곤 한다. 그리하여 악법, 감옥, 구빈제도, 교육제도, 관료정치, 자본주의 등과 같은 19세기 영국 사회의 제도적, 구조적 병폐는 거의 모두 디킨즈의 소설 속에서 신랄한 풍자의 대상이 되곤 한다. 아마 당대의 사회 제도와 지배계층에 대한 풍자의 깊이와 강도만을 놓고 생각할 때 디킨즈는 빅토리아조 작가들 중 가장 그 시대에 적대적인 작가였다고 할 수 있을 것이다.

전체적으로 볼 때 풍자적 희극성과 감상주의적 휴머니즘이 풍성하게 어우러진 디킨즈의 소설 세계는 후기로 가면서 사회비판적 성격이 점차 강해진다. 그 결과 디킨즈의 특기인 해학과 풍자는 좀 어둡고 신랄해지며 감상주의적 요소도 상당히 압축되어 나타나곤 한다. 따라서 평자의 관점과 취향에 따라 디킨즈의 초기와 후기 작품은 그 평가가 달라지는데, 가령 따뜻한 감상과 풍성한 희극의 활기찬 세계를 구현하고 있다는 점에서는 『피크윅 문서』나 『골동품 가게』 같은 작품이 대표작으로 꼽히는 반면에, 디킨즈 특유의 해학을 잃지 않으면서도 인간과 사회현실의 본질에 대한 총체적인 비판의식을 창조적으로 구현하고 있다는 측면에서는 『리틀 도릿』이나 『위대한 유산』 같은 작품이 훨씬 위대한 작품으로 평가될 수 있다. 다만 20세기 후반 이후의 디킨즈 비평계에서는 대체로 초기보다 후기의 소설들이 인간의 삶에 대해 좀 더 깊이 있는 예술적 성찰을 보이고 있다는 것이 지배적인 의견이다.

위대한 유산[*]
Great Expectations

작품 줄거리

부모가 없는 소년 핍은 강가 습지대의 마을에서 누나와 함께 살고 있다. 나이가 많은 누나는 핍을 학대하지만 그녀의 선량한 남편인 대장장이 조 가저리는 핍에게 친구처럼 잘 대해준다. 핍은 어느 크리스마스 전날 오후 부모형제가 묻힌 교회 무덤을 찾아갔다가 무섭게 생긴 탈옥수와 마주친다. 이 탈옥수는 핍을 위협해 누나의 집에서 먹을 것과 줄칼을 훔쳐오게 한다. 다음날 핍은 먹을 것과 줄칼을 가지고 가다가 또 다른 탈옥수를 목격한다. 그날 오후 이 두 명의 탈옥수는 습지대에서 싸우다가 수색대에 잡혀 감옥선으로 끌려가는데, 핍은 매부 조와 함께 수색대를 따라갔다가 그 광경을 모두 지켜본다.

핍은 조의 삼촌인 곡물상 펌블추크의 추천으로 읍내의 부유한 지주 해비셤 양의 저택에 놀러 가게 된다. 새티스 하우스라고 불리우는 이 집에서

---

[*] 작품의 제목인 'Great Expectations'에 대한 좀 더 정확한 우리말 번역은 '큰 재산을 물려받을 가능성이나 기대'라고 할 수 있고, 따라서 국내의 디킨즈 학자들은 '위대한 유산'보다는 '막대한 유산'이라는 제목을 사용하곤 한다. 하지만 '막대한 유산'이라는 제목도 사실 그리 정확하다고 할 수 없으므로, 필자는 그 동안 통용되어 온 '위대한 유산'이라는 제목을 그대로 사용하고자 한다.

찰스 디킨즈(Charles Dickens) ••• 117

핍은 결혼식 날 버림받은 후 집안의 시계를 정지시켜 놓은 채 오랫동안 홀로 은둔하며 사는 괴팍한 해비셤 양을 만난다. 그날 핍은 또한 해비셤의 수양딸인 아름다운 소녀 에스텔러를 만나는데, 에스텔러는 핍을 천한 막노동꾼 아이라고 부르며 경멸한다. 이후 해비셤 양은 핍을 매주 불러서 에스텔러와 놀게 하고 에스텔러는 계속 핍을 멸시하고 학대한다. 에스텔러의 멸시와 학대로 인해 핍은 미천한 신분에서 벗어나고 싶은 욕망을 품게 되고 이를 위해 틈틈이 공부를 열심히 한다.

몇 년 후 핍은 미스 해비셤이 지불해준 돈으로 조의 도제가 되어 더 이상 새티스 하우스를 방문하지 않게 된다. 하지만 에스텔러를 사모하고 동경하는 핍은 도제 생활을 수치스럽게 생각하며 불만과 좌절감에 찬 하루하루를 보낸다. 그는 자신에게 글을 가르쳐준 마을의 다른 고아소녀 비디에게만은 그런 속마음을 털어놓곤 하는데, 이때 그는 에스텔러를 위해 신사가 되고 싶다고 고백하기도 한다. 핍의 누나는 어느 날 괴한의 습격을 받아 쓰러져 불구가 된다. 핍은 누나와 언쟁을 벌였던 조의 직공 올릭이 누나를 공격한 범인이라고 생각하지만 증거가 없어서 아무런 조치도 취하지 못한다. 비디는 불구가 된 핍의 누나를 돌보기 위해 조의 집에 들어와 함께 살기 시작한다.

핍의 도제생활은 어느 날 런던에서 온 변호사 재거스가 핍이 익명의 은인에게서 큰 재산을 물려받게 되었다는 소식을 가져옴으로써 끝난다. 재거스는 익명의 은인이 핍에게 런던에서 신사 교육을 받으라는 제안을 했다고 전하고, 핍은 이를 기꺼이 수락한다. 은인의 정체는 비밀로 붙여지지만 핍은 이 은인이 바로 해비셤 양이라고 확신하며, 그녀가 그를 신사로 만들어 나중에 에스텔러와 결혼시키려고 한다고 믿는다. 핍은 아무런 보상도 바라지 않은 채 그를 축복하며 놓아주는 조에게 죄의식을 느끼지만, 다른 한편으로 자신의 달라진 신분에 대한 속물적인 우월감을 보이기 시작한다.

 런던에 올라온 핍은 재거스 씨의 후견 아래 신사로서의 생활을 시작한다. 그는 해비셤 양의 친척인 선량한 청년 허버트 포킷과 함께 살면서, 허버트의 아버지 매슈 포킷을 선생으로 두고 신사 수업을 시작한다. 매슈 포킷의 지도를 받는 또 다른 젊은이들로 스타톱과 벤틀리 드러믈이 있는데, 핍은 그 중 거만하고 예의 없는 드러믈을 싫어한다. 그는 재거스의 사무실 서기인 웨믹과도 친분을 쌓는데, 웨믹은 공적인 생활에서는 철저히 냉정하고 타산적인 태도를 보이지만 사적인 생활에서는 친절하고 인간적인 사람으로 완전히 변한다.

 어느 날 조가 핍을 만나러 런던에 올라온다. 신사계급이 된 핍은 이제 시골의 대장장이인 조를 부끄럽게 여기며 시종 딱딱한 태도로 그를 대한다. 그는 조의 진실한 태도와 우정을 뒤늦게 깨닫고 죄책감을 느끼기도 하지만, 일시적인 후회에 그칠 뿐 해비셤 양을 만나러 고향을 방문했을 때도 조의 집을 찾아가지 않는다. 해비셤 양의 집에서 핍은 더욱 아름다운 숙녀가 되어 외국에서 돌아온 에스텔러를 다시 만난다. 에스텔러는 핍에게 자신은 사랑을 느끼는 심장이 없다고 경고한다. 그러나 핍은 그녀에 대한 거역할 수 없는 짝사랑을 여전히 간직한다.

 얼마 후 에스텔러도 런던에 올라와 사교계에 진출한다. 핍은 해비셤 양이 남자에 대한 복수의 도구로 에스텔러를 이용하고 있다는 것을 알고 있지만, 여전히 자신과 에스텔러를 결혼시키는 것이 해비셤 양의 계획이라고 믿으면서 에스텔러를 따라다닌다. 그러나 에스텔러는 핍을 그저 친구로만 대할 뿐 어떠한 사랑의 감정도 보여주지 않는다. 그녀는 오히려 드러믈을 포함한 뭇 남성들의 구애와 접근을 호의적으로 받아들임으로써 핍으로 하여금 질투와 고통을 느끼게 한다.

 핍은 뚜렷한 삶의 목표나 지향이 없이 사교계를 드나들며 하루하루를 낭비하는 속물 생활을 계속한다. 하지만 그러는 동안 누나의 사망 소식을 받고 그녀의 장례식에 참석하러 고향에 다녀오며, 성년이 되어 은인에게서 받게 된 많은 용돈으로 친구 허버트가 선박업자의 동업자가 될 수 있도록 비밀리 도와주기도 한다.

핍이 스물 셋이 되었을 때 폭풍우 치는 어느 날 밤 낯선 사람이 핍을 방문한다. 그는 핍이 오래 전 고향의 습지에서 도와줬던 탈옥수였는데, 이 사람은 놀랍게도 자신이 바로 핍의 숨겨진 은인이라는 사실을 밝힌다. 이름이 에이블 매그위치인 이 사람은 오스트레일리아로 유배된 죄수였지만, 거기서 자유를 찾고 큰돈을 벌어 그 동안 핍을 후원해오다가 마침내 핍을 만나러 런던에 찾아온 것이었다. 하지만 그는 영국에 돌아오는 것이 금지된 종신 유형수였으므로 몰래 영국에 온 것이 알려져 잡히면 사형을 당할 수 있는 신분이었다.

자신이 만든 신사라고 기뻐하며 핍을 바라보는 매그위치와는 달리, 핍은 자신이 그동안 믿어왔던 모든 기대가 완전히 착각이었다는 충격적인 사실에 경악한다. 그는 특히 자신이 죄수의 더러운 돈을 위해 진정한 은인인 조와 비디를 배반했다는 통렬한 죄책감에 사로잡힌다. 핍은 상스럽고 천박한 매그위치에게 강한 혐오감을 느끼며 도망가고 싶은 충동에 사로잡히기도 하지만, 그에 대한 의무감으로 그러지 못한다. 결국 그는 허버트와 상의한 후 매그위치를 먼저 외국으로 안전하게 도피시키기로 결정한다. 매그위치는 핍과 허버트의 요청을 받고 자신의 불행한 과거 인생을 이야기해주는데, 이를 통해 핍은 오래 전 습지에서 매그위치와 함께 싸우던 또 다른 탈옥수가 콤피슨이라고 불리는 자로 매그위치를 비열하게 이용해먹고 배반한 악당이라는 사실을 알게 된다. 핍은 또한 허버트를 통해, 이 악당 콤피슨이 바로 해비셤 양의 이복 남동생과 공모하여 그녀를 속이고 결혼식 직전에 도망간 남자라는 사실도 알게 된다.

핍은 재거스를 만나서 매그위치에 관한 사실을 확인한다. 핍은 또한 해비셤도 찾아가는데, 그녀는 자신이 핍의 착각을 조장한 게 사실이긴 하지만 궁극적인 책임은 핍에게 있다고 반박한다. 그 자리에 함께 있던 에스텔러는 드러믈과 곧 결혼할 예정임을 핍과 해비셤에게 알린다. 슬픔에 가득 찬 핍은 에스텔러에게 그 동안 고백하지 못했던 진실한 사랑의 감정을 열정적으로 토로하고 그녀와 작별한다. 런던에 돌아온 핍은 매그위치를 허버트의 약혼녀의 집에 은닉시킨 다음 외국행 기선을 이용해 영국에서 함께 탈출할 계획을 세우고 그 준비를 시작한다. 하지만 콤피슨이 자신을 미행하고 있다는 사실을 알고 불안해한다. 에스텔러가 결혼한 후 핍은 다시 한 번 해비셤을 만나러 간다. 해비셤은 핍에게 자신의 잘못을 용서해달라고 무릎을 꿇고 애원하며, 핍의 친구 허버트를 도와주는 데 필요한 돈을 핍에게 준다. 그리고 난 직후 해비셤은 옷에 난롯불이 옮겨 붙어 화염에 휩싸인다. 핍은 즉시 달려들어 그녀를 구해주려 하지만 그녀는 심한 화상을 입고 중태에 빠진다. 그녀는 의식을 잃은 채 용서해달라는 말만 수없이 반복하다가 결국 얼마 후 사망하고 만다.

한편 웨믹과 허버트에게서 들은 이야기와 자신의 관찰 등을 토대로 핍은 에스텔러의 부모가 누군지 알아낸다. 에스텔러의 어머니는 살인을 범한 후 재거스의 변호 덕분에 무죄로 풀려난 재거스의 가정부 몰리였는데, 그녀는 바로 매그위치의 아내였다. 에스텔러는 몰리가 재판을 받을 때 재거스의 주선으로 해비셤의 양녀가 되어 들어갔던 것인데, 매그위치는 그녀가 죽은 것으로만 알고 있다. 핍은 재거스의 충고를 받아 이 사실을 아무에게도 알리지 않는다.

매그위치의 탈출 계획을 실행하기 직전 핍은 콤피슨의 끄나풀이 된 올릭의 함정에 빠져 고향 습지에서 거의 살해당할 뻔 한다. 다행히 그는 뒤따라 온 허버트와 스타톱의 도움으로 목숨을 건지고, 이틀 후 예정대로 매그위치와 함께 보트를 타고 나가 외국행 기선을 기다린다. 하지만 기선을 잡아타기 직전 경찰이 탄 대형보트가 나타나 매그위치를 체포하려 한다. 매그위치는 경찰 보트에 자신의 원수 콤피슨이 타고 있는 것을 발견하고 콤피슨에게 달려든다. 두 사람은 싸우다가 물속에 떨어지는데, 콤피슨은 익사하고 매그위치는 심한 부상을 입은 채 구조된 후 감옥에 끌려간다. 매그위치는 곧 재판을 받고 사형이 선고되지만, 사형이 집행되기 전에 핍의 간호를 받으며 숨을 거둔다. 핍은 매그위치에게, 그의 딸 에스텔러가 살아 있으며 자신은 그녀를 사랑한다고 말해줌으로써 매그위치의 마지막 순간을 위로한다.

이 후 허버트도 사업차 이집트로 떠나고 혼자 남은 핍은 열병에 걸려 쓰러진다. 조가 소식을 듣고 고향에서 올라와 사경을 헤매던 핍을 극진한 간호로 구해주고 빚도 갚아준다. 핍은 조의 진정한 우정과 사랑에 감동하며 속물이었던 자신의 지난날 잘못을 진심으로 뉘우친다. 건강을 회복한 그는 모든 것을 청산하고 고향으로 돌아가 조와 비디에게 용서를 빈 다음 비디에게 청혼하기로 결심한다. 하지만 그가 고향에 돌아간 날은 바로 조와 비디가 결혼식을 올린 날이었다. 핍은 두 사람을 진심으로 축복해준 뒤에 곧바로 작별하고, 허버트의 회사 직원으로 새 출발을 하기 위해 이집트를 향해 떠난다.

핍은 근면하고 성실하게 일하여 회사에서 중역의 위치까지 올라간다. 11년 후 그는 고향을 방문하여 조의 가족과 재회의 기쁨을 나눈다. 다음날 저녁 그는 지난날의 추억을 위해 새티스 하우스를 찾아가는데, 폐허가 된 저택의 정원에서 뜻밖에도 에스텔러와 마주친다. 그녀를 학대하던 남편 드러믈이 사망하여 과부가 된 에스텔러는 이제 거만하고 무정했던 과거의 모습이 사라지고 그 대신 다정하고 부드러운 눈빛을 하고 있다. 그녀는 핍에게 자신이 시련을 통해 좋은 쪽으로 변했으며 핍의 사랑도 이해할 수 있게 되었노라고 말한다. 저녁 안개가 걷히고 고요한 달빛이 아름답게 비치는 가운데 핍은 에스텔러의 손을 잡고 새티스 하우스의 정원을 걸어 나가면서 그녀와 또다시 헤어지는 일은 없을 것이라고 느낀다.

문학사적 의의

1861년에 완성된 『위대한 유산』은 디킨즈의 소설 세계에서 후기에 속하는 작품이다. 디킨즈는 일생 동안 총 14권의 장편 소설을 완성하여 발표했는데 『위대한 유산』은 그 중 13번째 나온 것으로 디킨즈가 작가로서 일종의 원숙기에 도달했을 때의 소설이다. 따라서 『위대한 유산』은 디킨즈의 성숙한 작가적 기량과 세계관이 잘 드러나 있는 작품 가운데 하나이다. 비록 디킨즈 소설로는 그리 길지 않은 편이지만 이 작품은 인간과 삶에 대한 디킨즈의 한층 날카로워진 통찰력과 비판적 현실 인식을 압축적이면서도 명료하게 잘 구현하고 있다. 물론 그러면서도 소설의 바탕에는 인간에 대한 디킨즈의 휴머니즘적인 믿음과 태도가 여전히 건강하게 자리를 잡고 있다.

한편 형식적인 측면에서 이 작품은 디킨즈의 다른 어떤 소설보다도 돋보이는데, 작품의 구성이 거의 완벽에 가까울 만큼 치밀하게 짜여 있을 뿐만 아니라 언어와 문체에 상징과 사실성이 잘 결합되어 있고 나아가 디킨즈 특유의 희극적 창조성까지 작품의 진지한 내용들과 적절한 조화를 이루며 훌륭하게 발휘되어 있다. 이런 점에서 『위대한 유산』은, 비록 『리틀 도릿』같은 디킨즈의 다른 장편에 비해 소설적 깊이나 풍성함은 좀 덜하다고 하겠지만, 내용과 주제의 진실성과 보편적 호소력 그리고 형식적 완결성 등을 고루 갖춘 디킨즈의 탁월한 대표작이라고 해도 지나치지 않다.

이 작품은 19세기 초기인 1800년경부터 1830년까지를 시간적 배경으로 하여 이야기가 전개된다. 이 시기는 조지 3세와 4세가 영국을 다스리던 시기로, 이 당시 영국은 18세기 후반에 시작된 산업혁명의 결과 다른 유럽의 국가들보다 경제적으로 훨씬 발전된 상태에 있었다. 증기 기관의 발명으로 방적 산업 등 제조업이 기계화되고 대량생산 체제로 바뀌면서 영국은 1760년에서 1830년에 이르는 1차 산업혁명기 동안 상당히 빠르게 근대 산업국가로 발전해 나갔던 것이다. 물론 그렇다고 이 시기가 국내외적으로 평탄하기만 했던 것은 아니었다. 사실 이 시기는 여러 가지 어려움도 많았던 시기였다. 산업화로 인한 농촌의 파괴와 노동자 문제 등 사회적 갈등이 한편으로 부각되기 시작했고 프랑스 혁명의 영향으로 정치적 불안도 상당 기간 지속되었으며, 여기에다 1815년 끝난 나폴레옹 전쟁의 여파로 실업과 경제 불황이 겹치기도 했기 때문이다.

그러나 『위대한 유산』은 19세기 초기 영국 국내의 이러한 중대한 역사적 상황을 거의 반영하고 있지 않다. 작품 속에 나오는 핍의 고향은 산업화화고는 동떨어진 조용한 전근대적인 시골 마을이다. 그곳에는 공장 노동자 대신 종자 상인과 순박한 대장장이가 살고 있으며 마차가 아직 가장 빠르고 편리한 교통수단으로 이용되고 있다. 대도시 런던과 그리 멀지 않은 거리에 있지만 그곳에는 도시 문화의 영향이나 흔적이 거의 없이 전통적인 삶의 방식이 그대로 유지되고 있다. 작품에서 왕에 대한 언급이 있긴 하나 당대의 복잡한 국내외 정치 상황을 반영하고 있는 대목은 전혀 없으며, 중반부 이후 작품의 무대가 되는 런던 역시 당시 세계 무역의 중심지이자 중요한 정치적 논쟁과 개혁의 중심지로 발전하던 모습과는 거리가 멀다. 작품 속에서 런던은 그저 상류 계급의 파티나 한량들의 사교 모임이 벌어지는 장소 아니면 범죄자들이 재판을 받거나 감옥에 갇히는 일반적인 대도시의 모습으로만 나타난다.

하지만 이 작품은 당시 영국의 한 가지 중요한 상황만은 뚜렷이 반영하고 있는데, 그것은 바로 19세기 초기 영국의 제국주의적 상황이다. 영국의 제국주의가 절정기를 맞는 것은 빅토리아 시대 중엽인 1870년대부터이다. 그러나 영국이 막강한 제국으로 도약하게 된 것은 18세기 초반과 중반 유럽 열강의 영토 전쟁인 스페인 왕위 계승 전쟁(1701-13)과 7년 전쟁(1756-63) 등을 통해서이다. 영국은 이 전쟁들에서 유리한 조약을 맺음으로써 광대한 식민지를 획득하게 되는데, 이를 바탕으로 곧 지중해와 대서양에서부터 북아메리카와 서인도제도 그리고 아시아와 아프리카까지 광대한 식민지를 거느리는 세계 제일의 제국으로 발돋움한다. 비록 1776년 미국의 독립으로 인해 큰 타격을 입긴 했지만 『위대한 유산』의 시간적 배경이 되는 19세기 초기에도 영국은 다른 나라보다 먼저 진행된 산업혁명의 성과와 나폴레옹 전쟁에서의 승리 등을 통해 세계 최강의 제국의 자리를 새롭게 굳히고 있는 중이었다.

영국의 이러한 제국주의적 팽창은 국가적으로 식민지무역을 통한 막대한 부의 축적을 가능하게 했는데, 이것은 곧 국민 개개인에게 그만큼 물질적 성공을 이룰 가능성과 기회가 커졌음을 의미하는 것이었다. 따라서 당시 자본가를 비롯한 많은 영국 국민들에게는 세계 곳곳에 퍼져 있는 식민지와의 무역을 통해 개인적인 성공과 부를 실현할 수 있으리라는 기대감이 점점 팽배해지고 있었다. 『위대한 유산』의 후반부에서 허버트 포킷과 핍의 개인적 성공과 관련된 부분은 바로 19세기 초기 영국의 이러한 제국주의적 지위와 상황을 반영하고 있는 부분이다. 특히 변변한 배경도 없는 허버트가 동인도나 서인도 또는 실론 등지와 거래하는 무역상이 되려는 꿈을 피력하면서 매일 매일 상인의 거래 사무소에 나가 기회가 생기기만을 바라는 모습은 바로 당시 영국 국민에게 체화된 제국주의적 태도와 기대를 잘 반영하고 있다. 허버트는 나중에 실제로 클래리커의 무역회사

직원으로 이집트의 카이로 지점에 나가 열심히 일하여 성공한다. 그리고 핍 또한 영국 생활을 청산한 뒤 허버트를 따라 카이로에 가서 비슷하게 열심히 일하여 식민지 사업가로 자리를 잡고 경제적인 여유를 얻는다. 두 사람의 이러한 직업적 성공은 곧 당대 영국에서 물질적 성공에 대한 개인의 제국주의적 기대가 한갓 허황된 꿈이 아니라 충분히 실현 가능한 일반적 욕망이었음을 잘 드러내주고 있는 것이다.

하지만 『위대한 유산』에 반영된 영국의 이러한 제국주의적 상황은 사실 19세기 초기보다는 오히려 빅토리아 시대의 영국 현실과 더 가까운 것이라고 할 수 있다. 왜냐하면 주인공 핍의 이야기를 통해 구현되는 작품의 핵심 주제인 신분 상승의 욕망과 신사다움의 문제는 과거 어느 때보다도 디킨즈 당대인 빅토리아조 영국 사회에 특히 의미 있게 적용되는 욕망과 문제였기 때문이다. 『위대한 유산』이 발표된 1860년은 빅토리아조의 황금기에 해당되는 때이다. 당시 영국은 빅토리아조 초기의 불안했던 대내외적 정치 상황이 모두 안정된 상태에서 다른 나라보다 일찍 시작된 산업혁명의 성과와 세계 곳곳에서의 활발한 식민지 개척과 무역을 통해 국가적으로 유례없는 번영을 누리고 있었다. 이것은 곧 물질적 성공과 이를 통해 사회적 신분 상승을 얻을 기회와 가능성이 국민 개개인에게 그 어느 때보다도 많아지고 커졌음을 의미한다. 따라서 물질적 성공의 꿈과 신분 상승의 계급적 욕망은 그 당시 누구에게나 실현 가능한 지배적 욕망으로 사회에 널리 확산되어 있었고, 그 결과 사회의 주도권을 장악하고 있던 중산계급뿐만 아니라 사회 전체의 모든 계층이 그러한 물질적 성공의 꿈과 신분 상승의 신화에 사로잡히게 되었다. 근면과 자조를 통해 사회적 성공의 가능성을 강조하는 작품인 쌔뮤얼 스마일즈(Samuel Smiles)의 『자조』(*Self Help*)가 『위대한 유산』이 연재되기 바로 직전인 1859년에 나와 큰 인기를 얻었다는 사실은 이러한 사회적 분위기를 증명해주는 한 예이다.

그러므로 창작 당시의 이러한 사회 분위기를 생각할 때, 대장장이의 신분을 벗어나 신사가 되고자 하는 시골 소년의 계급적 욕망을 다룬 『위대한 유산』은 바로 빅토리아조 영국 사회의 지배적 욕망에 대한 디킨즈의 작가적 대응으로서 그 시대적 의미가 강하다고 할 것이다. 가령, 작품 속에서 핍과 그의 주변 사람들이 부자인 해비셤을 통해 어떤 뜻밖의 행운이 굴러 들어올 것이라고 기대하는 것이나, 허버트가 런던의 회계사무소에 매일 나가 '자본'과 '기회'가 횡재처럼 굴러 떨어지기를 기다리는 모습 등은 모두 빅토리아조 사회에 널리 퍼져 있던 성공과 신분 상승의 신화를 향한 풍자적 반영으로 보아야 할 것이다. 이런 의미에서, 앞에서 언급한 작품의 제국주의적 내용, 즉 허버트가 식민지 무역을 통해 성공하겠다고 꿈꾸는 것과 실제로 그와 핍이 식민지 무역을 통해 물질적 성공을 얻는다는 내용 역시 작품 줄거리상의 배경인 19세기 초기보다는 바로 제국주의가 절정기에 도달했던 빅토리아조 영국 상황에 오히려 훨씬 더 잘 부합한다고 하겠다.

한편 빅토리아조는 영국의 중산계급이 사회의 지배계급으로서 자신의 정체성을 모색했던 시기였다. 국가적 번영이 가져다 준 경제적 성공의 기회와 가능성을 최대한 활용한 중산계급은 이 시기에 급속하게 세력을 팽창하면서 명실상부한 사회의 새로운 지배 계급으로 자리를 잡는다. 그런데 이렇게 사회의 새로운 지배계급으로 성장한 빅토리아 시대의 영국 중산계급은 과거의 지배계급이었던 귀족 계급에 대응할 수 있는 자신들의 계급적 정체성을 확립하고 주장할 필요가 있었는바, 그들의 이 필요를 어느 정도 충족시킨 것이 바로 '신사'의 이미지였다. 빅토리아조 중산계급이 지향하는 '신사' 개념은 기본적으로 육체노동을 할 필요가 없을 만큼 일정 수준 이상의 수입이나 재산이 있는 사람으로서 적당한 교육을 받고 세련된 교양과 예의범절을 갖추고 있으며 명예를 소중히 여기는 한편 존경할 만한 도덕성과 인격을 지니고 있는 사람을 뜻했다. 물론 이러한 '신사'의 개념은 귀족계급의 정신적 자질에 중산계급의 현실적 덕목을 결합한 측면이 강한 것이었다. 하지만 그것은 궁극적으로 일종의 보편적인 이상적 인간상을 지향하는 것이기도 했으며, 오늘날 '영국 신사'라고 할 때 떠오르는 일반적인 이미지도 바로 여기서부터 비롯된 것이었다.

그런데 문제는 물질과 정신의 요소를 아울러 결합한 일종의 이상적인 인간상으로서의 이 신사 개념이 빅토리아 시대가 진행되면서 점차 그 정신적 요소가 거의 무시된 채 오직 물질적 요소, 즉 재산과 신분 그리고 외양 등만 중시되는 쪽으로 변질되고 말았다는 사실이다. 즉, 사회적으로 물질 만능주의가 팽배해지면서 도덕성이나 인격보다는 경제적 능력이나 옷차림 또는 세련된 매너 같은 외적 요소가 신사로 인정받는 결정적인 기준이 되고, 그러면서 결국 보편적 인간상을 지향하던 본래의 이상적인 신사 개념은 중산계급의 편협하고 배타적인 계급적 속물의식으로 변질되고 왜곡되는 현상이 일어났던 것이다.

디킨즈의 『위대한 유산』은 바로 이러한 상황에서 나온 작품이다. 따라서 이 소설이 빅토리아조 지배계급인 중산계급의 정체성을 건드리는 '신사'의 문제를 그 핵심주제로 삼고 있다는 사실은 곧 디킨즈가 이 작품을 그 실제 시간적 배경인 19세기 초기가 아니라 바로 자신이 살던 빅토리아조 영국의 상황을 반영하는 작품으로 창작했다는 것을 의미한다. 즉, 『위대한 유산』에서 디킨즈는 '신사'가 되고자 하는 욕망을 지닌 주인공이 실제로 신사가 된 뒤에 어떻게 살아가는가를 묘사함으로써 '신사다움'의 문제를 정면으로 제기하는데, 이를 통해 그는 바로 '신사' 개념의 변질과 왜곡이 일어난 빅토리아조 현실에 대해 강력한 비판을 가하고자 했던 것이다. 그리고 이런 점에서 『위대한 유산』은 당대의 그 어떤 소설 못지않게 빅토리아조적 성격과 의미를 강하게 지닌 작품이라고 할 수 있을 것이다.

하지만 『위대한 유산』의 궁극적 가치는 물론 이 소설이 19세기 영국이라는 시간적, 공간적 한계를 뛰어넘어 오늘날까지 그 현재적 의미와 가치를 지니는 고전작품이라는 점에 있다고 할 것이다. 주인공 핍의 성장 이야기는 신분 상승의 욕망과 사랑 그리고 인간성의 문제를 그 중심주제로 다루고 있는데, 이 주제들은 바로 시대와 상관없이 인간이라면 누구나 세상을 살아가면서 부닥치고 번민하는 보편적인 문제들에 해당된다. 신사 계급으로 신분 상승을 바라는 핍의 욕망은 좀 더 나은 삶의 조건을 향한 인간의 본질적인 욕망으로서 어느 시대 어느 사회에서나 존재하는 것이며, '신사'가 된 뒤 핍이 보여주는 삶의 문제 역시 그 시대적 성격이나 계급적 의미를 넘어 결국 어떤 인간이 될 것인가 하는 문제, 즉 가치관과 인간성에 대한 보편적 문제로 귀결된다. 그리고 핍이 겪는 에스텔러에 대한 고통스러운 사랑의 이야기는 두말할 필요 없이 동서고금을 통해 인간의 영원한 관심사이자 주제이다.

 이러한 본질적이고 보편적인 욕망과 주제는 『위대한 유산』에서 사실성과 상징성이 절묘하게 결합된 서사 형식을 통해 예술적으로 형상화되어 있는데, 이를 통해 독자는 '삶'에 관한 진지하고 유익한 성찰을 각별한 감동으로 체험하게 된다. 사실 디킨즈의 여러 소설들 가운데서 시공을 초월한 보편적 호소력을 『위대한 유산』보다 더 많이 지닌 작품은 없다고 해도 과언이 아닌데, 가령 리비스(Q. D. Leavis) 같은 비평가도 『위대한 유산』을 "진지하고 성숙한 독자들이 반복해서 자꾸 읽으면서 그 때마다 새로운 의미를 점점 더 많이 발견하게 될 디킨즈의 소설"이라고 규정하면서 "그것은 이 작품이 시대를 넘어서는 타당성을 디킨즈의 창조적 소산 가운데 그 어떤 것보다도 더 많이 지니고 있기 때문일 것이다"라고 말하고 있다.

▶▶ 더 읽을거리

이인규. 「『위대한 유산』의 신사 주제 재론」. 『19세기 영어권 문학』 15권 1호 (2011): 115-40.

장남수. 「디킨즈의 『막대한 유산』」. 『안과밖』 16 (2004): 232-52.

Leavis, F. R. and Q. D. *Dickens the Novelist*. Harmondsworth: Penguin, 1983.

Newey, Vincent. *The Scriptures of Charles Dickens: Novels of Ideology, Novels of the Self*. Aldershot: Ashgate, 2004.

Paroissien, David *The Companion to Great Expectations*. Westport: Greenwood, 2000.

Rosenberg, Edgar, ed. *Great Expectations*. New York: Norton, 1999.

Sadrin, Anny. *Great Expectations*. London: Unwin Hyman, 1988.

▌이 인 규 (국민대학교)

루이스 캐럴
Lewis Carroll

작가 소개

옥스퍼드 대학의 수학교수이자 논리학 교수였던 찰스 루트위지 도지슨 (Charles Lutwidge Dodgson, 1832-98)은 구부정한 큰 키에 말을 약간 더듬는 내성적이며 수줍은 사람으로, 논리적이고 딱딱한 학문을 가르치는 그의 내면에는 어린이들의 세계를 이해하고 즐거움을 선사하려는 열망이 숨쉬고 있었다. 그가 바로 영국 아동문학사에서 독보적인 위치를 차지하는 『이상한 나라의 앨리스』의 작가 루이스 캐럴(Lewis Carroll, 1832-98)이다. 재미있고 유쾌한 동화 작가이자, 판타지와 난센스 세계를 넘나드는 자유로운 영혼을 가졌던 캐럴은 어린이들을 누구보다도 사랑했으며, 말장난(pun), 수수께끼, 어크로스틱(acrostic) 시, 제스처게임, 손수건 마술, 다양한 방법으로 쓴 편지(나선형 편지, 거울 편지, 그림 편지 등) 등으로 자신의 어린 친구들을 즐겁게 만들었다.[1] 어린이들을 향한 애정을 담은 『이상한 나라의

---

1 "어크로스틱"(acrostic)은 각 행의 머리글자를 모으면 말이 되는 글자 수수께끼의 일종인 언어놀이이다. 『거울나라의 앨리스』(*Through the Looking-Glass*) 마지막

앨리스』는 어린이나 어른 모두에게 가장 사랑받는 책 중 하나가 되었다.

1832년 1월 27일, 체셔 지방의 시골 교구인 데어스베리에서 주임사제였던 찰스 도지슨(Charles Dodgson)의 열한 자녀 중 장남으로 태어난 캐럴은 매우 평화롭고 목가적인 유년을 보냈다. 그는 어린 시절부터 진지한 학구적 태도와 자유분방한 엔터테이너로서의 기질을 모두 갖고 있었다. 방학 때는 '가족 잡지' 형식의 모음집을 만들기도 했는데, 여기에는 전래동요의 패러디, 부조리 희극, 엉터리 교훈시 등이 담겨 있었다. 옥스퍼드 대학에 진학한 그는 수학에서 뛰어난 재능을 발휘하였고, 이후 수학교수 겸 논리학 교수로서 1855년부터 강의를 시작하였다. 캐럴은 자신의 전공과 더불어 연극과 예술, 운문뿐만 아니라 사진에도 많은 관심을 갖고 있었으며, 곧 '루이스 캐럴'이라는 필명으로 주간지에 정기적으로 글을 기고하기에 이른다.

캐럴의 취미는 사진 찍기로, 특히 어린이들의 인물사진을 찍는 것을 좋아했다. 아이들의 자연스러운 모습을 포착한 그의 사진기법은 당시로서는 대단히 혁신적인 일이었다. 평생 독신으로 살았으며 어린이들과의 친분관계를 매우 중시했던 캐럴이 어린 여자아이들의 사진을 찍었다는 사실은 사람들의 호기심을 자극하기에 충분했다. 그렇지만 당시 낭만주의의 영향 아래 많은 문학가들이 문학적 영감과 정신적 순수의 기원을 어린이에게서 찾았으며 어린 시절을 타락하지 않은 순결한 시기로 보았다는 점에서 캐럴의 모습이 유별나다고 보기는 어렵다. 게다가 그는 사진을 찍기 전에 항상 아이의 가족에게 상의하고 허락을 구했고, 문제가 될 때를 대비하여 자신의 사후에 사진을 없애도록 요청하기도 했다.

부분에 앨리스의 이름인 "앨리스 플레전스 리델"(Alice Pleasance Liddell)이 어크로스틱 시로 씌어져 있다.

1856년 4월 25일 캐럴은 사진기를 들고 헨리 조지 리델 학장의 집을 방문하여 학장의 어린 세 딸, 로리나와 이디스, 막 네 살이 된 앨리스를 만나게 된다. 그는 일기에 이 날을 "하얀 돌"로 표시했는데, 이때가 평생 동안 캐럴의 사랑을 받았으며 그가 쓴 동화의 주인공이 된 앨리스 리델(Alice Pleasance Liddell)과의 첫 만남이었다.[2] 1862년 7월 4일 이 소녀들과 템즈강으로 뱃놀이를 하러 간 캐럴은 재미있는 이야기를 들려달라고 조르는 아이들에게 즉흥적으로 이야기를 들려주었다. 그 이야기를 정말 마음에 들어 한 앨리스가 캐럴에게 책으로 만들어주기를 청하자, 캐럴은 직접 삽화를 그리고 손으로 글을 적은 『땅속 나라의 앨리스』(*Alice's Adventures Under Ground*)를 완성하여 앨리스에게 선물로 주었다. 몇 번의 수정을 거쳐 『땅속 나라』는 『이상한 나라의 앨리스』로 제목을 바꾼 뒤, 존 테니얼(John Tenniel)의 삽화를 곁들여 1865년 11월에 출판되었다.

『이상한 나라의 앨리스』를 출판한 이후 1871년 캐럴은 좀 더 정교하게 구성된 『거울나라의 앨리스』(*Through the Looking-Glass*)를 크리스마스에 맞추어 출판하였다. 모든 것이 반대로 되어있는 거울 너머의 세계에서 앨리스는 더욱 은유적이고 복잡한 언어놀이의 모험을 겪는다. 캐럴은 『이상한 나라의 앨리스』를 연극무대로 올리고 싶어 했으며, 1886년 런던에서 『꿈의 연극: 이상한 나라의 앨리스』가 초연되어 큰 성공을 거두었다. 이외에도 어린이를 위한 여러 이야기를 썼는데, 『환상』(*Phantasmagoria*, 1869), 『스나크 사냥』(*The Hunting of the Snark* 1876), 『실비와 브루노』(*Sylvie and Bruno*, 1889), 『실비와 브루노 완결편』(*Sylvie and Bruno Concluded*, 1893)을 비롯한 많은 작품을 남겼다.

---

2 평생 일기 쓰는 습관을 갖고 있었던 캐럴은 행복한 날을 기념하는 의미로 "이 날을 하얀 돌로 표시한다"라는 표현을 쓰곤 했다.

동화작가인 루이스 캐럴의 삶과 수학교수인 도지슨의 삶을 분명하게 분리하기를 바랐던 캐럴은 수학교수로서도 충실한 역할을 다했다. 그는 도지슨이란 본명으로『논리 게임』(*The Game of Logic*, 1887),『상징적 논리』(*Symbolic Logic*, 1896-97) 등 수학과 논리학에 관련된 책들도 집필했다. 캐럴은『상징적 논리』의 후편을 집필하던 중 기관지염에 걸려 1898년 1월 세상을 떠났다.

이상한 나라의 앨리스
Alice's Adventures in Wonderland

작품 줄거리

『이상한 나라의 앨리스』는 일곱 살 소녀 앨리스가 토끼굴을 통해 들어간 이상한 나라에서 겪는 환상적인 모험 이야기이다. 당시의 아동문학이 거의 지식전달이나 교훈부여의 목적을 갖고 있는 것과 달리, 『앨리스』는 믿을 수 없을 만큼 엉뚱한 이야기의 연속으로, 이를 통해서 아이들에게 즐거움을 주고자 하는 캐럴의 의도를 보여준다. 이 책에서는 아이들이 깔깔대고 웃을 수 있는 말장난과 엉뚱해 보이는 동물들이 등장하고 꿈속에 있는 것처럼 공간은 순식간에 변화하며 현실에서는 불가능한 상황들이 벌어진다. 앨리스는 판타지 세계의 엉뚱한 인물들과의 만남을 통해서 성장과 정체성의 문제에 대해 고민하기 시작한다.

강둑에 앉아있던 앨리스는 언니가 읽고 있는 책이 그림도 없고 대화도 없어서 정말 따분하다고 생각한다. 그때 앨리스의 눈앞에 조끼를 입은 흰토끼가 회중시계를 꺼내들고 "늦었어"라고 외치면서 달려간다. 앨리스는 호기심에 사로잡혀 흰토끼를 쫓아가다가 토끼굴로 떨어진다. 토끼굴을 통과해 도착한 세상은 현실세계와는 다른 시공간의 세계이다.

흰토끼를 따라 달려가던 앨리스는 수많은 문이 있는 기다란 홀에서 아름다운 장미정원으로 통하는 작은 문을 발견한다. 문이 너무 작아 고민하는 앨리스 앞에 "나를 마셔요"라고 쓰인 병이 나타난다. 앨리스는 탁자 위에 놓인 이 음료를 마시고 작아지지만 정작 작은 문을 여는 열쇠는 탁자 위에 놓여있다. 실망한 앨리스는 탁자 아래 나타난 쿠키를 먹고 곧바로 커져서 열쇠를 손에 넣는데, 커진 몸 때문에 작은 문으로 들어갈 수는 없다. 앨리스는 당황하여 울음을 터뜨리고, 이 눈물웅덩이에서 이상한 나라의 동물들과 만나게 된다. 흠뻑 젖은 동물들을 위해 생쥐는 몸을 말려야 한다면서(dry) 가장 무미건조한(dry) 이야기를 들려준다. 도도새는 동물들에게 코커스 경주를 제안하는데, 이 경주는 원을 따라 계속 달리면서 모두가 우승자가 되는 이상한 경주이다.

동물들과 헤어진 앨리스는 자신을 하녀로 착각하고 "메리 앤"이라 부르는 흰토끼와 마주친다. 흰토끼는 앨리스에게 장갑과 부채를 찾아오라고 말한다. 흰토끼의 집안으로 들어간 앨리스가 병에 있는 음료를 마시자 몸이 커다랗게 변한다. 흰토끼는 앨리스를 괴물이라고 생각하고 쫓아내려 집안으로 조약돌을 던진다. 조약돌은 쿠키로 변하고 쿠키를 먹은 앨리스는 몸이 줄어들어서 얼른 집밖으로 빠져나온다.

숲으로 들어간 앨리스는 버섯 위에 앉아있는 애벌레를 만난다. 애벌레는 앨리스에게 "넌 누구냐"고 묻는데, 자꾸만 몸이 커졌다 작아졌다 하면서 변하는 것을 경험한 앨리스는 곰곰이 생각한 후에 아침나절의 자신과 지금의 자신이 다른 것 같다고 대답한다. 애벌레는 최소한 "네가 누구인지 알아야만 한다"고 충고한다. 앨리스는 애벌레에게 시를 들려주려고 애쓰지만 제대로 기억해내지 못한다. 애벌레는 버섯을 이용하여 몸을 조절하는 방법을 알려준다. 버섯을 시험삼아 먹어보다가 목이 늘어난 앨리스를 보고 비둘기는 뱀이라고 오해한다.

곧 다시 버섯을 먹고 "적당한 키"로 돌아온 앨리스는 공작부인의 집에

당도한다. 공작부인은 갓난아기를 심하게 흔들면서, 아기를 달래는 것이 아니라 오히려 더 괴롭히는 괴상한 자장가를 부른다. 요리사는 여기저기 후추를 뿌려대는가 하면 아무데나 접시를 날려 깨뜨린다. 난장판이 된 부엌에서 공작부인이 맡긴 아기를 안고 숲으로 나온 앨리스는 어느새 그 갓난아기가 돼지로 변해있다는 것을 알게 된다.

돼지를 놓아준 앨리스는 나무에 앉아 미소 짓고 있는 체셔고양이를 만난다. 체셔고양이는 어느 길로 가야하는지를 묻는 앨리스에게 "네가 어디로 가고 싶은가에 달려있다"고 대답한다. "어디든지 가려고 하면 닿게 될 것"이라고 말하는 체셔고양이에게 앨리스는 여기에 누가 살고 있는지를 묻는다. 고양이는 어느 쪽으로 가든 미친 사람들을 만나게 될 것이라고 알려준다. 그러면서 이곳에 온 앨리스 역시 마찬가지로 미쳤다고 말하며 사라져버린다.

앨리스는 체셔고양이가 알려준 대로 길을 걸어가 미친 모자장수와 삼월 토끼, 겨울잠쥐가 차를 마시고 있는 "정신 나간 다과회"에 도착한다. 모자장수는 "자리가 없다"면서 앨리스를 앉지 못하게 하고, "말하는 것을 생각하는 것과 생각하는 것을 말하는 것이 같은가?"처럼 어려운 질문을 하면서 앨리스를 혼란스럽게 만든다. 날짜만 표시되고 시간은 표시되지 않는 모자장수의 시계는 여섯시에 멈춰 있다. 모자장수와 삼월토끼는 "반짝 반짝 작은 박쥐" 같은 엉뚱한 노래를 부르면서 잠자고 있는 겨울잠쥐를 찻주전자에 밀어 넣는다.

정신 나간 다과회를 빠져나온 앨리스는 나무에 난 작은 문을 발견하여 마침내 아름다운 장미정원에 도착한다. 이 정원에서 앨리스는 하얀색 장미꽃을 빨간색으로 칠하고 있는 정원사들을 만난다. 이때 네모나고 납작한 카드의 모습을 한 하트의 여왕이 신하들과 함께 나타난다. 하트의 여왕은 앨리스에게 사나운 목소리로 "네 이름이 뭐냐"고 묻고, 당돌하게 말대

답을 하는 앨리스에게 화를 내며 "저 애의 목을 쳐라"고 명령하지만 왕이 말린다. 여왕은 앨리스에게 크로케 경기를 하라고 말하는데, 크로케 경기의 공은 고슴도치이고, 공을 치는 망치는 살아있는 홍학이다. 홍학은 자꾸만 앨리스를 쳐다보려 하고 고슴도치는 홍학을 피해 달아나버린다. 크로케 경기는 뒤죽박죽이 된다. 여왕은 화를 내면서 계속 "저놈의 목을 베라"거나 "저 여자의 목을 쳐라"같은 명령을 내린다.

여왕은 앨리스에게 가짜 거북의 이야기를 들어보라고 한다. 가짜 거북과 함께 있던 그리핀은 여왕의 처형명령이 한 번도 시행된 적이 없다면서 모두 여왕의 상상이라고 말한다. 눈물을 뚝뚝 흘리면서 가짜 거북은 자신이 다녔던 바다 속 학교 이야기를 들려준다. 그는 학교에서 비틀기, 몸부림치기, 야망, 산만, 추화, 조롱을 배웠다고 말하는데, 이 과목들은 읽기, 쓰기, 덧셈, 뺄셈, 곱셈, 나눗셈 등을 말장난으로 바꾸어놓은 것이다.[3] 가짜 거북은 앨리스의 이야기를 듣고 싶어 하지만 막상 앨리스가 이야기를 시작하자 갑자기 "거북이 수프"라는 노래를 구슬프게 부르며 이야기를 방해한다.

가짜 거북의 노래를 뒤로 하고 앨리스는 법정으로 향한다. 영국의 전래동요 "하트의 여왕이 어느 여름날 타르트를 만들었지"의 내용 그대로, 하트의 기사가 여왕의 파이를 훔쳤다며 재판이 벌어진다. 자신들의 이름조차 쓸 줄 몰라 당황해하며 우왕좌왕하는 배심원들 사이에서 흰토끼가 고소장을 읽고 난 후 목격자를 부른다. 첫 번째 목격자로 법정에 들어선 모자장수는 왕의 질문에 제대로 대답을 하지 못하고 쩔쩔맨다. 이 와중에 몸이 다시 커진다는 것을 알게 된 앨리스는 "여기서 자랄 권리가 없다"고 말하는

---

[3] 이 작품에 나오는 많은 언어유희 중 하나이다. 덧셈(addition)은 야망(ambition), 뺄셈(subtraction)은 산만(distraction), 곱셈(multiplication)은 못생기게 만들기 (uglification), 나눗셈(division)은 조롱(derision)이 되는 식이다.

겨울잠쥐에게 "어쩔 수 없어. 너도 자라고 있잖아"라고 대답한다. 앨리스는 마지막 목격자로 지목되자 깜짝 놀라 벌떡 일어나는데, 몸이 커진 탓에 옆에 앉아있던 동물들이 굴러 떨어진다. 왕은 앨리스에게 "키가 1마일을 넘는 사람은 법정을 떠나야만 한다"고 명령하지만, 앨리스가 이것이 정식 규칙이 아니라 방금 만든 것이라고 항의하자 아무 말도 하지 못한다. 그때 흰토끼가 중요한 증거라며 편지를 꺼내 읽는데, 그것은 의미를 알 수 없는 난센스로 가득 차 있다. 화가 난 여왕은 선고를 먼저 내리고 평결을 하라고 말한다. 이것이 부당하다고 생각한 앨리스는 "난센스야"라고 소리치며 "너희들은 카드에 불과하잖아"고 외친다.

날아드는 카드병사들을 손으로 쳐내던 앨리스는 언니의 무릎에서 깨어난다. 앨리스는 언니에게 이 놀라운 꿈 이야기를 들려주고는 차를 마시러 집으로 달려간다. 앨리스의 언니는 앨리스의 꿈 이야기를 듣고 이상한 나라를 상상해본다.

문학사적 의의

『앨리스』가 출판되면서부터 아이들에게 많은 사랑을 받았던 것은 아이들의 눈높이에 맞추어진 이야기가 재미있고 독창적일 뿐만 아니라, 질서도 논리도 없이 엉뚱하게 뒤집어진 세상이 주는 즐거움 덕분일 것이다. 『앨리스』는 교훈과 가르침을 주려는 목적을 지니고 순종적이거나 지나치게 이상화된 어린이를 그리던 당시의 아동문학과는 달랐다. 합리적인 설명과 도덕적 교훈을 과감히 거부한 채 오로지 어린이가 누릴 즐거움만을 염두에 두었던 캐럴은 『앨리스』에서 상상력이 중요한 세상, 언어의 약속이 현실과 다른 세상, 앞뒤와 전후가 뒤바뀐 재미있는 세상을 그려냈다.

『앨리스』는 앨리스의 언니가 읽고 있던 "대화도 없고 그림도 없는" 따분한 책에 대한 언급으로 시작한다. 캐럴은 이 첫 장면에서 당시 아동을 위해 쓰인 책들이 예절책이나 도덕교과서, 교훈을 담는 훈계서이며 아이들의 즐거움을 생각한 책이 없었다는 것을 보여준다. 아동문학의 기원이라 할 수 있는 전래동화는 본래 고된 하루 일과를 마친 어른들이 둘러앉아 주고받았던 이야기로, 어린이를 염두에 둔 것이 아니었다. 구전되던 전래동화는 그 다양함과 풍부한 이야기에 매료된 그림형제와 샤를 페로 등에 의해 채록되어 아이들의 눈높이에 맞게 개작되었으며, 이때부터 각 이야기마다 아이들이 알아야 할 교훈이 실리기 시작했다. 당시의 사고방식에서 아이란 어서 자라나야 할 "작은 어른"에 불과했으므로 사회의 구성원이 되기 위한 덕목을 잘 가르쳐야 했으며, 이런 이유로 19세기 이전의 아동문학은 교육적 목적에 걸맞은 교훈적인 내용과 처벌에 대한 내용을 담은 책들이 주류를 이루었다.

19세기에 들어서자 급변하는 사회의 흐름에 맞추어 아동문학도 번성하기 시작한다. 산업화에 힘입어 중산층이 늘어나고 가족이 핵가족화 되어감에 따라 어른들은 가족과 가정에 더 많은 가치를 부여하게 되었다. 어린이가 미래사회의 소망으로 인식되면서 아이의 양육과 교육이 주요한 문제로 부상했으며, 이로 인해 어린이 책 시장이 출판 산업에서 지대한 지분을 차지하게 된다. 특히 아동 문학의 발전에 결정적인 영향을 미친 것은 바로 앞 세대의 낭만주의 문학이었다. 낭만주의는 어린이를 지극히 순수한 상태로 이상화하거나 사회와 욕망에 의해서 오염되지 않은 존재로 여겼으며, 나아가 경험을 쌓으면서 이미 타락한 어른들이 어린이들에 의하여 정신적으로 회복되고 도덕적으로 구원될 수 있을 것이라고 믿었다.

낭만주의의 영향 아래서 빅토리아 시대 교훈 문학은 어린이를 아직 성인이 되지 못한 미성숙한 존재이자 교육의 대상으로 보았으며, 여전히 어린이 주인공의 도덕적 성장을 매우 중요한 것으로 여겼다. 이러한 교훈문학의 주류 속에서 등장한 『이상한 나라의 앨리스』는 어린이 문학사에 한 획을 그을 만한 획기적인 작품이었다. 동시대의 아동문학이 어린이주인공의 모험과 고난을 통해 교훈을 전달하고 적절한 사회구성원이 되기 위한 덕목과 순종의 미덕을 가르치며 성장시키는 것을 목표로 삼았던 것과 달리, 앨리스가 겪는 종잡을 수 없는 신체의 변화는 도덕적 성숙과 관련이 없는데, 캐럴이 어떤 교훈도 담으려 하지 않았기 때문이다. 교훈과 도덕을 거부하며 당시의 관습을 조롱하고, 어린이독자의 눈높이에서 즐거움을 주려 한 이 작품 이후, 어린이 문학 시장에는 교훈과 훈계를 담은 작품들보다는 즐거움을 위한 판타지 문학작품들이 본격적으로 등장하게 된다.

『앨리스』를 구성하는 꿈과 판타지, 난센스의 세계는 빅토리아 시대 아동문학에서 나타나는 합리적 세계를 전복하려는 듯 보인다. 난센스로 가득한 뒤죽박죽한 판타지 세계에서 상하좌우는 거꾸로 되고 위아래는 뒤집어지는데, 이것은 급격하게 변화하고 있는 빅토리아 시대의 불안함을 반영한다. 게다가 캐럴이 그려낸 앨리스는 동시대 아동문학에서 흔하게 나타나는 순종적이고 수동적인 여자아이들과 달리 당돌하고 냉정하며 거리낌 없이 자유분방한 모습을 보인다. 호기심이 많고 모험심이 가득한 앨리스는 당황스러운 상황이 닥쳤을 때 눈물을 흘린다거나 뒤로 물러서서 누군가의 도움을 기다리는 대신, 스스로에게 묻고 독립적으로 해결하려 애를 쓴다. 캐럴은 빅토리아 시대의 어른들이 이상적으로 생각하는 얌전하고 온순하며 예의 바른 어린이 상과는 거리가 먼, 전혀 새로운 캐릭터를 창조해낸 것이다.

『앨리스』에서 이상한 동물들과의 만남과 종잡을 수 없는 상황의 변화, 예측 불가능한 인물들의 대화는 어린이독자들에게 커다란 즐거움을 준다. 반면 좀 더 깊이 있는 해석을 원하는 독자를 당황하게 만드는데, 그 이유는 캐럴이 『앨리스』를 통해서 시간과 공간, 언어의 의미와 약속 같은 확정적인 것들을 흔들고 이에 도전하기 때문이다. 『앨리스』에서는 아이들에게 익숙한 전래동요나 시가 우스꽝스럽게 패러디되어 나타난다. 끝없이 이어지는 말장난, 풍자적인 시와 느닷없이 등장하고 사라지는 인물들과의 만남 등 이상한 나라에서는 현실세계의 논리와 지식이 받아들여지지 않는다. 앨리스와 이상한 나라의 구성원들은 똑같이 영어를 쓰지만, 상황에 따라 서로 전혀 다른 의미를 지닌다. 생쥐는 슬픈 "이야기"(tale)를 하려 하지만 앨리스는 긴 "꼬리"(tail)라고 생각하고, 스물 네 시간에 한 바퀴씩 지구의 "축"(axis)을 돈다는 앨리스의 말에서 공작부인은 "도끼"(axes)를 떠올린다.[4] 오든(W. H. Auden)은 캐럴의 작품에서 언어가 갖는 특별한 가치에 대해 "두 세계[이상한 나라와 거울나라]에서 가장 중요하고 강력한 캐릭터 중 하나는 사람이 아니라 언어"라면서 이상한 나라의 모험을 통해 단어들이 자신만의 생명과 의지를 지니고 있다는 것을 앨리스가 점차 알게 된다고 분석한다. 래킨(Donald Rackin) 역시 이상한 나라에서 언어가 어떻게 쓰이고 있는지를 분석하면서, 현실세계의 "언어적 질서는 완전히 분해된다"고 주장한다. 앨리스의 여행은 이상한 나라로의 여행이면서, 언어의 의미가 무의미가 되어버리는 세계로의 여행이다.

앨리스가 여행한 이상한 나라는 안정된 구조와 틀을 지닌 고정적인 세

---

[4] 『이상한 나라의 앨리스』는 첫 출간된 이후로 전 세계 독자들의 사랑을 받으며 여러 언어로 번역되었지만 캐럴이 사용한 언어놀이 때문에 번역하기에 매우 힘든 작품으로 꼽힌다. 운율(rhyme), 합성어(portmanteau), 말장난(pun), 난센스 단어, 전래동요의 패러디 등 영어를 모국어로 사용하는 영어권 독자들이 아니면 이해할 수 없는 표현들과 원어를 읽지 않으면 알아차리기 어려운 언어유희가 많아서, 이를 설명하는 긴 각주를 달 수 밖에 없다. 말장난의 어감을 그대로 전달하고자 하는 번역가들은 음의 유사성에 집중하여 의미가 전혀 다르지만 소리는 유사한 단어로 대체하기도 한다.

계가 아니다. 불확정한 시공간이며 언제든지 새로운 약속으로 변형될 수 있는 세계인 것이다. 언어는 누가 사용하느냐에 따라서 의미가 달라지고 전혀 반대의 의미를 지니기도 하며 혹은 아무 의미도 없게 된다. 들뢰즈(Gilles Deleuze)는 캐럴의 책이 "의미(센스)와 무의미(난센스)의 놀이"로 보다 심층적인 즐거움을 준다고 말한다. 그에 따르면 난센스란 우리가 센스라고 말하는 것 너머, 반대쪽에 있을 뿐이다. 현실 세계의 인물인 앨리스에게는 이상한 나라의 규칙들이 제멋대로인 것처럼 보이지만, 이상한 나라의 구성원들은 앨리스의 행동과 말을 오히려 의미 없는 것으로 여긴다. 이상한 나라는 이 세계 나름의 규칙과 논리를 지니고 있는 것이다. 판타지의 전복성에 대해서 연구한 잭슨(Rosemary Jackson)은 앨리스의 모험을 분석하며, "텍스트는 불확실성을 배가시키며, 어떤 명확한 위치도 정해질 수 없고 어떤 결정적인 의미도 확립되지 않는다. 하나의 기호는 무엇이라도 의미할 수 있다"고 말한다. 앨리스는, "어딘가"에 도착하는 순간 "여기"가 되어 버리고 아기는 돼지로 변하며 제자리에 있으려면 앞으로 달려가야 하는 뒤죽박죽 난센스 세계에서 변하지 않는 확정적인 것이란 없다는 것을 점차 깨닫게 된다.

『앨리스』의 기발함이나 엉뚱함, 환상성, 그리고 풍부한 언어 놀이의 이면에는 삶과 죽음의 문제, 꿈과 무의식의 문제, 정체성과 인식론의 문제와 같이 깊이 있는 철학적 주제들이 놓여있으며, 이러한 점이 이 작품을 다양한 분석방법으로 지속적으로 연구하게 만드는 동인이 된다. 『앨리스』에 대한 비평적 접근은 앞서 언급한 언어의 의미와 무의미에 대한 연구 이외에, 캐럴의 삶과 작품의 연관성에 대한 신비평적 분석부터 텍스트의 상징 해석, 사회정치적 풍자로 보는 견해까지 다양하며, 문학뿐만 아니라 심리학, 수학을 비롯한 철학적 틀에 의해서도 연구된다. 아동문학을 정신분석학적 접근법으로 연구하는 이들은 『앨리스』를 무의식과 기원에 대한 상징들로 가득차 있다고 해석하기도 한다. 중요한 비평을 소개하자면, 정신분석학적으로 『앨리스』를 분석한 그린에이커(Phyllis Greenacre)를 비롯하여 빅토리아 시대에 대한 캐럴의 풍자적 태도를 분석하며 『앨리스』가 진화론을 비롯한 당대의 아이디어와 밀접한 관련이 있다고 주장하는 엠프슨(Willaim Empson), 『앨리스』의 난센스적 문학스타일을 연구한 스웰(Elizabeth Swell), 수학자이자 동화작가로서 이중의 삶을 살았던 캐럴의 모호함을 작품과 연관시킨 카펜터(Humphrey Carpenter), 캐럴이 빅토리아 시대의 이상적 여성상과 어린이상을 거부하고 결단력 있고 자신감 넘치는 소녀 주인공을 만들어냈다고 말하는 아우얼바흐(Nina Auerbach), 이상한 나라는 모험과 모호성으로 가득한 의미 없는 난센스 세계이며, 앨리스는 권력의 세계에 있는 '가짜 어린이'라고 분석한 킨케이드(James Kincaid) 등이 있다. 가드너(Martin Gardner)의 『주석 달린 앨리스 결정판』은 세 번의 개정을 거쳐 캐럴과 앨리스 리델, 『앨리스』 텍스트에 대하여 자세한 주해를 달아놓았으며 많은 증거자료를 비롯하여 방대한 정보를 담았다.

캐럴은 "말이란 우리가 그것을 사용할 때 표현하려는 것보다 더 많은 것을 의미한다. 그러므로 책 한 권은 작가가 의미했던 것보다 훨씬 더 많은 것을 의미해야만 한다"고 편지에 쓰면서, 하나의 단어나 이야기가 얼마나 다양하게 해석될 수 있는가에 대한 생각을 밝히고 있다. 단어와 책이 "훨씬 더 많은 것을 의미한다"는 캐럴의 말은 마치 수학교수와 난센스 동화작가로서 두 개의 분리된 삶을 성공적으로 살았던 자신에 대한 적절한 해석으로 보인다. 그리고 한없이 즐거우면서도 동시에 난해한 그의 작품들이 다양한 시각으로 연구되는 것에 대한 예견처럼 보이기도 한다.

『앨리스』는 아이들을 위한 책이며 동시에 어른을 위한 책이다. 아이들은 자신들의 눈높이에 맞추어진 엉뚱한 사건들 속에서 즐거움을 찾고,

어른들은 현실세계의 논리로 이해할 수 없는 악몽 같은 판타지 세계의 난센스를 해석하려 애를 쓴다. 현실 세계의 규칙을 뒤집어보고 조롱하는 '이상한 나라'는 아동 판타지 문학의 고전적 장소가 되었으며, 당돌하고 독립심 강한 '앨리스'는 빅토리아 시대를 넘어 현대에도 매력적인 소녀로 사랑받고 있다. 영화와 연극, 뮤지컬, 만화영화, 드라마, 게임뿐 아니라 문구제품과 인테리어 소품에 이르기까지 수없는 복제와 패러디의 대상이 되는 앨리스는 테니얼의 인상적인 삽화 이래로 캐럴의 원작에 자신들의 독창적인 그림을 입혀보려는 그림작가들과 화가들에 의해서도 끊임없이 재창조되어 왔다. 이렇게 여전히 편재한 채로 앨리스는 의미가 해체되고 논리가 뒤집어진 난센스 세계로 독자들을 초대한다. 난센스에 매혹되어 토끼굴로 들어선 독자들은 매번 새로워지는 의미와 마주하며, 아름다운 장미 정원으로 향하는 길목에서 자신만의 황금 열쇠로 무수히 많은 해석의 문들을 열어보게 될 것이다.

▶▶▶ 더 읽을거리

Bloom, Harold, ed. *Lewis Carroll*. New York: Chelsea, 1987.
Cohen, Martin N. *Lewis Carroll: A Biography*. New York: Vintage-Random, 1996.
Deleuze, Gilles. *The Logic of Sense*. Trans. Mark Lester and Charles Stivale. Ed. Constantin V. Boundas. London: Continuum, 2001.
Gardner, Martin, ed. *The Annotated Alice: The Definitive Edition*. By Lewis Carroll. New York: Norton, 2000.
Gray, Donald J., ed. *Alice in Wonderland*. By Lewis Carroll. 2nd ed. New York: Norton, 1992.

Jackson, Rosemary. *Fantasy: The Literature of Subversion*. London: Routledge, 1988.

Rackin, Donald. *Alice's Adventures in Wonderland and Through the Looking-Glass: Nonsense, Sense, and Meaning*. New York: Twayne, 1991.

▌이 수 진 (전남대학교)

조지 엘리엇
George Eliot

작가 소개

    19세기는 영문학사상 유례없이 소설 장르가 융성한 시기이며 그 시기에 활약한 많은 작가 중에서도 조지 엘리엇(George Eliot, 1819-80)은 대표적인 작가라고 할 수 있다. 흔히 조지 엘리엇을 "4월은 잔인한 달"이라는 구절이 나오는 『황무지』(*The Waste Land*)를 쓴 T. S. 엘리엇(T. S. Eliot)과 혼동하는 사람들이 많지만, 후자는 20세기 영국 시인으로서 전혀 다른 인물이다.

    1819년 워릭셔 아베리라는 시골에서 태어난 그녀는 36세라는 늦은 나이에 작품 활동을 시작했다. 그녀는 여류작가에 대한 당대의 사회적 편견 때문에 본명인 메리 에번스(Mary Evans)라는 이름 대신 조지 엘리엇이라는 남자 필명으로 작품 활동을 했다. 따라서 한동안 독자는 물론 평자들까지도 그녀를 남성 작가로 오해하는 일이 벌어졌다.

    당시에는 훨씬 더 유명한 문학 비평가였던 G. H. 루이스(G. H. Lewes)의 격려에 힘입어 창작활동을 시작한 엘리엇은 현재 더 유명한 작가가 되었다.

엘리엇은 작품 활동 외에도 유부남인 루이스와 동거한 문학 외적인 사실 때문에 더 유명해졌다. 사회적으로 큰 물의를 일으킨 이 동거 때문에 그녀는 아버지와 오빠 아이작에게 의절을 당하기도 했다. 이 동거는 당시는 물론 지금까지도 매우 파격적인 사건이라 할 수 있다. 하지만 이 동거에 대해 루이스가 가톨릭교도였기 때문에 이미 자신의 친구와 동거 중이던 자유 연애주의자인 아내와 이혼할 수 없었다는 점, 엘리엇이 정신이상증세를 보였던 루이스의 전처 자식들까지 부양했으며, 루이스가 엘리엇에게 남편이자 문학적 스승이었다는 점 등을 함께 고려해 볼 필요가 있을 것이다.

1878년 암으로 인해 루이스가 암으로 사망하자 엘리엇의 작품 활동도 끝난다. 매리 앤 에번스를 소설가 조지 엘리엇으로 만들었던 루이스는 엘리엇이 자신에 대한 불신과 고독 때문에 우울해지면 자신감을 회복하게 북돋아주곤 했다. 루이스가 병에 걸린 줄 몰랐던 엘리엇은 그가 죽자 충격과 슬픔 때문에 그의 장례식에도 참석하지 못했다.

두문불출하던 그녀는 다음해 2월 말이 되서야 존 크로스의 방문을 허락했다. 그녀는 1869년 4월 18일 당시 29세의 키 큰 미남이었던 크로스를 로마에서 처음 만났다. 이후 엘리엇은 『미들마치』의 성공으로 인세 수입이 늘자 1873년에는 약 5,000파운드 정도의 재산을 은행가인 루이스에게 맡겨 관리했다. 그녀는 루이스가 전담했던 재정 관리에 문제가 생기자, 크로스를 불러 자주 의논하게 되었다. 비슷한 시기에 각각 루이스 남편과 어머니를 잃은 엘리엇과 크로스는 함께 단테를 읽으며 문학을 토론하다가 서로 사랑하는 사이가 되었다. 1880년 5월 5일, 엘리엇은 조니라는 애칭으로 불렀던 20세 연하의 크로스와 정식으로 결혼식을 올렸다. 그녀는 이 결혼을 통해 사회적으로 인정받고 싶어 했지만, 이 결혼은 다시 한 번 주변 사람들을 놀라게 만들었다. 어쨌거나 그녀는 이 결혼을 통해 30년간 의절했던 오빠 아이작과 드디어 화해하게 되었다.

신혼 여행지인 이탈리아에서 돌아온 엘리엇과 크로스는 12월 런던에 새 집을 마련하고 이사했지만, 엘리엇은 그 해 12월 22일 악화된 목의 통증 때문에 61세를 일기로 세상을 떠나게 된다. 그녀는 12월 29일 런던 교외에 있는 하이게이트(Highgate) 묘지에 루이스와 나란히 묻혔다.

매우 지적이며 진보적 작가였던 조지 엘리엇은 모두 8편의 장편소설을 남겼다. 그녀의 작품은 평자들의 통상적인 구분상 전기의 『목사생활 풍경』(*Scenes of Clerical Life*), 『애덤 비드』(*Adam Bede*, 1859), 『플로스 강의 물방앗간』(*The Mill on the Floss*, 1860), 『사일러스 마너』(*Silas Marner*, 1861)와 후기의 『로몰라』(*Romola*, 1863), 『급진주의자, 펠릭스 홀트』(*Felix Holt, the Radical*, 1872), 『미들마치』(*Middlemarch*, 1871-72), 『다니엘 데론다』(*Daniel Deronda*, 1876)로 나누어진다. 이외에도 짧은 소설 「들춰진 베일」(The Lifted Veil)과 드라마 <스페인 집시>(The Spanish Gypsy), 그리고 시 「암거트」(Armgart)가 있다. 이 중에서도 『미들마치』는 단연 그녀의 대표작으로 꼽히는 작품이다.

미들마치
Middlemarch

작품 줄거리

도로시아 브룩과 여동생인 실리아는 훌륭한 귀족 집안의 자매로서 나이 많은 미혼의 삼촌과 미들마치 읍 근처 팁턴 그레인지에 살고 있다. 어느 날 그곳에서 열린 만찬 파티에서 이웃 신사인 제임스 체텀 경과 중년의 진지한 학자인 에드워드 캐소본은 서로 도로시아의 관심을 끌려고 애쓴다. 그녀는 자신에게 더 어울리는 제임스 체텀 경보다 캐소본에게 이끌린다. 제임스 경이 그녀에게 말을 빌려주겠다면서 관심을 보이지만, 도로시아는 그를 그저 교구의 새로운 주택 개량 사업을 도와주는 조력자 정도로만 여긴다. 캐소본은 도로시아에게서 이상적인 아내의 요건, 즉 진지함과 훌륭한 미덕을 발견하고 그녀에게 청혼하며, 그녀는 캐소본에게 자신의 정신과 지식의 발전을 도와줄 멘토를 기대하면서 그의 청혼을 받아들인다.

도로시아는 캐소본이 거주하는 로윅의 저택에서 남편의 사촌인 윌 레디슬로를 만나게 되며, 평소에도 삼촌과 사이가 나빴던 윌은 27세나 어린 도로시아와 결혼한 삼촌이 더욱 싫어진다. 한편 결혼한 도로시아 부부는 로마로 신혼여행을 떠난다.

그 사이 야심만만한 젊은 의사인 터티우스 리드게이트가 미들마치에 새로 도착한다. 그는 로저먼드 빈시를 만나자 그녀의 미모와 교양에 이끌린다. 로저먼드의 남동생인 프레드는 삼촌인 페더스톤의 유산 상속만을 학수고대하는 무책임한 한량이다. 삼촌이 돌아가시는 날만 손꼽아 기다리던 그는 도저히 혼자 감당할 수 없을 만큼 큰 빚을 지게 된다.

한편 병원 원장이 된 리드게이트는 미들마치의 정치 상황과 사회적 편견에 직면하게 된다. 그는 병원 목사를 뽑는 선거에서 병원의 설립자이자 은행가인 불스트로드의 호의를 이용하여 출세해보겠다는 이기적인 욕심에 불스트로드가 후원하는 타이크에게 투표한다.

로마 신혼여행에서 도로시아는 실은 남편의 지성이 매우 편협하다는 사실을 뒤늦게 깨닫게 된다. 한편 우연히 캐소본 부부를 방문한 윌은 도로시아의 불행한 결혼생활을 눈치 채며 그녀에 대한 동정은 점차 사랑으로 바뀐다. 그는 캐소본의 재정적 지원에서 벗어나고자 일자리를 찾아 영국으로 돌아간다.

자신의 빚을 상환할 능력이 없는 프레드 빈시는 최후 수단으로 자신의 말이라도 팔아보겠다고 애쓰지만, 말에게 결함이 있음이 밝혀지는 바람에 한 푼도 못 받는다. 프레드의 연인인 메리의 아버지 케일러브 가스는 자신이 프레드의 차용증에 써준 서명 때문에 프레드의 빚에 연루된다. 한편 리드게이트 의사는 병이 난 프레드를 왕진한다는 핑계로 로저먼드를 자주 만나면서 그녀와 사랑을 키워나간다.

프레드를 포함하여 페더스톤의 여러 친척들은 유산을 상속받고 싶은 욕심에 페더스톤의 죽음만을 애타게 기다린다. 그가 죽고난 뒤 유언장에서 친척에게 단 한 푼도 남기지 않았다는 사실이 공개되자, 모두 큰 충격을 받는다. 그의 유산은 대부분 그의 사생아인 조수아 리그스에게, 그리고 일부 유산은 자신이 세운 구빈원에 남겨졌던 것이다. 삼촌의 유산 상속만 고대했던 프레드는 크게 실망한다. 누나인 로저먼드와 리드게이트의 결혼이 진행되는 동안, 페더스톤 삼촌의 유산 상속을 더 이상 기대할 수 없게 된 프레드는 아버지의 강요로 목사가 되기 위해 신학 공부를 시작한다.

신혼여행에서 돌아온 뒤 도로시아와 캐소본은 그녀의 여동생인 실리아와 제임스 채텀 경의 약혼 소식을 듣게 된다. 예전에 윌이 도로시아에게 보낸 쪽지 때문에 아내와 싸운 캐소본은 갑작스런 심장마비로 세상을 떠나게 된다.

도로시아가 윌과 재혼하지 않아야 전 재산을 상속받을 수 있다는 캐소본의 유서 때문에 도로시아의 친구와 친척들은 그녀와 윌의 관계를 의심한다. 한편 윌은 도로시아의 가족들이 자신을 멀리 한다는 사실을 알면서도 미들마치에 계속 머문다. 나중에 캐소본의 유서 이야기를 전해들은 윌은 도로시아와 자신에 대한 의심과 오해를 풀기 위해서라도 미들마치에 계속 머물겠다고 결심한다.

리드게이트와 로저먼드는 드디어 결혼한다. 그러나 로저먼드가 사들인 비싼 가구 때문에 1,000파운드를 빚지게 된다. 이제부터는 진짜 절약해야 한다는 리드게이트의 말에 부부는 대판 싸운다. 한편 리드게이트가 병원장으로 재직 중인 병원 수익은 날로 줄어든다.

어느 날 존 래플스라는 주정뱅이가 미들마치 마을에 나타난다. 그는 윌의 할아버지가 전당포 사업으로 큰 부자가 되었으며, 당시 불스트로드가 그 전당포 점원이었다는 사실을 알고 있는 인물이다. 게다가 그는 불스트로드가 윌의 할아버지 미망인과 결혼했으며, 그 미망인이 죽자 그 미망인에게 상속된 윌의 할아버지 재산을 몽땅 가로챈 불스트로드의 추악한 과거를 폭로하겠다고 위협한다. 불스트로드는 이 추악한 과거를 폭로하지 않는다는 조건으로 윌에게 매년 500파운드를 지급하며 자신의 사후에는 돈을 좀 더 주겠다는 내용을 유서에 명시하겠다고 조카에게 제의한다. 그러나 윌은 할아버지의 추악한 전당포 사업으로 자기 명예를 더럽히기 싫어

이 제의를 거절한다. 결국 윌은 미들마치를 떠나기로 결심하고, 자신에 대한 도로시아의 사랑을 전혀 모르는 상태에서 런던으로 떠난다.

리드게이트는 점점 더 빚에 쪼들리지만, 부자인 척 하는 허세를 포기할 수 없는 로저먼드는 더 싼 집으로 이사할 수 없다고 고집을 피운다. 곤경에 처한 리드게이트는 불스트로드에게 가서 돈을 빌려 보려 하지만, 불스트로드는 도로시아한테 가보라고 한다. 래플스가 비참한 모습으로 미들마치에 돌아오자, 불스트로드는 리드게이트에게 왕진을 청한다. 리드게이트는 그 주정뱅이에게 해줄 처방을 자세히 일러준다. 다음 날 리드게이트가 오자, 불스트로드는 뭔가 래플스가 잘못될 경우 리드게이트가 자신의 편을 들어주리라는 계산으로 그에게 1,000파운드의 돈을 빌려준다.

리드게이트의 처방을 제대로 지키지 못한 불스트로드 때문에 래플스가 죽는 사고가 발생한다. 리드게이트는 래플스의 사망이 당혹스럽지만, 자신의 빚 청산이 기쁜 나머지 더 이상 이 일을 생각지 않는다. 그러나 래플스는 사람들에게 이미 불스트로드에 관한 나쁜 소문을 퍼뜨렸기 때문에, 그가 죽자 리드게이트와 불스트로드가 함께 작당해서 래플스를 죽였다는 흉흉한 소문이 떠돌게 된다. 이후 불스트로드는 공개 석상에서 망신을 당하게 되며, 불스트로드에게 돈을 받은 리드게이트 역시 이 추문에 연루된다.

미들마치 주민 중 리드게이트의 결백을 믿는 사람은 오직 도로시아 뿐이다. 모든 사람이 반대하지만 그녀는 리드게이트에게 말을 해보기로 한다. 한편 리드게이트는 이 사망에 결백하지만, 불스트로드가 고의로 자신의 처방을 어겼는지 정말 실수한 건지 알 수 없어서 공개적으로 불스트로드를 비난할 수도 없는 곤경에 처해 있다.

도로시아는 미들마치에 남아 누명을 벗어야 한다고 리드게이트를 설득하지만, 그는 아내가 이런 시련을 견뎌낼지 확신이 없다. 도로시아는 리드게이트 부부가 이 마을에 남도록 설득하려고 로저먼드의 집을 방문하지만,

로저먼드와 함께 있는 윌의 모습을 보고 그 집에서 뛰쳐나온다. 윌은 도로시아가 자기를 연인으로 오해하게 만들었다는 이유로 로저먼드에게 불같이 화를 낸다.

윌을 빼앗겼다는 생각에 고통스럽지만, 도로시아는 리드게이트가 이제 자신이 후원하는 병원 원장으로 남아야 하는 이유를 알려주려고 다음 날 다시 로저먼드를 방문한다. 한편 도로시아의 사심 없는 친절에 감동한 로저먼드는 어제 상황을 자세히 설명하면서 자신은 윌과 아무 관계가 없으며 윌은 오직 도로시아만을 사랑하고 있다는 사실을 알려준다. 이에 윌의 사랑을 확인한 도로시아는 모든 오해를 풀고 윌과의 결혼을 서두른다. 가족들이 모두 반대하지만, 그녀는 몇 주 뒤 캐소본의 유산을 포기하고 윌과 재혼한다. 그녀는 자신의 원래 이상과 목표를 이루지는 못했지만 행복한 아내가 되며, 윌은 국회의원이 된다. 아들이 태어나자, 한동안 도로시아와 소식을 끊었던 친척들은 마침내 그녀와 화해한다.

불스트로드는 아내에게 자신의 추악한 과거를 모두 고백한 뒤 아내와 함께 마을을 떠난다. 그의 고백을 듣고도 남편 곁에 머물겠다는 불스트로드 부인의 모습은 평범한 인물의 위대한 순간을 보여준다. 미들마치를 떠난 리드게이트는 세상적으로 성공한 의사가 되었지만, 원래 이상과 계획을 이루지 못했기 때문에 자신을 실패자라고 생각한다. 목사직을 포기하고 농장 관리인이 된 프레드 빈시는 메리 가스와 결혼하여 행복하게 산다.

문학사적 의의

엘리엇은 『여성 작가들의 어리석은 소설』(*Silly Novels by Lady Novelists*)이라는 에세이에서 어리석고 상투적이며 비현실적인 로맨스나 쓰는 당대 여성 작가들을 경멸하면서 자신을 그런 작가들과 구별하였다. 또한 그녀는 ≪웨스트민스터 리뷰≫(Westminster Review)라는 비중있는 잡지의 부편집장을 지내는가 하면, "남자처럼 생각하는 여자 셰익스피어"라 불릴 정도로 지적인 작가였다. 이처럼 그녀는 여성 작가라기보다 당대 어느 남성 작가에 비교해도 뒤떨어지지 않는 위대한 작가로 평가되었다.

20세기의 저명한 문학 비평가 리비스(F. R. Leavis)는 그의 저서 『위대한 전통』에서 위대한 영국 소설의 전통이 제인 오스틴→조지 엘리엇→토머스 하디→D. H. 로렌스로 이어지는 것으로 보았다. 이처럼 그녀는 매우 지적이며 도덕적인 작가로서 여성의 감성을 뛰어넘었으며 개인과 사회의 관계를 깊이 천착하고 인간 심리를 잘 묘사했으며, 아울러 여성 문제에도 깊은 관심을 지닌 작가로서 현재까지 높이 평가되고 있다.

『미들마치』(*Middlemarch*, 1871-72)는 미들마치 지방에 관한 소설을 쓰려는 애초의 시도와 「브룩 양」(Miss Brooke)이라는 짧은 소설(novella)을 합쳐 1871년 12월부터 1872년 12월에 걸쳐 8권으로 출판되었다. 이 소설의 배경은 19세기 초 영국 미들마치 지방과 그 주변 사회를 중심으로, 제1차 선거법 개정안(The First Reform Bill)이 통과되기 직전인 1830년대 영국의 과도기적 상황을 그리고 있다. "시골 생활 연구"(A Study of Provincial Life)라는 부제처럼, 이 작품은 영국 사회 중상류층의 개인적 삶은 물론 1832년의 선거법 개정과 국회의원 선거, 토지개혁, 철도 부설 등 방대한 정치·사회적 변화를 짜임새 있게 그려 낸 엘리엇 후기의 가장 원숙한 걸작으로 평가되고 있다.

이 작품의 최고 장점은 실제 결혼생활에 초점을 맞추었다는 점이다. 이 작품의 주제를 간단히 요약하면, 산업혁명 전의 영국 시골을 배경으로 평범한 사람들의 연애나 결혼, 즉 도로시아와 캐소본, 리드게이트와 로저먼드, 그리고 메리와 프레드라는 세 쌍의 러브 스토리라고 할 수 있다. 또한 이 작품은 높은 이상을 지닌 인물들이 편협한 시골 사회와 불완전한 사회 질서 속에서 어떻게 평범한 인물로 전락하는지 그 과정을 추적하고 있다. 사회봉사를 통해 자아를 성취할 뿐 아니라 사회에도 기여하려는 도로시아와 리드게이트 외에 윌 래디슬로와 프레드 빈시, 에드워드 캐소본 등이 각각 자신의 적성에 맞는 직업을 모색하다가 결국 현실에서 좌절하는 과정도 함께 그려졌다. 가령 할 일 없이 빈둥거리던 프레드는 아버지의 강요로 하려던 목사직을 포기하고 스톤 코트라는 영지 관리인의 조수로서 농부가 되는 과정이 설득력 있게 그려지고 있다.

또한 이 소설은 서사시 같은 소설을 표방하지만, 서사시에 대한 전통적 관점을 바꾸고 있다. 왕후장상 등 위대한 영웅들의 모험을 그린 여느 서사시와 달리, 이 작품은 평범한 사람들의 "위대한 순간"과 19세기 영국의 정신을 그리고 있다.

이 작품은 교향곡처럼 소설 앞뒤에 '서곡'(Prelude)과 '종곡'(Finale)이 삽입된 서사적 구조로 되어있다. '서곡'에서 주목할만한 점은 도로시아가 성녀 테레사와 비교된다는 점이다. 즉, 고귀한 이상에 봉사하려는 "매우 자발적인 영혼"을 지닌 도로시아는 순교와 봉사의 '서사적 삶'을 동경한 성녀 테레사에 비유된다. 그러나 종교 질서의 개혁에서 "자신의 서사시"를 발견한 성 테레사와 달리, 도로시아는 현재 영국에서 "위대한 삶"을 살려 하지만 결국 실패할 운명이라는 사실이 이 서곡에 암시된다. 또 '종곡'에서는 평범한 주변 사람들과 시대적 제약 때문에 도로시아의 꿈과 이상이 끝내 좌절된다는 사실도 암시된다. 따라서 그녀는 시대와 장소를 잘못 만난 19세기의 테레사라고 할 수 있다.

이 작품의 서사 구조는 수많은 등장인물과 복잡한 이야기의 중심축인 도로시아와 리드게이트라는 두 인물의 꿈과 좌절이다.

첫째, 도로시아 브룩은 남다른 지적 성취를 이루려 하지만 사회적 제약 때문에 실패하고 캐소본 목사와의 결혼 생활에서 갈등만 겪다가 남편이 죽자 남편의 사촌인 윌과 사랑에 빠져 재혼하는데, 이것이 도로시아 플롯의 대략적인 줄거리다.

도로시아는 이상적인 결혼을 통해 사회에 봉사하며, 자신이 받은 빈약한 가정교육에서 벗어나게 해줄 정신적 지도자와 스승의 역할을 캐소본 목사에게 기대한다. 이러한 연유로 당대 기준에서 볼 때 그녀에게 더 어울리는 지주귀족인 제임스 체텀 경의 청혼을 거절하고 그녀보다 27세 연상인 45세의 캐소본 목사와 결혼한다.

그러나 도로시아가 위대한 학자이자 현대의 밀턴이라 믿었던 캐소본은 철저히 그녀를 실망시킨다. 우선 "모든 신화를 여는 열쇠"를 제시하려는 학문적 작업이나 편협하고 냉정하며 이기적인 성격은 학자로서나 남편으로서 그의 무능함을 보여준다. 그래서 그녀는 억압적이며 권위적인 남편에 대한 분노와 이 분노를 억제하려는 노력 사이에서 계속 갈등하게 된다. 그러다가 갑작스런 심장 마비로 남편이 죽자 그녀는 마침내 이 결혼 생활의 질곡에서 벗어난다. 그러나 남편은 자신의 사촌 윌과 도로시아의 관계를 오해하고 질투한 나머지, 도로시아가 윌과 재혼한다면 자신의 유산을 한 푼도 상속받지 못하도록 미리 유서를 작성해 두었다. 도로시아는 이 유서를 통해 자신의 자유를 구속하려 했던 남편의 처사에 크나큰 충격을 받게 된다.

결국 도로시아는 남편의 유산을 포기하고 윌과 재혼한다. 윌과의 재혼은 상호 애정에 기초한 결혼이라는 점에서 이전 캐소본과의 관계보다 한 단계 진전한 면모를 보여준다. 이후 그녀는 국회의원이 된 윌의 내조자가 되는데, 이런 역할은 원래 사회에 봉사하려던 그녀의 꿈을 성취한 것이냐 하는 점에 대해서는 페미니즘 학자들 사이에서도 아직까지 논란이 분분하다.

둘째, 리드게이트는 파리에서 유학까지 한 야심만만한 의사로서 의학계를 개혁하고 혁신적인 의술로 의술을 발전시키겠다는 높은 이상과 열정을 품고 미들마치에 온다. 그러나 그의 높은 이상은 지나친 야심과 로저먼드 빈시와의 결혼으로 좌절된다. 그는 가정에 대한 낭만적 환상을 충족시킬 것 같은 아름다운 로저먼드와 결혼하지만, 서로 다른 기대 때문에 결혼 생활에 실패한다. 그는 아름다운 로저먼드에게서 이상적인 아내의 역할을 기대했다. 한편 로저먼드는 남편의 의학적 꿈보다 훌륭한 귀족 집안의 자제이자 준남작의 조카라는 신분에 이끌려, 대도시에서 귀족 친척들과 어울릴 화려한 사교 생활에 대한 환상 때문에 리드게이트와 결혼했던 것이다. 결국 리드게이트는 병원을 설립한 은행가 불스트로드의 호의로 병원장이 되지만, 병원 목사를 뽑을 때 그의 비위를 맞추려고 정직한 페어브러더 대신 타이크에게 투표한 일과, 사치스러운 아내가 진 1,000파운드의 빚을 갚기 위해 불스트로드에게 뇌물을 받고 래플스의 살해를 공모했다는 추문에 연루되어 결혼 생활과 일에서 모두 실패한다. 완벽한 결합이라 믿었던 로저먼드와의 결혼은 '재앙'이 되고, 그의 직업적 야심은 좌절된다. 그는 통풍에 대한 진부한 논문이나 쓰는 별 볼일 없는 의사로 전락한다. 그는 미들마치를 떠나 큰돈을 벌었지만, 애초 의사로서의 원대한 이상을 실현하지 못했기에 스스로 실패한 인생으로 간주한다.

세 번째 중심인물인 불스트로드는 젊은 시절 부유한 전당포 주인의 미망인인 윌의 할머니와 결혼했었다. 그에게는 아내의 유산을 상속받기 위해서 가난한 남자와 결혼해서 돈 한 푼 없이 죽은 딸과 손자 윌의 존재를 아내에게 숨기고 전 남편과의 사이에서 아내가 낳은 딸인 윌의 어머니가 상속받아야 할 돈을 가로챈 수치스러운 과거가 있다. 불스트로드는 상속받은 유산 덕분에 부유한 은행가가 되었지만, 래플스의 출현으로 그의 추악한 과거가 폭로될 위험에 처한다. 신에게 왜 래플스가 자신을 괴롭히게 내버

려두느냐고 울부짖는 그의 독백에서 그의 위선이 적나라하게 드러난다.

이 세 명의 중심인물 외에도 다른 등장인물들의 삶이 복잡한 초상화처럼 실감나게 그려진다. 구체적으로 캐드웰러더 목사 부부, 도로시아를 사모하다가 그의 여동생인 실리아와 결혼하는 준남작 제임스 체팀 경, 메리를 사랑하지만 그녀와 프레드의 결혼을 돕는 페어브러더 목사, 전 재산을 조카인 프레드에게 남겨주는 척 했지만 결국 서자인 조슈아 리그스에게 유산을 남기는 등 유산을 미끼로 주변 사람을 조정하는 페더스톤, 불스트로드의 추악한 과거가 폭로되자 그의 관리인으로 일하기를 거부하는 가난하지만 정직한 케일러브 가스, 프레드를 사랑하지만 확실한 직업이 없으면 결혼하지 않겠다는 선언으로 건달 프레드를 훌륭한 농장 관리인으로 변화시키는 메리, 아내의 유산을 노려 전 남편과의 사이에서 낳은 아내의 딸과 손자의 존재를 아내에게 감춘 불스트로드의 추악한 과거를 폭로하는 래플스, 피터 페더스톤 삼촌의 유산 상속만을 믿고 사치스러운 생활과 도박으로 빚을 지고 빚보증을 선 메리의 부모에게까지 금전적 고통을 주지만 어린 시절부터 연인이었던 메리 덕분에 건실한 농부가 된 프레드 빈시, 위선적인 불스트로드의 추문에도 불구하고 남편의 곁에 남겠다는 불스트로드 부인의 "위대한" 결단 등 작가는 평범한 사람들의 삶에 숨겨진 소리 없는 비극, 크고 작은 실패와 성공, 그리고 평범한 인물들의 위대한 순간을 심오한 심리적 통찰력으로 잘 그려냈다.

『미들마치』는 방대한 양 때문에 원문 텍스트는 물론 번역본으로도 독자들이 접근하기 어려운 작품이지만, 도로시아와 캐소본, 리드게이트와 로저먼드, 그리고 메리와 프레드, 이 세 쌍의 로맨스 외에 당대의 커다란 정치·사회적 변화를 자세히 묘사한 엘리엇의 대표적 걸작이라고 할 수 있다.

▶▶ 더 읽을거리

Ashton, Rosemary. *George Eliot*. Oxford: Oxford UP, 1983.

Eliot's *Middlemarch*. Cliff Notes, Inc., Lincoln, Nebraska, 1967.

Haight, Gordon S. ed., *Selections of George Eliot's Letters*. New Haven and London: Yale UP, 1985.

_____. *George Eliot: A Biography*. Harmondsworth: Penguin, 1968.

Magill, Frank N. ed., *Masterplots*. New Jersey: Salem Press, 1976.

Pinion, F.B. *A George Eliot Companion: Literary Achievement and Modern Significance*. London and Basingstoke: The Macmillan Press Ltd., 1981.

Pinny, Thomas, ed. *Essays of George Eliot*. New York & London: Columbia UP, Routledge and Kegan Paul, 1963.

Smith, Anne, ed. *George Eliot: Centenary Essays and an Unpublished Fragment*. N.J.: Barnes & Noble Books, 1980.

┃한 애 경 (한국기술대학교)

오스카 와일드
Oscar Wilde

작가 소개

1854년 10월 16일 아일랜드의 더블린에서 오스카 와일드(Oscar Wilde, 1854-1900)가 태어났다. 그의 아버지 윌리엄 로버트 윌스 와일드(William Robert Wills Wilde)는 더블린에서 유명한 귀와 눈을 다루는 전문의 가운데 한 사람이었다. 그의 어머니는 10대 때 이미 영국에 대항하는 애국적인 시를 썼던 시인이었다. 그녀는 스페란자(Speranza)란 필명을 갖고 있었다. 와일드는 1871년 더블린의 트리니티 칼리지(Trinity College)에 입학했다. 1874년에는 그 학교의 최고의 영예인 버클리 금메달(Berkely Gold Medal for Greek)을 수여했다. 1874년 10월 옥스퍼드 대학의 막달렌 칼리지(Magdalen College)에 장학금을 받고 입학했다. 그곳에서 존 러스킨(John Ruskin)과 월터 페이터(Walter Pater)의 가르침을 받았다. 와일드는 곧 "예술을 위한 예술"을 자신의 슬로건으로 받아들였다. 1876년 그는 제1차 학위시험(Moderations)과 1878년 최종시험(Greats)에서 모두 1등을 해 고전을 전공하는 학생으로서 최고의 영예인 두 과목 최우등생(Double First)이 되었다. 옥스퍼드 대학에서의 마지막 해에는 대학에서 주는 최고의 시 분야 상인 뉴디게이트 상(Newdigate Prize Poem)을 수여하기도 했다.

대학을 졸업한 후 런던에 정착했다. 이때 와일드는 특이한 의상으로 사람들의 시선을 끌기 시작했다. 옥스퍼드 재학 당시 의상 개혁이 종교개혁보다 더 중요하다고 선언한 바 있었는데, 이제 그는 저녁이면 주름 잡힌 벨벳 코트와 무릎 까지 내려온 바지, 검은 비단 스타킹, 넓은 카라가 달리고 녹색 타이가 길게 늘어뜨려진 헐렁한 비단 셔츠를 입고 외출했다. 그의 이런 기행은 당시 언론의 조소와 풍자의 대상이 되곤 했다. 1880년 초 그의 최초의 극 <베라>(Vera)를 썼다. 그러나 극을 공연해줄 연출가를 찾을 수 없었다. 1881년 초 그의 두 번째 극인 <파두아 공작부인>(The Duchess of Padua)의 집필에 들어갔다. 이 무렵 그는 미국 순회강연을 제안 받게 되었다. 그리하여 1882년 1월 그는 뉴욕에 도착했고, 이후 70여 개의 도시를 돌며 강연을 했고, 미국의 순회강연은 전반적으로 성공적이었다. 1883년 1월 영국으로 다시 돌아왔다. 2월에는 잠시 파리로 여행을 떠나 그곳에서 그의 두 번째 극 <파두아 공작부인>을 완성시켰다. 그러나 이 극 역시 반응이 좋지 않아 무대에 올리는 데 실패했다. 파리 여행 당시 빅토 위고(Victor Hugo), 폴 베를렌느(Paul Verlaine), 말라르메(Mallarme), 드가(Degas) 등 수많은 작가와 예술가들을 만났다.

1883년 11월 아일랜드 변호사의 딸인 콘스탄스 메어리 료이드(Constance Mary Lloyd)와 약혼했다. 그들은 1884년 5월 29일 세인트 제임스 교회에서 결혼했다. 신부 콘스탄스는 할아버지로부터 일 년에 몇 백 파운드씩 받을 수 있었고, 이것은 이 부부로 하여금 런던의 타이트 스트리트(Tite Street) 16번지의 집을 잘 꾸밀 수 있도록 도와주었다. 바로 이 집에서 이들은 아터 발포어(Arthur Balfour), 마크 트웨인(Mark Twain), 로버트 브라우닝(Robert Browning), 존 브라이트(John Bright), 엘렌 테리(Ellen Terry), 알저논 찰스

스윈번(Algernon Charles Swinburne), 릴리 랭트리(Lily Langtry), 러스킨 등 당시 유명한 인사들을 초대해 교제를 나누었다. 그러나 신혼 4년간은 경제적으로 어려운 시기였다. 1885년 초 와일드는 ≪폴 몰 거제트≫(Pall Mall Gazette)에 서평을 써서 보내주는 일을 맡게 되었다. 또한 같은 시기에 ≪극 평론≫(Dramatic Review)에 극 비평을 써 보내기도 했다. 그러나 이런 활동은 경제적으로 여유롭게 할 정도는 못되었다. 특히 1885년 6월 장남 시릴(Cyril)이 태어나면서 더욱 그러했다. 그러다 1887년 월간 잡지인 ≪귀부인의 세계≫(The Lady's World)의 편집장으로 임명되었다. 5개월 후 그는 이 잡지명을 ≪여성의 세계≫(The Woman's World)로 바꾸었고, 당대 문학과 예술 일반에 대한 비평을 "문학 소견"이란 형식으로 정기적으로 자신의 글도 기고했다. 1889년 6월 와일드는 이 편집장 자리에서 물러났다.

1888년 동화집 『행복한 왕자와 기타 이야기들』(The Happy Prince and Other Tales)이 출판되었다. 1891년에는 『석류나무 집』(A House of Pomegranates)이라는 또 다른 동화집이 출간되었다. 같은 해에 이미 써놓은 단편들인 「캔터빌의 유령」(The Canterville Ghost), 「달로이 부인」(Lady d'Alroy)(후에 "The Sphinx without a Secret"가 됨), 「백만 불짜리 모델」(A Model Millionaire)을 한데 묶어 『아더 사빌 귀족의 범죄와 기타 이야기들』(Lord Arthur Saville's Crime and Other Stories)이란 제목으로 출간했다. 1891년에는 이것 말고도 『의도』(Intentions)와 『도리언 그레이의 초상』(The Picture of Dorian Gray)이 출판되었다. 1892년 2월 와일드는 그의 최초의 성공적인 극 <윈더미어 부인의 부채>(Lady Windermere's Fan)를 세인트 제임스 극장(St. James's Theatre)에서 공연하게 되었다. 이 극은 대단히 성공적이어서 첫 공연으로부터만 연출가인 알렉산더(Alexander)로부터 로열티를 7천 파운드나 받았다. 이후 3년간 와일드는 당대 최고의 극작가로서 명성과 부를 모두 누리게 되었다. <윈더미어 부인의 부채> 이후 곧바로 파리로 가 불어로 <살로메>(Salome)를 집필하기도 했다. 그러나 성경 속의 인물을 불경스럽게 다루었다하여 검열을 통과하지 못해 리허설까지 해놓고도 공연되지 못하는 불운을 겪었다. 1893년 4월 19일 런던의 헤이마켓 극장(Haymarket Theatre)에서 <하찮은 여인>(A Woman of No Importance)을 공연하게 되었다. 이 극도 대단히 성공적이었다. 1895년 1월 3일 그의 세 번째 중요한 극인 <이상적인 남편>(An Ideal Husband)이 공연되었다. 이극 역시 관객이 구름 떼처럼 극장 앞으로 몰려들었다. 그 뒤 그의 최고의 극으로 평가받는 <진지함의 중요성>(The Importance of Being Earnest)이 발표되었다. 이 극으로 와일드는 극작가로서 성공의 정점에 놓이게 되었다. 비평가들 역시 더 이상 그에게 적대적이지 않았고, 그의 천재성을 인정하게 되었다. 그러나 <진지함의 중요성>이 세인트 제임스 극장에서, <이상적인 남편>이 헤이마켓 극장에서 동시에 공연되는 영광을 누리는 동안 이 모든 것을 뒤집어 놓을 운명이 그를 기다리고 있었다.

　1886년부터 와일드는 동성애자였다. 당시 영국 사회는 동성애자들에 대한 법적 규제가 엄격했다. 와일드는 법정에서 동성애 행각이 만천하에 드러나는 비운을 겪게 되었고, 당대 최고의 작가임에도 불구하고 2년간 중노동과 함께 구금되는 초유의 사태를 맞이하게 되었다. 이로 인해 그는 가족, 재산, 명예 등 모든 것을 한순간에 다 잃어버리게 되었다. 사건의 발단은 다음과 같다. <진지함의 중요성>이 리허설에 들어갔을 때 와일드는 그의 파트너 알프레드 더글라스(Alfred Douglas)와 함께 알제(Algiers)로 여행을 떠났다. 이 사실을 알게 된 더글라스의 아버지 퀸즈베리(Queensberry) 후작은 원래 다혈질의 인물인데다 이미 큰 아들이 당시 외무장관과의 동성애 때문에 자살했다고 믿고 있던 터라 흥분했고, 와일드에게 의심의 눈초리를 보내면서 최고의 작가로 추앙받는 그를 골탕 먹일 궁리를 하고 있었다. 여러 번의 시도에서 실패했던 퀸즈베리는 어느 날 와일드가 회원으로 있는 클럽을 방문해 그에게 카드를 남겼는데, 그 카드에 그는 "소도마이트 행세하고 다니는 오스카 와일드에게"(To Oscar Wilde, posing as a sodomite)라고 썼다. 열흘 뒤 와일드는 그 카드를 전달받게 되었다. 여기서 와일드는 친구들의 만류에도 불구하고 퀸즈베리 후작을 명예훼손으로 고발하게 된다. 고발당한 후작은 곧 체포되었다. 그러나 재판을 앞두고 보석금을 내고 풀려난 후작은 재판이 열리기까지 남아있는 3주간의 시간을 이용해 사설탐정들을 고용해 런던 거리를 뒤지고 다니게 함으로써 와일드가 그간 동성애자였다는 사실을 입증할 증거들을 확보하도록 했다. 한편 와일드는 이 기간에 더글라스와 함께 몬테카를로(Monte Carlo)로 여행을 떠났다. 그리하여 와일드가 재판 직전에 놀아왔을 때는 이미 상황은 그에게 불리하게 돌아가고 있었다.

재판은 4월 3일 재판장 콜린스(Mr Justice Henn Collins)의 주재로 올드 베일리(Old Bailey)에서 열렸는데, 와일드의 변호인 에드워드 클락 경(Sir Edward Clarke)은 곧 승산이 없음을 깨닫고 소송을 취하해야 했다. 피고인 퀸즈베리는 곧 무죄로 석방되었고, 그는 언론의 영웅이 되었다. 한편 그날 밤 경찰은 캐도건(Cadogan) 호텔에 머물고 있던 와일드를 전격 체포했다. 남성 간 "추잡한 행위"(gross indecency)를 처벌하도록 한 1885년 형사법 개정안 11조에 의한 것이었다. 3주 후 와일드는 올드 베일리 법정에서 바로 전에 퀸즈베리 후작이 피고인으로 서 있었던 같은 자리에서 재판을 받아야 했다. 처음에 배심원들은 서로 의견이 달랐다. 그리하여 두 번째 재판이 1895년 5월 20일 재판장 윌스(Mr Justice Wills)와 12명의 배심원들 앞에서 다시 열리게 되었다. 그리고 와일드에게 유죄가 선고되었다. 그리하여 그는 이후 주로 레딩 감옥(Reading Gaol)에서 2년간의 중노동과 옥고를 치러야했다. 그의 감옥 생활은 힘들고 처참했던 것으로 알려졌다.

출옥을 앞둔 시점에서야 겨우 그에게 펜과 종이와 잉크가 주어졌는데, 이 기간에 그는 주어진 하루 한 장의 종이 위에다 더글라스에게 편지를 썼고, 이 장문의 편지는 후에 『심연에서』(De Profundis)라는 제목으로 출간되었다. 1897년 5월 18일 그는 레딩 감옥에서 펜톤빌(Pentonville) 감옥으로 이송되었고, 5월 19일 거기서 석방되었다. 그날 밤 와일드는 프랑스로 건너갔고, 다시는 영국에 돌아오지 않았다. 디에프(Dieppe)에서 머무는 동안 와일드는 ≪데일리 크로니클≫(Daily Chronicle) 지에 감옥에서의 처참상을 고발해 그 후 감옥 내의 참상을 완화시키는 데 기여했다. 시골 베르네발(Berneval)에 있는 동안 그는 마지막 작품인 『레딩 감옥의 밸러드』(The Ballad of Reading Gaol)를 썼다. 그 후 두통에 시달리게 되었고 1899년 5월 파리로 돌아와 1900년 11월 파리의 한 호텔에서 숨졌다. 사망을 야기한 병명은 뇌막염으로 기록되었다. 숨지고 사흘 뒤 그는 로스, 터너, 더글라스의 입회하에 바느웨 묘지(Bagneux Cemetry)에 묻혔다. 1909년 그의 유해는 뻬르 라세즈(Pere Lachaise)의 국립묘지로 이장되었고, 아직도 그곳에 있다.

도리언 그레이의 초상
The Picture of Dorian Gray

작품 줄거리

영국의 한 중년 신사인 귀족과 한 젊은 화가의 대화로 소설은 시작된다. 화가의 그림을 보면서 헨리 워튼(Lord Henry Wotton)은 왜 그 작품을 전시회에 내보내지 않느냐고 묻는다. 이에 화가 베이질 홀워드(Basil Hallward)는 자신이 그 그림에 너무 들어가 있다며, 그 이유를 설명한다. 원래 예술은 아름다움 그 자체를 보여주어야 하는데, 자신의 그림 속에는 자기 자신이 너무 들어가 있다는 얘기였다. 화가는 자신의 그림 속의 주인공인 도리언 그레이(Dorian Gray)에 대해 설명한다. 그는 베이질에게 새로운 예술 형식을 제공해 주었고, 베이질은 그를 통해 예술가로서의 새로운 인생을 살게 되었노라고 말한다. 이렇게 해서 이 소설은 화가 베이질과 그의 모델 도리언의 관계가 중요하게 다루어진다. 이 두 사람 사이에 헨리가 끼어들고, 헨리는 조각처럼 아름다운 청년 도리언에게 인생을 매순간 최대한 즐길 것을 주문한다. 따라서 이 소설은 도리언이 헨리의 영향을 받아 어떻게 변화되는가를 추적하는 소설이기도 하다.

이 작품의 핵심적 인물은 도리언이다. 그는 영소설 사상 최초의 남성이되, 그리스의 조각 같은 외모로 여성적인 특질을 보여주는 인물이기도 하다.

그는 남성의 옷을 입고 남성으로 통하지만, 그가 보여주는 행동은 전통적인 여성의 그것에 가깝다. 다시 말해 그는 분명히 남성으로 등장하지만, 기존의 소설에서 여성이 떠맡았던 아름다움의 자리를 담당한다. 그는 존재 자체로 전통적인 남성으로서의 성의 역할을 거부한다. 무엇보다도 그는 기존의 여성인물들에게 주어졌던 미의 영역을 그가 대신 차지한다. 그는 미의 화신이다. 남성의 몸의 아름다움이 작품의 한가운데 있다. 그의 몸의 아름다움은 그리스 이상을 구현한다. 그리고 그가 구현하는 미는 여성이 아닌 다른 두 남성의 시선을 받고 그들의 찬탄을 받는다. 즉, 그는 여성처럼 남성의 애정을 한 몸에 받으며, 그는 곧 이러한 자신의 미가 지닌 힘을 의식한다. 이 소설의 충동은 이러한 동성애적 감정에 자리 잡고 있다. 소설의 앞부분 1장부터 3장은 이러한 작가의 충동이 잘 드러나 있다.

그러나 도리언은 4장부터 아름다운 여성이자 극장 배우인 시빌 베인(Sibyl Vane)과 사랑에 빠진다. 그는 무대 위에서 연기하는 그녀의 모습에서 그녀의 탁월한 재능을 발견하고 그녀를 극찬한다. 그는 그녀와 결혼하고자 한다. 도리언은 이러한 자신의 로맨스를 헨리에게 알려준다. 헨리는 이러한 도리언의 변화를 반기지만 베이질은 근심어린 시선을 보낸다. 시빌은 아주 가난한 집안의 여성으로 소개되고, 그녀의 남동생 제임스(James)는 가난을 극복하기 위해 오스트레일리아로 떠나는 것으로 나온다. 시빌과 제임스는 정식 결혼한 집안에서 태어난 게 아니라 귀족과의 관계에서 태어난 사생아들임이 암시된다. 제임스는 누나가 만나고 있는 남자에 대한 나쁜 소문을 들었다며, 누나에게 조심하라고 일러준다. 그러나 시빌은 자기가 만나고 있는 프린스 차밍(Prince Charming)이 얼마나 멋지고 훌륭한 남자인지를 말해준다. 6장에서 헨리는 여성은 남성을 숭배하지만, 그에 대한 대가로 남성이 자신을 위해 뭘 해주길 바라며, 결국 여성은 남성을 구속하는 존재가 된다고 여성에 대한 비판적 입장을 보여준다. 도리언은 시빌과 곧 결혼할 예정이라며, 헨리와 베이질에게 함께 극장에 가서 그녀의 연기를 감상하자고 제안한다. 세 사람은 극장에 도착하지만, 안타깝게도 그날의 시빌의 연기는 모두를 실망시키기에 충분한 것이었다. 두 사람은 극이 끝나기도 전에 극장을 떠나고, 극이 끝난 후 도리언은 무대 뒤로 가 시빌로부터 왜 그녀가 연기에 집중하지 못했는지를 듣게 된다. 즉, 그녀는 이게 실제 생활에서 사랑에 빠진 여성이 되었으므로 극중에서 굳이 사랑에 빠진 척 연기할 필요를 느끼지 못하게 되어 연기에 집중할 수 없게 되었노라고 해명한다. 이에 도리언은 화를 내며, 그들의 관계가 끝났음을 선언한다. "나는 당신이 천재적이어서 좋아했소, 당신이 천재성과 지성을 지녔고, 위대한 시인들의 꿈을 구현하고, 예술의 그림자에 실체를 부여했기 때문에 좋아했소, 당신은 이 모든 것을 다 내팽개쳤소 당신은 천박하고 어리석소." 그녀는 그를 붙잡지만 도리언은 그녀의 곁을 떠난다. 그날 밤 도리언은 어둠 속을 오래 동안 방황한다. 새벽에 집에 돌아온 도리언은 베이질이 준 자신의 초상화를 들여다보게 된다. 그리고 자신의 그림이 변한 것을 본다. 그는 마치 끔찍한 잘못을 저지르고 난 후 거울을 바라보았을 때처럼 그의 초상화의 입 주변에 잔인함이 있는 것을 발견한다. 그는 그의 초상화가 자기 대신 나이를 먹어주길 바랬던 베이질의 스튜디오에서의 자신의 바람을 기억해낸다. 그는 젊고 잘생긴 자신의 초상화를 바라보면서 실제의 자신은 늙고 추하게 변할 것이지만 화폭 속의 자신의 초상화는 영원히 젊고 잘 생긴 얼굴을 유지하고 있을 것이란 생각에 괴로워한 적이 있었다. 그리하여 그는 실제의 자신의 모습은 영원히 젊고 잘생긴 반면, 화폭 속의 초상화가 대신 늙어주고 추하게 바뀔 수만 있다면 모든 것을 바칠 수 있겠다고 말했었다. 이제 그의 바람처럼 그의 초상화가 늙고 추하게 변하기 시작했다고 그는 생각한다. 초상화는 그의 양심이 되어 이제 그 자신이 죄를 범할 때마다 더욱 추한 모습으로 변할 것이라고 믿는다.

그는 죄의식을 느끼며 당장 시빌에게로 가 용서를 구하고, 그녀와 도덕적인 삶을 살아가겠다고 다짐한다. 그리하여 도리언은 시빌에게 용서를 구하는 편지를 쓴다. 그때 헨리가 방문하여 시빌의 자살 소식을 전한다. 극장에서 독약을 먹고 죽었다는 것이다. 그녀의 죽음이 그와 관계있다고 사람들이 수군거릴 테니 조심하라는 주의를 준다. 아마 그녀와 결혼했어도 그는 불행했을 것이라고 헨리는 그를 위로한다. 그녀는 한 번도 자신의 인생을 산 적이 없기 때문에, 그녀의 죽음 역시 그녀의 진정한 선택이 아니며, 너무 깊이 생각하지 말고 자기와 함께 오페라 구경이나 가자고 그는 제안한다. 도리언은 이를 수락한다.

시빌의 자살 소식을 듣고 베이질이 달려온다. 이미 도리언에 대한 나쁜 소문들이 떠도는 것을 들었던 베이질은 도리언이 아주 다른 사람으로 변했을 것으로 짐작한다. 그러나 도리언은 방문한 베이질에게 여전히 자기는 자기라며, 자기를 전처럼 좋아해 달라고 주문한다. 베이질은 헨리보다 항상 더 나은 인간이었다며, 자신은 변했지만 과거처럼 자신의 좋은 친구가 되어달라고 부탁한다. 베이질은 자기가 전에 준 도리언의 초상화를 보여 달라고 한다. 그 초상화를 파리에서 전시할 계획이 있다고 말한다. 그러나 도리언은 그림이 변했다고 생각해 그것을 보여주길 두려워한다. 도리언은 그 그림이 전시될 경우 자기의 비밀이 온 세상에 알려지게 될 것이라고 믿는다. 도리언은 왜 이미 그렇게 하지 않고 이제 와서 전시할 생각을 하게 되었느냐고 묻는다. 이에 베이질은 과거에는 그 그림에 자신의 비밀이 담겨 있다고 생각해서 전시를 못했는데, 이제 그림이 없어지고 나니 그런 생각이 사라져 전시할 마음을 갖게 되었다고 설명한다. 도리언은 초상화를 보여주지 않는다. 그는 하녀에게 5년간 사용한 적이 없는 낡은 공부방 열쇠를 갖다 달라고 부탁한다. 도리언은 사람들을 시켜 자신의 초상화를 꼭대기에 있는 공부방으로 옮기도록 지시한다. 그러면서 그는 헨리가 읽으라고 준 이상한 책에 더욱 몰입하게 되고 점점 더 악을 사랑하게 된다. 사교계의 사람들에게 그는 미를 대변하는 인물이지만, 그와 관련된 안 좋은 소문들이 꼬리를 문다. 그리하여 그가 거리를 지나갈 때면 사람들이 서로 수군거리며 그에게 손가락질을 한다. 소문을 통해 도리언이 점점 더 나쁜 길로 들어서고 있다고 판단한 베이질은 도리언을 다시 방문한다. 여기서 두 사람 사이의 정면 대결이 있게 된다. 도리언은 자신의 영혼을 보여주겠다며 베이질을 자신의 초상화가 있는 꼭대기 층으로 데리고 가 자신의 그림을 보여준다. 베이질은 그림을 보고 놀란다. 도리언은 베이질에 대한 증오심으로 그를 죽인다. 그리고 과학자 앨런 캠벨(Alan Campbell)을 시켜 과학의 힘을 빌어 베이질의 시체를 없애도록 한다. 그리하여 베이질 살해에 대한 모든 증거를 없앤다. 그 후 캠벨은 자살한다. 도리언은 죄의식에 시달린다. 그러나 그는 점점 더 악의 길로 빠져든다.

마지막 20장에서 도리언은 젊은 시절의 순수했던 자신의 모습을 기억하며 다시 그 시절로 되돌아가고 싶다고 생각한다. 그는 거울 속의 자신의 모습을 바라본다. 그리고 갑자기 혐오감을 느낀다. 그는 거울을 집어던진다. 그는 모든 게 베이질이 준 초상화 탓이라고 생각한다. 그는 베이질을 살해한 것도 바로 그 초상화 때문이었다고 믿는다. 갑자기 도리언은 초상화가 숨겨져 있는 위 층으로 올라간다. 그는 초상화가 좀 덜 혐오스러운 모습으로 변해 있기를 희망한다. 그러나 초상화는 더욱 끔찍한 모습으로 변해 있다. 베이질을 살해할 때 손에 묻은 피가 초상화 속에서 더욱 빛을 내고 있다. 초상화에서 도리언은 위선을 발견한다. 그는 아무래도 자신이 더 나은 사람으로 바뀔 것 같지 않다고 생각한다. 갑자기 그는 지금까지 범한 모든 죄를 고백해 볼까도 생각한다. 그러나 그 생각을 취소한다. 그리고 대신 그의 모든 죄의 증거인 초상화를 없애버려야겠다고 결심한다. 그리하여 도리언은 베이질을 죽였던 똑같은 칼로 초상화를 찢는다. 아래층에서 도리언의 하인들이 이상한 소리에 놀라 겁에 질린다. 마침내 도리언의 하인들이 위층으로 올라간다. 방 안에는 젊고 아름다운 예전의 모습을 되찾은 도리언의 초상화가 심장에 칼을 꽂고 있는 늙고 추한 도리언의 실제 모습 위에 걸려 있다. 그들은 시체의 반지를 보고서야 그가 도리언임을 알게 된다.

문학사적 의의

빅토리아조 후기의 자유주의자 지식인들은 자본주의 결과로 인한 사회적 균열과 대중 민주주의에로의 접근에서 파생되는 모더니티의 제반 문제점을 치유하기 위해서는 17, 18세기 영국을 지탱해온 로마의 공화정주의에 근거한 '남성다움'과 '용사의 이상'(ideal of warriors)으로는 더 이상 불가능함을 인식했다. 이들은 빅토리아조 후기의 문화적 위기를 구원할 새로운 도덕적 대안을 그리스 헬레니즘에서 찾았다. 헬레니즘 사상의 기반이 되는 '에너지'와 '개체성', '다양성', '자발성' 등의 새로운 가치만이 빅토리아조 사회의 정체성과 균일성으로부터 영국사회를 구제할 수 있다고 믿었다(Dowling 4-12). 1860-90년대의 존 애딩턴 사이먼즈(J.A. Symonds), 더글라스, 씨어도어 래티스로(Theodore Wratislaw) 등의 동성애 시들, 사이먼즈의 산문 『그리스 시인 연구』(*Studies of the Greek Poets*, 1873), 월터 페이터(Walter Pater)의 『르네상스』(*The Renaissance: Studies in Art and Poetry*, 1893) 등은 이러한 헬레니즘이 가시화된 지적 산물의 결과였다. 사이먼즈와 페이터는 실제로 동성애자였고, 이들은 동성애가 더 이상 범죄행위인 소도미가 아니라 빅토리아조 사회를 갱신시킬 수 있는 지적인 자아 개발의 한 가지 모드일 수 있음을 강조했다(Dowling 26-31). 1877년 그리스

여행을 다녀온 와일드는 『헬레니즘』(Hellenism)이라는 소책자를 통해 자신의 그리스 문화에 대한 지식을 펼쳤고, 그 문화를 예찬했다. 같은 해 11월, 마해피(J.P Mahaffy) 교수가 쓴 『그리스 사람들의 삶과 사상』(Greek Life and Thought)에 대한 서평에서도 그는 그리스 문화에 대한 학문적 관심을 드러냈다. 그는 학부 시절 사이먼즈, 페이터, 더글라스 등과 함께 옥스퍼드 헬레니즘의 진원지 역할을 했다.

『도리언 그레이의 초상』이 1890년 6월 20일 ≪리핀코트 월간잡지≫ (Lippincott's Monthly Magazine) 7월 호에 처음 발표되었을 때, 그것은 영소설사에 새로운 요소를 도입했다. 리처드 엘만(Richard Ellman)은 다음과 같이 말했다. "이 작품이 [대단한 솜씨의 작품이 아니지만] 지속적으로 매력을 끄는 것은 우리로 하여금 이 작품을 새로운 기준에 의해 평가하도록 가르친다. 소설 쓰는 것이 고통스러운 의무(헨리 제임스의 소설을 그가 그렇게 묘사하듯)가 아닌 기분전환이라도 되는 것처럼 와일드는 이 작품을 우아하면서도 경쾌하게 만들어버렸다. 삶이 가져다 줄 수 있는 것 이상을 삶에서 끌어내려고 하는 이 작품의 기본적인 전설은 깊은 범죄적인 욕망들을 불러일으킨다."(314) 이 작품의 새로움은 동성애라는 전복적인 주제와 관련된다. 이 작품은 남성 간 사랑이라는 동성애의 플롯을 지니며, 동성애를 금기시하는 빅토리아조의 이성애 중심의 이데올로기를 해체함으로써 성의 해방을 목표로 한다.

이 작품에는 동성애 작품임을 암시하기 위한 다양한 장치들이 있다. 무엇보다도 이 작품은 빅토리아조 헬레니즘을 반영한다. 헬레니즘에 대한 암시가 빈번하며 그리스 신화에 대한 언급이 많다. 도리언 그레이의 '도리언'은 그리스 시대에 동성애자들이 모여 살던 스파르타 지역의 이름에서 따온 것이며, 헨리가 바라보는 도리언의 모습이나 베이질이 바라보는 도리언의 모습, 혹은 도리언 자신이 자신을 바라보는 모습에는 모두 그리스 시대와 연관되어 묘사된다. 도리언은 귀족인 어머니의 후손으로 묘사되며, 아버지가 아닌 어머니와 동일시된다. 도리언은 젠더를 횡단한다. 그의 몸의 아름다움이 작품 전체를 지배한다. 이것은 전통적인 소설에서의 여성의 역할을 그가 떠맡는 것이다. 남성 간 사랑의 묘사에 있어서도 이 작품은 『심포지움』(*Symposium*)에서의 소크라테스의 가르침을 반영한다. 베이질과 도리언의 관계는 그리스 시대의 페더래스티(pederasty)의 이상을 재현하며, 두 사람 사이의 영향을 주고받는 관계가 강조된다. 헨리와 도리언의 관계에서도 이것은 마찬가지다. 이러한 빅토리아조 헬레니즘의 반영을 통해 작가가 목표로 하는 바는 몸을 비하하고 동성애를 소도미로 간주하는 당대 중산층의 가치인 프로테스탄티즘의 윤리에 대한 강한 거부이다. 와일드는 이 작품에서 이미 사라져 버린 그리스 시대의 이상을 예찬함으로써 빅토리아조 후기의 제국주의적, 가부장제적, 이성애 중심적, 자본주의적, 민주주의적 가치들에 반발한다.

이 작품은 우선 베이질과 도리언의 사랑 이야기다. 두 사람은 다른 대상으로부터 찾을 수 없는 매력을 각각 상대방에게서 찾는다. 도리언에 대한 베이질의 사랑은 정신적이고 플라토닉한 것으로, 위대한 예술을 창조하게끔 해주는 본성상 "순수하고", "완전하며", "지적"인 것으로 제시된다. 도리언은 그에게 육체와 정신이 완전한 균형을 이룬 "헬레니즘의 이상"이다 (15). 베이질은 그를 통해 사물을 새롭게 느끼고 생각할 줄 알며, 새로운 방식으로 인생을 재창조할 수 있게 된다. 도리언을 통해 예술에 있어서의 완전히 새로운 "방식"과 "스타일의 양식"(14)을 터득한 그는 이제 전통적 방식과 주제로는 표현할 수 없던 감정과 느낌들을 재현하는데 성공한다. 도리언에 대한 베이질의 사랑은 너무 순수한 나머지 도리언에게도 그것이 자신에 대한 진정한 사랑이라고 느끼게끔 해준다. 도리언은 타락의 길로 들어서면서도 베이질의 사랑이 어쩌면 자신을 구제할 수 있을지도 모른다고 생각한다. 베이질의 도리언에 대한 사랑은 유럽의 역사상 존재했던 많은 위대한 예술가들의 사랑과 연결된다.

그러나 베이질에 의한 도리언의 예술적 형상화는 그 자체가 베이질의 동성애적 감정을 예술적으로 승화시키는 과정으로, 이 과정에서 그의 도리언에 대한 관능적 욕망은 미학적 욕망으로 대체된다. 그럼으로써 베이질은 도리언에 대한 자신의 동성애적 감정을 숨긴다. 베이질은 도리언에 대한 자신의 감정의 진정한 의미를 이해하고 두 사람의 관계를 발전시켜 나가려고 하는 대신 자신의 예술을 통해 도리언을 재창조하는 것으로 만족함으로써 그들 자신의 감정을 추상화시킨다. 이런 과정은 도리언을 단순한 예술의 동기부여로 축소시키며, 그를 자신의 예술적 목적에 맞게 이용하는 것이다. 또한 베이질의 도리언에 대한 사랑은 그에게 죄와 공포의 근원이 된다. 베이질은 도리언의 그림을 완성했을 때 그 안에서 자신의 영혼의 "비밀"(127)을 본다. 그것은 바로 "감히 그 이름을 말할 수 없는 사랑"이다. 그 사랑은 사회가 금지하고 있기 때문이다. 따라서 진지한 예술가 베이질은 자신이 창작한 가장 위대한 작품인 도리언 그레이의 초상화를 숨기기로 한다. 그는 그 그림을 전시회에 출품하자는 헨리의 제안을 받아들이지 않는다. 도리언에 대한 사랑은 이처럼 베이질에 의해 한편으로 이상화되면서 다른 한편으로는 죄악시 되고 비밀로 해야만 하는 것이 된다. 이것은 그 자신의 잘못이기도 하지만 그로 하여금 그렇게 할 수밖에 없도록 만드는 동성애를 죄악시하는 빅토리아조 사회의 잘못이기도 하다.

베이질의 딜레마는 와일드 자신의 딜레마이자 당대 동성애 작가들의 딜레마를 말해준다. 와일드도 베이질과 마찬가지로 나이 어린 청년들과의 교제를 통해 예술 작품을 탄생시켰다. 「W.H.씨의 초상」(The Portrait of Mr W.H.)은 로벗 로스(Robert Ross)와의 관계의 결과이며, 『도리언 그레이의 초상』은 그레이(Gray)를 의식해서 썼으며, 더글라스를 만난 이후에는 다섯 편의 극 작품을 발표해 영국에서 최고가는 극작가로서의 명성을 얻었다. 와일드도 동성애자로서의 경험이 자신의 작품들에 반영되는 것이 두려웠을 것이다. 비록 옥스포드 시절에 체화한 그리스 사상과 정신이 그의 몸에 배여 있었다 하더라도 동성애는 영국의 형법에 의하면 엄연한 소도미였다. 그가 로스와 최초의 지속적인 동성애 관계에 들어갔던 1886년은 공교롭게도 "1885년 형사법 개정안"(The Criminal Law Amendment Act) 11조가 효력을 발생하기 시작한 해였다. 1880년대에 이르면 영국에서는 이미 동성애자들이 하위문화 그룹을 형성하면서 자기들끼리 은밀하지만 적극적인 활동을 하고 있었다(Showalter 10). 보수주의자들은 이러한 동성애 그룹의 활약에 대처하기 위해 새로운 법안 제정을 필요로 했다. "1885년 형사법 개정안"이 바로 그 예였다. 이 법안은 헨리 라부세르(Henry Labouchere)가 입안한 것으로 모든 남성 간의 성행위를 범죄행위로 규정해 처벌 대상으로 삼았다. 그 이전에는 상호간의 동의에 따라 사적으로 행한 동성애의 경우 처벌 대상이 되지 않았었다. 이 법의 제정으로 인해 실제 많은 동성애자들이 처벌을 받았다고 한다(Summers 19). 따라서 작가가 작품을 통해서 동성애 주제를 다룬다면 그것은 사회적 법을 어기는 범법행위를 저지르는 것에 다름 아니다. 작가는 동성애 주제를 다루되 이 작품에서의 와일드 자신처럼 조심스럽고 은밀한 방식으로 다루든지, 혹은 베이질처럼 그것을 사람들 앞에 발표하기를 포기해야 한다. 와일드는 삶에서 동성애를 실천했고 그것을 소재로 문학작품들을 발표했지만, 베이질은 그렇게 하기에는 너무 겁이 많은 예술가다. 그는 사회적 금기에 따라 도리언에 대한 자신의 감정을 억압한다. 그는 도리언에 대한 자신의 감정을 발전시키지도 못할 뿐만 아니라, 그의 최고의 예술작품인 도리언 그레이의 초상화를 사람들 앞에 전시하지도 못한다. 그 결과로 그는 자신을 고립시킨다. 도리언은 그를 떠나며 그들의 사랑은 미완인 채 끝난다. 그 결과는 치명적이다. 베이질은 더 이상 탁월한 예술 작품을 창조하지 못하며, 베이질을 떠난 도리언은 도덕적으로 타락한다.

따라서 이 작품에서의 남성 간의 사랑은 비극으로 끝난다. 도리언이 그를 떠난 후 시빌 베인과 결혼하겠다고 암시할 때 베이질은 상실감에 괴로워한다. 베이질과 도리언의 관계가 깨어지는 것은 헨리의 개입 때부터 예견된다. 헨리는 베이질이 캔버스 위의 도리언의 초상화에 마지막 손질을 하고 있는 동안 도리언을 "새로운 욕망의 상징적 질서"(Cohen 807)의 세계로 안내한다. 그는 페이터가 『쾌락주의자 마리우스』(*Marius the Epicurean*, 1885)에서 주장하는 '자아개발'(self-development)의 도덕적 이상을 도리언에게 설파한다. 도리언에 대한 성적 이끌림을 억제했던 베이질과는 대조적으로 헨리는 무제한적인 자기개발의 철학을 통해 동성애자들로 하여금 사회와 종교가 가하는 구속력에 맞서 그들 자신의 진정한 자아를 실현시킬 것을 독려하는 것이다. 그는 도리언에게 "인생의 목표는 자아개발이다"(23)라고 분명한 논조로 말한다. 헨리의 '자아개발'에 대한 강조는 빅토리아조 사회의 근간이 되고 있는 중세주의와 그리스 헬레니즘의 이상을 대조시키며, 육체와 영혼의 완전한 조화를 상징하는 그리스 시대로의 회귀를 갈망한다. 그가 공격의 대상으로 삼는 "끔찍한 법"은 우리들로부터 충만한 삶을 방해하는 "1885년 형사법 개정안"을 염두에 둔 것이다.

헨리와 도리언의 관계 역시 남성 간의 사랑의 주제를 반복한다. 헨리는 "그리스 조각" 같은 도리언의 아름다움에 반한다(42). 도리언 역시 헨리에게서 관능적인 매력을 발견한다. "그의 낭만적인 올리브 색깔의 얼굴과 지친 표정은 그의 관심을 끌었다. 그의 낮고 느린 목소리는 아주 매력적이었는데, 거기에는 무언가가 있었다. 차갑고, 희고, 꽃 같은 두 손조차도 묘한 매력을 지니고 있었다"(26). 헨리는 이제 도리언을 자신의 의도대로 만들고자 하는 작업을 자신의 인생의 주요 목표로 삼는다. 헨리의 이러한 목표는 베이질의 헬레니즘의 이상과 유사하게 그를 통해 몸과 영혼의 균형을 창조하고자 함이다. 그리하여 이 작품의 최고의 탐미주의자인 헨리는 도리언에게 감각의 중요성을 일깨운다. "감각만이 영혼을 치유할 수 있어. 마치 영혼만이 감각을 치유할 수 있는 것과 마찬가지지"(25). "항상 새로운 감각을 찾아 나서라. 아무 것도 두려워하지 마…. 새로운 쾌락주의 … 넌 그 상징이 될 수 있을 거야"(28). 헨리가 도리언을 가르치는 과정은 베이질이 도리언의 이미지를 자신의 화폭 안에 담는 예술적 과정과 유사하다. 베이질이 도리언에 대한 사랑을 통해 그것을 예술적으로 승화시켜 예술적 작품을 창조하는 것처럼 그도 역시 도리언에 대한 사랑으로부터 도리언을 자신의 철학에 맞춰 재창조하고자 하는 자신의 목표에 전념한다. 그는 자신의 철학적 의도대로 도리언을 새로운 인물로 재창조함으로써 자신이 삶에서 직접 체험하지 못하는 감각과 감정을 그를 통해 간접적으로 경험하고자 한다. 이것 역시 도리언을 자신의 목적에 이용하는 것이다. 베이질과 헨리는 여러 면에서 대조적인 인물이지만, 도리언을 자신들의 심미적, 정신적 만족을 위해 각각 변형시키고 재창조한다는 점에서 예술가적인 공통점을 지닌다. 이것은 그들의 본질적인 수동성에 대한 심리적 보상일 수 있다(Summers 48). 베이질과 헨리는 아는 것을 행동할 수 없는 파편화된 인간들이다. 그들의 몸은 도리언을 원하지만 그들의 영혼은 이를 단죄한다. 베이질과 헨리, 도리언은 모두 육체와 영혼이 분리된 우리 시대의 우리들의 자화상이다. 이 작품은 몸과 영혼, 주체와 대상 사이의 조화로운 결합에 대한 갈망으로 가득 찬 소설이다.

헨리는 문화 비평가로서의 와일드를 대변한다. 그는 무엇보다도 게으르고, 태만하며, 방탕하며, 퇴폐적인 귀족으로 등장한다. 그는 빅토리아조에 찬미되던 근면, 생산성, 공리주의, 합리성 등 남성다움에 근거한 빅토리아조의 중산층적 가치와는 무관한 인물이다. 부자들의 자선 사업을 비웃고,

결혼과 가족의 의미를 외면하고, 예술의 도덕성을 거부하는 등 그는 빅토리아조의 부르주와적 가치에 도전하기 위해 탄생된 전형적인 탐미주의자의 철학을 보여준다. 와일드의 다른 작품과는 달리 『도리언 그레이의 초상』이 그렇게 많은 비난을 받은 이유는 이 작품이 동성애를 다루고 있어서가 아니라 이 작품에 중산층의 자리가 부재하고 있기 때문이었다는 레제니아 개너(Regenia Gaigner)의 지적은 설득력이 있다. 그의 지적대로 이 작품에는 귀족과 하층민만 등장할 뿐 중산층은 등장하지 않는다. 중산층적 가치는 무너뜨려야 할 전복의 대상이 되기 때문이다(4-8).

   소설의 전개는 4장부터 갑자기 시빌이라는 이질적인 요소가 등장하면서 도리언을 중심으로 한 베이질과 헨리 사이의 동성애적 삼각관계가 아무런 설명 없이 배경으로 밀려난다. 대신 도리언의 시빌과의 이성애적 관계가 전면에서 탐구된다. 이것이 8장까지 간다. 헨리의 영향으로 자신의 숨겨진 동성애적 성향에 눈뜬 도리언이 자신의 파트너로 여성 시빌을 선택한 것은 아이러니다. 이것은 지금까지 너무 명백하게 동성애 주제를 다루어온 와일드로선 그 주제를 희석화 시키기 위해 필요한 불가피한 선택이다. 따라서 소설의 감정 구조상 베이질과 헨리 사이에서 일종의 여성역할을 담당했던 양성애적인 도리언이 여성 시빌과 사랑에 빠지고 그 사랑이 곧장 파국으로 끝남은 당연한 귀결로 볼 수 있다. 시빌의 자살 이후 도리언은 타락의 나락으로 떨어지는데, 그는 이제 마약, 범죄, 성적 타락 등 빅토리아조의 온갖 지하세계로의 경험을 계속한다. 그가 저지르는 범죄가 구체적으로 무엇인지 불분명하게 처리되고 있는 것은 사실이지만, 그가 귀족 청년들과 저지르는 범죄행위는 동성애임이 강하게 암시된다. 소문을 듣고 달려온 베이질은 도리언에게 다음과 같이 묻는다. "왜 어린 청년들과 맺는 너의 우정은 치명적인 결과를 낳는 거냐. 근위병 중에 자살한 불쌍한 친구가 있잖아. 그 친군 네 친한 친구였고 오명을 남기고 영국을 떠나야만 했던 헨리 애쉬톤(Sir Henry Ashton)도 있잖아. 개랑 너랑 딱 붙어 다녔잖아. 무서운 최후를 맞은 애드리언 싱글턴(Adrian Singleton)은 또 어떻고"(165-66). 이런 경우 도리언은 야수적인 차원의 인물로 묘사되며, 그가 범하는 동성애는 소도미로 처리된다. 와일드는 도리언이 짓는 이러한 죄들을 통해 동성애를 소도미로 간주하는 당대의 모럴에 동참한다. 도리언 역시 베이질이 그려준 자신의 초상화에서 자신이 짓는 죄의 성격을 본다. 베이질과 마찬가지로 그도 자신의 초상화를 다른 사람들이 볼까 봐 그것을 벽장에 숨긴다. "비밀"이란 단어는 이 작품에 수없이 등장한다. 이 당시의 동성애자들은 그들의 행위를 반드시 숨겨야만 한다.

도리언이 범하는 범죄행위를 소도미로 처리함으로써 앞장에서 공감을 갖고 묘사되던 동성애는 이제 흔적 없이 자취를 감춘다. 여전히 아름다운 도리언의 미는 이제 어떤 개인을 통해 흠모되는 게 아니라 불분명한 집단에 의해 흠모되고 점점 그 숭배자 수는 늘어난다. 즉, 그의 아름다움은 베이질이나 헨리 같은 어떤 개인을 통해 흠모되는 것이 아니라 대상이 분산되어 집단화된다. 그리하여 전에 그를 흠모하던 숭배자들은 이 집단 속으로 함몰된다. 도리언을 흠모하는 자들이 이제 삼인칭 복수의 형태로 나타나 도리언이 구현하는 에로스의 대상은 단체가 된다(Nunokawa 189). 이러한 소설 전략은 앞장에서 거의 분명하게 전개되던 동성애 주제를 희석시키고 관습적인 모럴에 동참하고자 하는 작가의 봉쇄전략의 일환이다.

▶▶ 더 읽을거리

Cohen, Ed. "Writing Gone Wilde: Homoerotic Desire in the Closet of Representation." *PMLA* 102:5 (October 1987): 801-13.

Dowling, Linda. *Hellenism and Homosexuality in Victorian Oxford*. Ithaca and London: Cornell UP, 1994.

Ellmann, Richard. *Oscar Wilde*. New York: Vintage Books, 1988.

Gaigner, Regenia. *Idylls of the Marketplace*. Stanford, California: Stanford UP, 1986.

Nunokawa, Jeffrey. "The Disappearance of the Homosexual in *The Picture of Dorian Gray*." Eds. George E. Haggerty and Bonnie Zimmerman. *Professions of Desire*. New York: MLA, 1995.

Pater, Walter. *The Renaissance: Studies in Art and Poetry*. Ed. Donald L. Hill. Berkeley: U of California P, 1980.

Plato. *Symposium*. Trans. Alexander Nehamas & Paul Woodruff. Indianapolis & Cambridge: Hackett Publishing Company, 1989.

Showalter, Elaine. *Sexual Anarchy*. London: Bloomsbury, 1991.

Summers, Claude J. *Gay Fictions: Wilde to Stonewall*. New York: Continuum, 1990.

Wilde, Oscar. *De Profundis and Other Writings*. Intro. Hesketh Pearson. Harmondsworth: Penguin Books, 1954.

_____. *Hellenism*. Edinburgh: The Tragara P, 1979.

_____. *The Picture of Dorian Gray*. London: Penguin Books, 1949.

_____. "Portrait of Mr. W.H." Ed. Richard Ellmann. *The Artist as Critic*. London: Butler & Tanner, 1970.

┃이 순 구 (평택대학교)

토마스 하디
Thomas Hardy

작가 소개

　토마스 하디는 1840년 영국 남서부 도오셋(Dorset) 지방의 작은 마을 하이어 보캠튼(Highr Bockhampton)에서 태어났다. 하디 집안은 4대째 석공 일을 하였고 그의 아버지는 석공으로 출발해 건축업자로 자수성가한 인물이었기에 그 사회적 위치는 장인 계급에 속한다. 하디는 '점잖은'(genteel) 계층에 속하지 못한 그의 출신 배경에 대한 자의식으로 열등감을 느끼고 있었다. 이는 석공이라는 이유로 대학 진학을 거부당한 주드(Jude)라는 인물의 형상화에 영향을 미쳤다.

　고전 작품을 탐독할 정도로 독서를 즐겼던 하디는 경제적인 형편 때문에 대학 진학은 못하고 16세 때인 1856년에 도오셋의 중심 도시 도체스터(Dorchester)로 가서 건축가인 존 힉스(John Hicks)의 도제가 되었다. 이즈음 만난 호레이스 모울(Horace Moule)은 옥스퍼드와 케임브리지 대학을 다닌 지식인으로서 하디에게 사상적으로 큰 영향을 미쳤다.

　23세 때인 1862년에 힉스 건축사무소에서의 견습을 마치고 런던에 간

하디는 당시에 중세 고딕양식을 부활시킨 젊은 건축사 아써 블룸필드(Arthur Bloomfield) 밑에서 일하며 교회 재건 사업에 참여하게 된다. 점차 전통적 종교를 포기하게 된 그는 25세가 되던 해 목사가 되기 위해 진학하려 했던 대학에의 꿈을 버리게 된다. 대신 퍼시 셸리(Percy Shelley), 로버트 브라우닝(Robert Browning), 특히 이교도적 감수성을 지닌 앨저넌 스윈번(Algernon C. Swinburne)의 시를 즐겨 읽으며 1865년경부터는 본격적으로 시를 쓰기 시작했다.

한편 하디는 시를 통해서는 생계를 이어나가기가 어렵다는 생각에 소설을 쓰기로 마음먹고 1868년 그의 첫 소설인 『가난한 남자와 귀부인』(*The Poor Man and the Lady*)의 초고를 완성한다. 이 작품은 이야기의 구성이 느슨하고 상류 계층이 지나치게 부정적으로 묘사되었다는 이유로 <맥밀란>(Macmillan) 출판사에 의해 출판을 거절당한다. 하디의 작품으로 첫 출판된 소설은 1870년 완성한 두 번째 소설 『무모한 구제책』(*Desperate Remedies*)인데, 이 책은 당시에 일반화된 연재 형식으로 출판되었다.

1870년 하디는 교회 보수를 감독하러 콘웰(Cornwall)에 갔다가 교회 신부의 처제이자 변호사의 딸인 엠마 기포드(Emma Gifford)를 만난다. 그는 활발한 성격의 문학 소녀인 엠마에게 끌리게 된다. 1872년 『푸른 숲 아래에서』(*Under the Greenwood Tree*)의 성공에 이어 1874년 <광란의 무리를 멀리 떠나>(Far From the Madding Crowd)가 ≪콘힐≫(Cornhill) 지에 매달 성공리에 연재되는 가운데, 경제적으로 안정된 하디는 그해 엠마와 결혼한다.

엠마와의 결혼 생활은 행복하지 못했다. 엠마가 사회적 지위가 상대적으로 낮은 하디 집안을 얕본 데다 둘 사이에 아이가 없었기 때문이다. 후에 정신착란 증세를 보인 엠마는 『무명의 주드』를 자기 자신에 대한 공격으로 받아들이고 이 책이 출판되지 못하도록 애쓰기도 했다. 하디가 『무명의 주드』에서 이혼을 쉽게 허용하지 않는 당대의 경직된 이혼법을 포함해서 결혼 제도를 비판한 것은 그 자신의 순조롭지 못했던 결혼 생활의 경험에서 비롯된 것으로 보인다.

1912년 엠마의 죽음 후 회한의 감정에 사로잡힌 하디는 엠마와의 행복했던 시절을 회상하며 일련의 만가(elegy) 조의 시를 쓰게 되는데 이는 이후 영시 사상 가장 뛰어나다는 평을 받았다.

1914년 74세의 하디는 맥스 게이트에서 자신의 비서로 일하던 플로렌스 에밀리 덕데일(Florence Emily Dugdale)과 재혼한다. 그녀는 하디의 문학적 명성을 자랑스러워하며 그에게 안정감을 주고자 노력했다. 하디는 1910년 국왕으로부터 황실 훈장(Order of Merit)을, 1913년과 1920년에는 각각 케임브리지와 옥스퍼드 대학에서 명예 박사학위를 수여 받았다. 1925년에는 후에 에드워드 8세가 된 황태자의 예방을 받는 등 그는 영국 문단의 원로로서 대우받았다. 노년에 들어서도 시를 집필하고 개정하는 작업을 계속하던 하디는 1928년 88세의 나이로 사망하였다.

무명의 주드
Jude the Obscure

작품 줄거리

　가난한 고아인 주드는 메리그린(Marygreen)에서 빵 굽는 일을 하는 대고모 집에서 얹혀 살면서 새 쫓는 일로 밥벌이를 하는 등 비참하게 살아간다. 하지만 그는 스승인 필롯슨(Phillotson)이 성직자가 되려는 꿈을 안고 떠난 대학도시 크라이스트민스터(Christminster)를 동경하며 독학으로 라틴어와 그리스어를 익힌다. 크라이스트민스터를 천상의 도시로 이상화하는 주드에게 그곳은 "빛의 도시"며 "지식의 나무"가 자라는 곳이자 "학문과 종교로 무장한 성"이다.

　견습 석공으로 건축 일을 배우기 시작할 무렵 길가에서 그를 향해 돼지 생식기를 던진 양돈업자의 딸 아라벨라(Arabella)를 만난 주드는 관능적인 그녀에게 유혹되어 육체관계를 맺는다. 주드는 대학 교육에의 꿈을 이루기 위해 아라벨라와 헤어지기로 마음먹지만 아라벨라는 임신했다면서 그의 명예를 들먹이는 등 인습에 의거한 압박을 가한다. 책임감을 느낀 주드는 그녀와 결혼하지만 결혼 후 그녀의 가식적이고 순진하지 못한 면 즉 가발을 사용하고 있고 이전에 술집 종업원으로 일했다는 사실을 발견하고는 크게 실망한다. 임신했다는 사실조차도 거짓이었음을 알게 된데다 그의

토마스 하디(Thomas Hardy) ••• 185

책을 집어던지는 아라벨라의 행위를 본 주드는 본질적으로 서로 어울리지 않은 그들의 결혼 생활이 파국에 이르렀음을 깨닫는다. 주드는 위로받으려고 드루실라(Drusilla) 대고모를 찾아갔다가 자기 집안의 불행한 결혼 내력을 듣게 된다. 돌아오던 길에 그는 물에 빠져 죽으려고 얼어있는 연못으로 걸어 들어가지만 실패한다. 아라벨라가 호주로 이민가기로 했다는 편지 한 통만 남긴 채 주드를 떠나자 자유로워진 주드는 크라이스트민스터를 향한 열망을 키운다.

결혼 생활이 파탄에 이른지 3년 후 주드는 마침내 꿈에 그리던 크라이스트민스터에 가게 된다. 그곳에 도착한 첫날 밤 그는 죽은 학자나 철학가들의 유령과 대화하면서 그 거리를 배회한다. 이튿날 아침 전날 밤과는 다른 현실적인 눈으로 이 도시의 모든 것을 보게 된 주드는 생계를 위하여 석공으로 일할 자리를 구한다.

대고모의 편지로부터 단서를 잡아 사촌인 수 브라이드헤드(Sue Bridehead)를 찾아내지만 석공 일을 하는 자신의 초라한 모습을 드러내기 싫어 그녀에게 아는 척을 하지 않는다. 주드는 결국 순교자들을 처형한 십자가 근처에서 수와 첫 만남을 갖게 된다. 주드는 그녀에게 애정을 느끼지만 기혼자라는 처지 때문에 사랑을 고백하지 못한다. 주드는 마침 그때 크라이스트민스터를 떠나려 하는 수를 곁에 두고 싶은 마음에, 학자가 되려는 꿈을 이루지 못하고 초급학교 선생으로 있는 필롯슨의 보조교사로 일할 수 있게 주선한다. 이후 주드는 우연히 수와 필롯슨의 친밀한 관계를 목격하게 된다. 병석에 드러눕게 된 대고모 문안을 갔다가 주드는 수의 어린 시절 얘기를 듣게 된다.

주드는 대학 진학을 위해 대학 학장에게 편지를 보내지만 석공으로서의 직분을 지키는 것이 훨씬 나을 거라는 입학 거부 답장을 받는다. 주드는 자신이 하류계층인 석공에 불과하다는 사실을 새삼 깨닫고 크게 낙담한다.

울적한 기분에 들른 술집에서 주드는 주위 사람들의 부추김에 사도신경을 라틴어로 외운다. 제정신이 돌아온 주드는 성스러운 이야기를 점잖지 못한 곳에서 지껄이고, 경건한 마음으로 해야 될 소리를 아무렇게나 떠들어댄 자신과 그 상황에 역겨움을 느끼고 술집을 나와 수의 집을 찾아간다. 다음날 아침 크라이스트민스터의 하숙집으로 돌아온 주드는 직장으로부터 해고 통지서가 와 있는 것을 발견하고 짐을 싸서 메리그린의 대고모집으로 간다. 그곳에서 주드는 보좌신부를 만나 면허 설교자로서의 일에 대해 듣는다.

멜체스터(Melchester) 교원양성학교에 와 있다는 수의 편지를 받고 찾아간 주드는 그녀에게서 교원양성학교를 졸업하고 자격증을 따면 필롯슨과 결혼하기로 했다는 말을 듣고 충격을 받는다. 그는 교회를 개축하는 일로 생계를 꾸리면서 신학 공부에 열중한다. 어느 날 두 사람은 야외로 나갔다가 기차를 놓치는 바람에 양치기 오두막집에서 하룻밤을 묵게 되는데 이 사건으로 수는 학교 당국으로부터 독방에 감금되는 벌을 받는다. 수는 주드와의 외박을 이유로 부당하게 징계하는 학교 당국에 항의하는 뜻으로 학교를 도망쳐 나와 주드를 찾아온다. 수는 주드에게 그녀와의 성 관계를 원했지만 응하지 않자 죽게 되었다는 크라이스트민스터 학부생에 대해 얘기한다. 이 말을 들은 주드는 자신의 처지가 떠올라 우울해진다. 수는 주드와 외박을 한 이상 그와 결혼해야만 학교로 돌아올 수 있다는 통보를 받는다. 이 상황에서 자신이 기혼자라는 주드의 고백을 들은 수는 크게 상심한데다 질투심이 일어 필롯슨과 결혼해버린다.

결혼식 날 신부 수를 신랑 필롯슨에게 인도하는 역할을 하면서 주드는 이 일을 맡은 것을 후회한다. 수가 고의적으로 그녀 자신과 그의 마음을 아프게 하기 위해서 이런 부탁을 한 것은 아닌지 의구심을 품기도 한다. 결혼식 후 수는 눈물어린 눈으로 주드를 쳐다보며 무엇인가를 맹세하려는 듯이 입술을 열다가 그냥 떠난다.

일자리를 제안받고 크라이스트민스터에 간 주드는 그곳 술집에서 종업원으로 일하고 있는 아라벨라를 만나 깜짝 놀란다. 주드는 드루실라 대고모의 병문안을 하러 온 수를 마중나가기로 한 약속을 저버리고 아라벨라와 올드브릭험(Oldbrickham)의 한 여관에서 하룻밤을 보낸다. 그는 그녀가 호주에서 결혼했다는 사실을 알고는 그날 밤의 일을 크게 후회한다. 아라벨라는 새 남편을 돕기 위해 런던으로 간다는 편지를 남기고 떠난다.

주드를 만난 수는 약속을 지키지 못한 그를 책망한다. 함께 대고모의 병문안을 가는 중에 주드는 행복하다는 수의 말에도 불구하고 그녀의 얼굴 표정과 목소리에서 결혼 생활이 불행하다는 사실을 감지한다. 결혼을 하면 후회를 하게 되는 집안 내력을 언급하며 왜 결혼을 했느냐는 대고모의 다그침을 들은 후 수는 결국 주드에게 필롯슨과 결혼하지 말았어야 했음을 고백한다.

멜체스터로 돌아온 주드는 성직자가 되기 위해 열심히 공부하면서도 수에 대한 열정 때문에 고민한다. 새스턴(Shaston)으로 수를 찾아온 주드는 그녀에게 남자를 가지고 노는 바람기가 있다고 비난한다. 수는 다른 사람에게서 사랑을 받고 싶은 여인의 마음은 채울 수 없다며 자신을 이해해주지 못하는 주드를 책망한다. 창밖의 주드를 내다보며 수는 자신은 겉으로는 필롯슨 부인으로서 평온한 삶을 살고 있는 것처럼 보이지만 실제로는 혼자 내던져져 기이한 열정에 시달리는 외로운 여자라고 고백한다.

대고모의 장례식 때 수는 마침내 필롯슨에게 신체적으로 혐오감을 느끼고 있으며 결혼 생활이 행복하지 못하다는 속사정을 터놓게 된다. 수는 결혼이 자신의 의사와는 무관하게 남편이 원할 때 반응해야 하는 등 성적 자발성을 박탈하는 물질적인 계약에 불과하다는 견해를 밝힌다.

다음 날 아침 작별하기 전 두 사람은 극적으로 열정적인 키스를 하고 이 키스는 주드의 일생에 대전환을 가져온다. 그날 저녁 주드는 성적인 사랑을 죄악시하는 종교의 길은 천성적으로 자신에게 맞지 않고 수에 대한 열정을 간직한 이상 법을 지키는 종교적 교사가 된다는 것은 사기이며 위선이라고 생각하면서 신학 책을 불태워버리고 성직 준비를 포기하는 결단을 내린다.

한편 수는 필롯슨에게 불행한 결혼 생활을 끝내고 주드와 함께 그녀가 원하는 방식대로 살고 싶다는 고백을 한다. 수는 남편 필롯슨의 접근을 피하기 위해서 찬장에 숨고 창문에서 뛰어내리는 행동을 한다. 충격을 받은 필롯슨은 수를 떠나보내지 말라는 친구 길링엄(Gillingham)의 충고에도 불구하고 아내 수가 주드와 함께 살 수 있도록 자유를 준다. 필롯슨과 헤어진 후 주드를 만나 올드브릭험으로 간 수는 주드에게 육체관계를 허락하지 않는다. 학교 이사회는 아내를 연인에게 떠나보낸 필롯슨에게 사표를 제출하도록 종용한다. 길링엄의 충고에도 불구하고 사표 제출을 거부한 그는 정식 해고 통지서를 받게 된다.

각자 필롯슨과 아라벨라로부터 이혼한 후라서 합법적으로 결혼할 여건을 갖추게 되었음에도 수는 주드와 연인처럼 지내자면서 결혼하지 않겠다고 고집을 피우고 이를 굽히지 않는다. 아라벨라가 찾아오자 주드를 빼앗길 것이 두려워진 수는 그에게 결혼을 약속하고 성관계를 허용한다. 호주에서 만난 카틀렛(Cartlett)으로부터 결혼하자는 편지를 받은 아라벨라는 찾아온 수에게 주드와 가능하면 빨리 결혼을 마무리 지으라고 충고한다. 그 말을 들은 수는 법적 결혼을 저속한 제도라고 생각하게 된다. 그러나 아라벨라가 주드의 아들이라며 보낸 파더 타임(Father Time)을 본 수는 동정심이 생겨 그 아이를 위해 법적 결혼을 하기로 마음을 바꾼다. 혼인 등기소의 숨 막히는 절차와 천박한 분위기에 질린 수는 차라리 교회에서 결혼하겠다고 주장하지만 교회에 가서도 그들은 법적인 결혼을 마무리 짓지 못한다.

갑작스러운 파더 타임의 등장 후 주변 사람들이 수근덕 거리기 시작하자 수와 주드는 며칠간 어디론가 떠났다가 돌아와 그들이 법적으로 결혼했음을 간접적으로 알리지만 사람들의 반응은 더 싸늘해진다. 시골 교회의 십계명을 새기고 보수하던 작업을 하던 중 청소부가 그를 알아보는 바람에 주드는 해고되고 그들은 이곳을 떠나기 위해 가재도구를 경매에 붙인다. 병고에 시달리는 주드의 희망에 따라 크라이스트민스터에 돌아온 주드와 수는 거처 마련에 어려움을 겪게 되고 합법적으로 결혼한 사이가 아니라는 사실을 수가 밝혀버리는 바람에 어렵게 얻은 숙소에서조차도 쫓겨날 상황에 처한다. 절망감에 빠진 수는 파더 타임에게 삶이란 고통이자 역경이며 아이의 출생은 부모의 희망과는 전혀 무관한 자연법칙에 따른 것이라는 말을 내뱉는다. 이 말을 들은 파더 타임은 주드와 수 사이에서 태어난 아이들을 목매달아 죽인 후 목숨을 끊는다. 극도로 비통한 상태에 빠져 신경과민 증세까지 보이던 수는 장례식 후 아이를 사산한다.

율법에 어긋난 주드와의 관계 때문에 벌을 받았다고 생각하게 된 수는 아라벨라의 방문에 더욱 자극받아 자신의 남편은 필롯슨이고 아라벨라의 아이가 자신의 아이들을 죽인 것은 의로운 자가 불의에게 가한 신의 심판이라고 말한다. 아라벨라에게서 수가 주드와 별거중이며 하느님과 교회의 관점에서는 아직도 필롯슨의 아내라고 말한다는 소식을 전해들은 필롯슨은 수에게 자기와 합치는 것이 좋겠다는 편지를 보낸다.

수는 신이 합법적인 남편을 저버린 자신에게 징벌을 내렸다면서 회개하기 위해 필롯슨에게 돌아간다. 수가 다시 정식으로 필롯슨과 결혼했다는 소식을 듣고 절망감에 사로잡힌 주드는 아라벨라의 부추김 속에 술에 절어 지내다가 취중에 그녀와 다시 결혼하겠다는 약속을 한다. 결혼 후에도 수를 잊지 못한 주드는 건강이 악화되어 거의 죽어가는 몸을 이끌고 쏟아지는 폭우 속에 그녀를 찾아 나선다. 비통하게 비난하는 주드의 말에 자극 받아 수는 열정적으로 키스하고 남편과 잠자리를 함께 하고 있지 않다는 사실을 인정한다. 하지만 주드에게 돌아갈 수는 없다며 교회로 뛰어 들어간 수는 주드의 기침 소리를 듣지 않으려 귀를 막아버린다. 매정하게 주드를 떠나보낸 수는 에들린(Edlin) 부인에게 아직도 주드를 사랑하고 있음을 고백하며 그를 향한 육체적 욕망을 억누르기 위해 그날 밤 필롯슨에게 성 관계를 허용한다. 이 사실을 전해 듣고 자포자기 상태가 된 주드는 아라벨라가 돌팔이 의사인 빌버트(Vilbert)를 새 남편으로 점찍고 축제를 구경하러 나간 사이에 욥기의 구절들을 읊으며 쓸쓸히 죽음을 맞는다. 장례식 후 아라벨라는 에들린 부인에게 수가 죽음 전까지는 절대 평화를 찾을 수 없을 것임을 예견한다.

문학사적 의의

하디는 빅토리아 여왕 시대가 막을 연 1837년으로부터 3년 후인 1840년에 태어났다. 1840년을 전후한 시대를 살펴보면 1832년 제 1차 선거법 개정을 둘러싸고 사회적, 정치적 혼란이 야기되었고 이에 따라 여러 개혁적인 법이 입안되었다. 가령 1833년 '공장법'으로 노동자의 작업 조건이 개선되었고 1834년 '빈민법'의 통과로 빈민가의 위생 상태가 개선되었으며 1835년 '지방자치법'으로 중소도시의 치안과 생활환경이 좋아졌다. 1830년대와 1840년대에 걸친 개혁의 여파로 영국 사회는 농업사회에서 산업사회로, 귀족 사회에서 상공인들의 사회로 대전환을 이룩하게 되었다. 하지만 개선되지 못한 열악한 노동 조건에 시달리던 노동계층은 경제 불황이 극심해지고 식량 가격이 치솟자 투쟁에 나섰다. 이는 1838년에 시작된

'차티스트 운동'(Chartist Movement)으로 절정에 이르는데, 1848년 이 운동은 실패로 끝난다. 격변기를 넘긴 영국은 1851년 런던의 하이드 파크(Hyde Park)에 수정궁이라는 거대한 유리 건물을 지어 세계 최초의 대박람회를 개최한 이래 빅토리아 여왕의 등극 50주년을 기념하는 1887년까지 안정과 번영을 구가한다.

    1830년대와 1840년대의 중요한 사회적 배경은 '옥스퍼드 운동'(Oxford Movement)이다. 이 운동은 존 헨리 뉴먼(John Henry Newman) 추기경을 중심으로 일어났는데 영국 국교회 내의 지나친 복음주의적 프로테스탄티즘에 반대하고 초기 기독교의 정신을 되살리기 위해 가톨릭 신앙으로의 복귀를 주창하였다. 이 운동의 주도자들은 고교회파(High Church)를 옹호하는 일련의 소논문(tract)을 발표함으로써 일반 대중에게 호소하는 전략을 구사했기 때문에 이 운동은 '트랙태리어니즘'(Tractarianism)이라고도 불린다. 이는 뉴먼이 1845년 로마 가톨릭으로 개종하면서 절정에 이른다. 하디는 의식과 형식을 중요시하는 고교회파의 관행이 비종교적일 뿐 아니라 인간의 자연스런 본능을 억제하는 면이 있음을 비판한다. 고교회의 외적 장식에 대한 강조가 곧 개인의 주체적 의지의 포기와 형식에의 절대적인 순종의 요구로 이어진다는 것이 하디의 생각이다. 『무명의 주드』에서 하디는 교회에서 행한 필롯슨과의 첫 결혼만이 신성하다고 강변하면서 자기학대적인 금욕과 인습적인 결혼에 자신을 종속시키는 수의 변화를 고교회파의 관행 및 이론과 연관시켜 암묵적으로 비판한다.

    종교와 함께 막강한 사회적 영향을 미친 것은 과학의 발달이었다. 하디가 19세 되던 1859년 찰스 다윈(Charles Darwin)은 『종의 기원』(*On the Origin of Species*)을 통해 성서적 창조설을 부정하는 진화론을 발표했다. 『종의 기원』은 인간이 우연한 진화의 산물임을 보여줌으로써 전통적인 신앙을 형식적이나마 받아들이고 교회의 권위에 복종하던 당대 사회에 큰 충격을 던져 주었다. 이로 인해 그 이전까지 유지되어 온 빅토리아조의 질서와 안정감은 혼돈과 불확실성으로 바뀌게 되었다. 당시 청년기에 접어든 하디 또한 깊은 영향을 받아 기독교와 그에 따른 관습을 객관적으로 조망하고 그것에 회의와 의문을 품게 된다. 1860년대 이후의 작품 속에서 기독교 사회적 관습과 가치관에 대한 문제의식이 나타나고 있는 것은 이 때문이다.

사회 관습에 대한 하디의 회의는 기독교 사회적 문명과 인습에 대한 당대 지성인들의 비판의 영향을 받아 더 심화된 것으로 보인다. 하디의 작품을 자세히 살펴보면 하디는 그들 진보적 지식인 중에서도 존 스튜어트 밀(John Stuart Mill)과 매슈 아놀드(Matthew Arnold)의 영향을 가장 크게 받았음을 알 수 있다. 가령 『무명의 주드』에서는 여주인공 수가 밀의 「자유론」(On Liberty, 1859)의 내용을 인용하고 인습의 압력으로부터 자유로운 상태에서 자기가 선택한 대로 살아갈 것을 선언하는 장면이 나온다. 문명을 비판한 「교양과 무질서」(Culture and Anarchy, 1869)에서 아놀드는 노동 계급의 무질서한 폭동과 자유경제 체제 하에서 자행되는 중산계층의 이기적인 노동자 착취, 청교도 중산계층의 편협성과 속물성을 비판한다. 그릇된 자유의 관념에서 비롯된 무질서를 구제할 수 있는 방법은 인간성의 조화로운 완성을 지향하는 교양이라고 그는 주장한다. 아놀드에게 있어서 그것은 인습화된 기독교의 억제를 통해서보다는 자발적이고 능동적인 의식과 사물의 객관적인 관찰을 존중하는 헬레니즘적 정신을 강조하는 자기실현의 성취, 즉 인간의 잠재력을 최대한으로 조화롭게 발전시켜 하나의 인간으로 완성되는 일이었다. 『무명의 주드』에서도 기독교 문명사회가 비판되고 기독교 이전의 이교도 즉 옛 그리스인들의 '헬레니즘적 삶'이 보다 바람직한 삶의 방식으로 옹호되고 있다.

하디가 그의 주요 작품 대부분을 썼던 1880년대에는 빅토리아조의 시대적 이념이던 진보와 팽창의 이데올로기가 서서히 쇠퇴하던 시대였다. 빅토리아조 중엽의 희망과 확신의 분위기는 세기말에 환멸로 바뀌었는데 이러한 시대정신이 하디의 작품들에서 드러난다. 19세기 말엽에는 산업혁명 이후 산업화의 진전으로 인한 인구의 계속적인 이동으로 농촌 공동체의 삶과 그 전통이 붕괴되어가고 일자리를 찾아 이주한 노동자들은 이리저리 옮겨 다니며 뿌리 뽑힌 삶을 살아간다. 이들의 교통수단은 기차여서 기차역이 성당을 대신하여 현대적 삶의 중심이 되었다. 이러한 노동계층의 삶의 모습이 『무명의 주드』에 생생하게 형상화되어 있다.

하디는 목가적인 농촌 이야기나, 추상적이고 형이상학적인 운명과 인간의 대립에 관한 이야기를 쓴 것이 아니다. 19세기 말 영국 남부 농촌 사회의 변천과정에 대한 경험을 토대로 하여 그는 그 변화의 전반적이고 근본적인 성격을 실감나게 형상화한다. 당시까지는 영문학에서 정식으로 다루어지지 않았던 시골 지방과 그곳에 사는 사람들의 삶에 주목하여 당대 사회 현실의 핵심적이고 절실한 문제를 탐구한 것이다.

『무명의 주드』는 『광란의 무리를 멀리 떠나』, 『귀향』(The Return of the Native), 『숲 속의 사람들』(The Woodlanders), 『캐스터브리지의 시장』(Mayor of Casterbridge), 『더버빌가의 테스』(Tess of the D'Urbervilles)와 함께 '웨섹스'(Wessex) 소설이라고 불린다. 웨섹스는 하디가 고향인 도오셋과 그 주변 지방을 모델로 하여 만들어낸 공간이다. 하디 소설에서 웨섹스는 단순히 형식적인 공간적 배경에 그치는 것이 아니다. 또한 제한되고 지역적인 배경에 머무르지도 않는다. 하디는 웨섹스 지방 특유의 관습과 풍속, 전설과 민담을 보여주는 가운데 더 나아가 그 지방을 배경으로 삼아 19세기 말 농촌 사회가 변화하고 해체되어가는 과정과 그 양상을 다룬다.

하디가 태어났을 당시 도오셋은 시골 고유의 미신이나 풍습이 그대로 남아있는 낙후된 지역이었다. 하디가 태어난 지 7년이 지난 1847년에서야 철도가 도입되었을 정도로 이 지역은 영국의 다른 지역에 비해 발전이 느렸다. 이곳에 현대화의 물결이 흘러들어오면서 생산양식이 변화하고, 새로운 선진적인 사상이 유입되고 교육에 관심을 갖게 되면서 사회 구성원들의 가치관에 변화가 일어난다. 사람들은 전통적인 믿음에 더 이상 가치를 두지 못하고 회의하는 가운데, 지적, 정신적 위기감을 갖게 된다. 이 변화의 물결에 수반되는 갈등과 불안 그리고 그로 인한 비극이 하디의 소설 특히『무명의 주드』에 생생하게 포착되어 있다.『무명의 주드』에는 예전의 '농민층'이 이제는 도시의 빈민이 되어 현실에 뿌리내리지 못한 채 일자리를 찾아 계속 불안하게 떠돌아다니는 현상이 구체적이고 절박하게 그려져 있다. 인물들이 이동하는 범위 또한 노스 웨섹스(North Wessex)로 확산되다가 웨섹스 지방 바깥의 크라이스트민스터까지 확장된다. 주드와 수는 현대화의 상징인 철도를 이용하여 이곳저곳을 이동한다. 하디는 웨섹스 지방을 단순히 전원적인 농촌이 아니라 산업사회의 전반적인 변화의 흐름 속에 위치한 구체적인 역사의 현장으로 만들어낸 것이다.

『무명의 주드』가 하디 이전의 영소설과 뚜렷이 구분되는 특징 중의 하나는 대학 교육에의 꿈을 품은 노동계층을 주인공으로 삼은 것이다. 하디 당대에는 옥스퍼드와 케임브리지를 지칭하는 옥스브리지(Oxbridge)를 다니지 못한다는 것은 사실상 교육을 받지 못한 것이나 다름이 없었다. 때문에 하디는 상당한 정도의 교육을 받았음에도 불구하고 독학자로 불린다. 『무명의 주드』의 주인공 주드는 대학 교육을 열망하지만 끝내 그 꿈을 이루지 못한다는 점에서 하디를 연상시킨다.

하디가 중, 하류 계층의 대학 교육 문제를 다룬 것은 변화하는 당대 사회적 분위기의 반영이기도 하다. 19세기 말엽은 대중을 위한 교육이라는 개념이 아주 강해진 시기였다. 교육용 책이 비싸지 않은 가격에 출판되었으며 공공 도서관이 개관했다. 토마스 켈리(Thomas Kelly)의『영국성인교육사』(*A History of Adult Education in Great Britain*, 1992)에 따르면 19세기 말엽에 옥스퍼드와 케임브리지 대학은 대학 밖의 세상에 눈을 돌리게 되었다. 케임브리지 대학이 선도적으로 학교 밖에서도 대학 교육을 받을 수 있도록 강의를 개설했고 1878년 옥스퍼드 대학에서도 비슷한 시도가 있었다. 그 결과 수준 높은 교육망이 전국에 걸쳐 구축되어 교육을 받을 수 있는 기회가 노동 계층과 여성에게까지 확대되었다. 1878년에 옥스퍼드는 케임브리지에 이어 여자대학을 설립했다. 대학 교육을 확대하고 자유화하려는 분위기가 폭넓게 조성되고 있었던 것이다. 주드가 6부 10장에서 "소문에 듣기로 나처럼 힘없는 사람도 대학에 갈 수 있는 보다 좋은 기회가 열린다고 해"라거나 "대학교를 덜 배타적으로 만들고 그 영향력을 확장하는 계획이 잡혔다고 해"라고 말하고 있듯이 1884년경에는 교육의 기회를 확대하려는 움직임이 이미 상당히 진행 중이었다. 하디가 이 소설을 출판한 1896년은 대학의 배타성이 점차 누그러지고 있었고, 1898년에는 노동자들을 위한 러스킨(Ruskin) 대학이 옥스퍼드에 설립되었다. 주드는 시대에 조금 앞서 대학 교육에의 열망을 품었던 것이다.

『무명의 주드』의 또 하나의 특징은 결혼이라는 소재를 독특한 방식으로 이용하여 결혼제도의 문제점들을 새롭게 부각시키고 있는 점이다. 하디는 이 소설의 주제를 두 가지로 들고 있다. 첫 번째 주제는 충족되지 않은 목표 즉 대학 교육에 대한 꿈이고, 두 번째 주제는 육체와 정신 사이에서 벌어지는 처절한 싸움이다. 이 두 주제는 서로 상충되어 보이기 때문에 이 소설은 서로 다양하고 연관성이 없는 별개의 문제들을 복합적으로 다룬다는 비난을 받기도 했다. 그렇지만 이 소설에서 두 개의 주제를 비롯한 여러 문제들은 결혼이라는 큰 주제 속에 모두 포함된다. 하디가 「서문」에서 밝히고 있는 바 『무명의 주드』에는 결혼의 주제가 있고 그것은 그의 다른 소설들에 비해 보다 분명하게 전면에 부상되어 있다. 하디의 소설은 그 이전 영소설에서 그려진바 남녀가 여러 갈등을 겪다가 결국 행복한 결혼에 이른다고 결말짓는 대신 결혼 이후의 구체적인 부부관계에 더 많은 관심을 기울인다. 더 나아가 결혼제도라는 인위적인 규범과 자연적인 본능 사이에서의 갈등을 그려낸다. 이러한 갈등 속에서 주드가 인위적이고 편협한 결혼 제도의 관습을 벗어나 자유롭게 살아가겠다는 비판적인 인식을 정립하는 데서 드러나듯이 하디는 결혼을 단순히 관습적 제도에 국한시키지 않고 사회의 테두리를 넘어서 객관적으로 조망하고자 한다. 『무명의 주드』는 인습적인 종교의 묵인을 받은 법적 결혼제도와 형식을 부정하고 자연적인 본능과 사랑에 근거한 결혼 그 자체가 중요하다는 생각을 전면에 부각시킨다는 점에서 하디의 소설 중에서 가장 파격적이다.

『무명의 주드』는 이와 함께 '신여성' 문제를 다루면서 당대의 경직되고 편협한 성 관념을 비판한다. 인습적인 결혼제도에 얽매이는 것을 거부하고 여성의 자유선택권과 성적 자율권을 주장하는 등 신여성의 면모를 지니고 있는 수를 여주인공으로 삼은 것이다. 그런데 『무명의 주드』는 예술성 없이 정치성만 강조하는 일군의 신여성 소설과는 달리, 여성에게 가해지는 성적, 경제적 억압 양상을 구체적으로 전면에 부상시킬 뿐 아니라 여성의 법적 지위나 교육 문제 등 심오한 여성 문제 인식을 담고 있다. 수의 심리적 갈등을 실감나게 포착해내는 등 예술적인 성취도도 높다. 여기에 『무명의 주드』의 문학사적 의의가 있다고 하겠다.

▶▶ **더 읽을거리**

Boumelha, Penny. *Thomas Hardy and Women: Sexual Ideology and Narrative Form*. Sussex: The Harvester Press, 1982.

Higonnet. Margaretet R., ed. *The Sense of Sex: Feminist Perspectives on*

Hardy. Chicago: U of Illinois P, 1993.

Ingham, Patricia. *Thomas Hardy*. Atlantic Highlands: Humanities, 1990.

Widdowson, Peter. *On Thomas Hardy: Late Essays and Earlier*. London: Macmillan, 1998.

Williams, Merryn and Raymond Williams. "Hardy and Social Class." *Thomas Hardy: The Writer and His Background*. Ed. Norman Page. London: Bell & Hyman, 1980.

▌고 영 란 (수원대학교)

허버트 조지 웰스
Herbert George Wells

작가 소개

　허버트 조지 웰스(Herbert George Wells)는 1866년 9월 21일 런던 근교 브럼리(Bromley)라는 마을에서 조셉 웰스(Joseph Wells)와 새러 웰스 (Sarah Wells)의 셋째 아들로 출생했다. 웰스의 부모는 업파크(Up Park)라는 귀족의 저택에서 정원사와 하녀로 일하다가 결혼한 후에 장사를 시작하지만 가난을 벗어나지 못한다. 그의 모친은 여덟 살 난 웰스를 실용적 교육을 목표로 하는 브럼리 학교(Mr. Thomas Morley's Bromley Academy)에 보내게 된다. 이 학교에 만족하지 못하던 웰스는 신분의 제약이라는 현실을 벗어나는 방법으로 몽상에 잠기거나 책 속의 판타지에 의존하곤 한다.
　1880년 웰스의 집안 상황은 악화되었고 크리켓 선수였던 부친이 부상까지 당하자, 가족은 모두 뿔뿔이 흩어지게 된다. 웰스는 포목점의 도제로 들어가게 되는데 그는 다른 데 정신을 쏟고 계산도 제대로 못한다는 이유로 포목점에서 쫓겨나게 된다. 다시 친척의 도움으로 학교에 들어가게 되지만 학교가 곧 문을 닫게 되자 그는 1881년 모친이 일하던 업 파크로

들어가게 된다. 웰스는 모친과 반지하방에 머물며 상류계급의 사람들이 지내는 지상세계와 하인계급이 거주하는 석탄이 쌓인 지하세계를 지켜보면서 사회에 두 계급이 존재함을 절감한다. 웰스는 지하세계에 속하는 사람이었으나 결코 가난한 노동계급에 공감하지 못하고, 예술과 정치 등을 논하며 삶을 여유롭게 즐기는 상류층에 공감하면서 그들의 삶을 모방하고 동경하게 된다. 업 파크에서 책을 읽으며 지내던 웰스는 모친에 의해 다시 사무엘 코압 씨(Mr. Samuel Cowap)에게 보내진다. 여기서 웰스는 약사가 되는 훈련을 받는 동시에 실용적 라틴어를 배우고기 위해 동네 학교를 간간이 드나들게 된다. 그러다가 그는 이 학교의 정규학생이 되고 수학에 뛰어난 재능을 발휘하게 되는데, 모친은 그를 다시 에드윈 하이드 씨(Mr. Edwin Hyde)의 포목점으로 보내버린다. 이곳에서 2년간 생활하며 독학하던 웰스는 모친의 뜻을 벗어나 스스로 운명을 선택하기로 결심하고, 1883년 열 일곱 살에 바이어트(Byatt)의 학교로 오게 된다. 가난에 치를 떨던 웰스는 사회적 열등감에 대해 분노를 느끼며 이를 벗어나기 위해서 교사가 되겠다고 결심한다.

    웰스는 과학과 수학에 뛰어난 성적을 거두어 과학교사 양성을 위해 설립된 과학사범학교(Normal School of Science)에 정부 장학생으로 입학하게 된다. 대학생이 된다는 것은 가문의 영광이었다. 이 학교에서 웰스는 T. H. 헉슬리(Huxley)의 생물학 강의를 들으면서 자신의 인생을 바꾸게 된다. 웰스는 다윈의 진화론을 변형한 헉슬리의 이론에 큰 영향을 받지만, 1년 만에 헉슬리가 병으로 학교를 떠나게 되자 과학에서 다소 멀어지며 대학 토론회에 참여하고 사회주의 운동에 가담하게 된다. 1885년 토론회에서 "인류의 과거와 현재"(The Past and Present of the Human Race)라는 연설을 하고, 1886년에는 친구들과 ≪과학 학교 저널≫(Science Schools Journal)을 출간하기도 한다. 1888년 그는 이 저널에 <모험 중독자>(The

Chronic Argonauts)를 게재하는데 이것은 나중에 『타임머신』(*The Time Machine*)으로 출판된다.

과학자의 꿈은 깨졌으나 웰스는 북 웨일즈의 홀트 학교(Holt Academy)에 교사로 취업한다. 그러나 폐결핵으로 곧 학교를 떠나게 되고 잠시 업 파크로 돌아가 쉬다가 런던으로 돌아와 가난한 삼류문인들이 모이던 그럽 스트리트(Grub Street)에서 지내게 된다. 그는 신문에 과학 문제를 내거나, 교사 생활을 하며 지내다가 친척인 이자벨과 결혼한다. 그러나 결혼생활은 1894년 파경에 이르고, 그는 과학 교사 지망생인 캐서린과 동거생활에 들어간다. 이 무렵부터 그는 창작에 전념하게 되어, 1896년부터 작가로서 인정을 받으며 안정된 생활에 들어서게 된다. 1895부터 97년 사이에 그는 『타임머신』(1895), 『닥터 모로의 섬』(*The Island of Dr. Moreau*, 1897), 『투명 인간』(*The Invisible Man*, 1897), 『우주 전쟁』(*The War of the Worlds*, 1898) 같은 주요 작품을 발표한다.

1897년 말 31세에 웰스는 비관적 경향의 공상과학소설의 창작을 중단하고 새로운 인생을 시작한다. 그는 낙관적인 사상으로 돌아서고 유복한 생활을 누리면서 인류의 구원에 주요 역할을 하겠다고 결심하게 된다.

그는 과학자나 기술자들이 혼란한 사회에 질서를 부여하고 미래를 짊어지는 존재라면서, 새로운 세계의 질서를 구축하겠다는 주장을 하기 시작한다. 그는 이성과 과학에 의거한 유토피아를 꿈꾸는 작품-『예지』(*Anticipations*, 1901), 『인류의 성장』(*Mankind in the Making*, 1903), 그리고 『현대의 유토피아』(*A Modern Utopia*, 1905)-를 발표하고, 귀족과 정치가들과의 친분을 다지며 이상적인 미래 세계를 구축하고자 한다. 그는 1903년 페이비언 협회(Fabian Society)에 가입하고 5년 만에 탈퇴한 후 모스크바의 레닌을 방문하기도 하고 미국의 루즈벨트를 만나기도 한다. 인류를 구원하는 사명감으로 웰스는 1920년에 『세계사 대계』(*The Outline of History*), 1922년에 『세계사 산책』(*A Short History of the World*)을 발표한다. 1942년 웰스는 런던 대학에서 동물학으로 박사학위를 받았고, 1946년 8월 13일 런던 자택에서 사망하였다.

타임머신
The Time Machine

작품 줄거리

1장

시간여행자는 저녁 식사를 하는 자리에서 친구들에게 사차원의 공간인 시간과 타임머신에 대해 설명을 하지만, 친구들은 그의 말을 믿으려 하지 않는다.

"… 정말 사차원이 있다니까. 삼차원이 공간의 세 측면을 말하는 것이라면, 사차원은 시간이야 … 자네들에게 내가 사차원 기하학에서 연구한 물체를 보여주겠어. 오래 전에 나는 어떤 기계를 생각해냈거든."
"시간을 여행하는 기계 말이군요!"
젊은 신사가 말했다.
"그 기계는 시간과 공간 속에서 운전자가 결정하는 대로 어느 방향으로든 이동하게 될 거야."
필비는 그 말에 웃음을 터뜨렸다.

시간 여행자는 시간이라는 공간에서 이동이 가능하다고 설명하며, 실제 2년여에 걸쳐 완성한 기계를 보여준다. 그러나 친구들은 여전히 믿기 힘들어

한다.

2장

익명의 일인칭 서술자 "나"와 손님들은 다시 리치먼드의 식사 모임에 갔다가 주인이 부재 중이어서 주인 없이 식사를 하게 된다. 그때 초췌한 모습으로 피투성이 발을 한 시간여행자가 나타난다. 그는 궁금해하는 손님들에게 시간 여행을 다녀왔다고 말하고, 자신의 모험담을 이야기하기 시작한다.

"드디어 나타났군!"
내가 말했다. 문이 활짝 열리더니 시간 여행자가 우리 앞에 나타났던 것이다. 나는 놀라서 소리를 지르고 말았다.
"세상에! 여보게, 어떻게 된 거야?"
나 다음으로 그를 본 의사가 말했다. 그러자 식탁에 앉아 있던 사람들이 모두 문 쪽을 바라보았다.
그의 모습은 정말 엉망이었다.
…
"이 친구, 도대체 무슨 일이 있었던 건가?"
의사가 말했다….
"한 마디만. 자네 시간 여행 했던 건가?"
내가 물었다.
"그래."

3장

시간여행자는 타임머신을 타고 미래의 세계로 이동하게 된 과정을 설명한다. 시간여행자는 타임머신이 이동하면서 주변 풍경의 변화와 시간 이동의 설명할 수 없을 정도로 빠른 속도로 인한 신체적인 변화를 과학적으로 설명한다.

"오늘 아침 10시에 타임머신이 작동하기 시작했어⋯. 쾅 소리를 내며 출발했는데⋯. 순식간에 밤이 되더니 다음 순간 다시 아침이 되었어⋯. 다시 어두워지며 밤이 되더니, 다시 아침, 다시 밤 그리고 아침, 점점 더 빨리 지나가더군. ⋯ 나는 시간 여행의 기이한 느낌을 제대로 전달할 수가 없어⋯. 거꾸로 확 돌아갈 때의 느낌, 무기력하게 거꾸로 떨어지는 것 같은 느낌이었어! ⋯ 속도를 내자 밤이 검은 날개 짓처럼 낮과 교차되었지⋯. 해가 하늘을 재빨리 지나가고⋯. 어둠과 빛이 연속해서 번쩍이고⋯ 그러다 교차되는 어둠 속에서 나는 달이 재빨리 움직이면서 초승달에서 보름달로 바뀌는 것도 봤고 희미한 별들이 빙글빙글 돌아가는 것도 보았어⋯. 속도계기판의 시침이 더 빨리 회전하면서 태양의 움직임이 일분도 안 되는 시간에 위 아래로 극에서 극으로 왕복하고 일 년 주기가 일분도 안 걸렸어."

그리고 시간여행자는 마침내 미래 세계에 도착했을 때 느낀 미래의 인간과 사회에 대한 호기심을 이야기 한다. 그는 어떤 식으로든 인류의 진화가 있었을 것이고, 근본적인 인간의 문명에 어떤 놀라운 진보가 있었을 거라는 생각을 하면서 기계를 멈춘다. 그러자 그는 그만 공중에서 땅으로 곤두박질치게 된다.

802701년이라는 미래 세계에 도착한 시간여행자는 인류가 어떻게 변했을지 궁금해 하면서 한편 공포에 사로잡힌다. 그는 용기를 되찾아 미래 세상에 대한 호기심으로 관찰을 하다가 미래의 인류를 보게 된다. 그런데 미래의 인간은 4피트 정도의 왜소한 키에 아름답고 우아하지만 폐병환자 같은 무척 연약한 모습을 하고 있다.

4장

 미래의 인류가 지적이고 엄숙한 존재일 거라는 기대를 갖고 있던 시간여행자는 우아하고 섬세하지만 신체적으로 왜소하고 지적으로 퇴행한 미래의 인간을 보고 실망을 금하지 못한다. 인류의 문명은 폐허만 남았을 뿐 사라졌고, 가축도 멸종했고, 미래의 자연은 꽃과 과일만 아름답고 풍성하게 남아있다. 인간은 과일만 먹는 채식주의자가 되었고 지적 호기심이 전혀 없는 신체적으로 지적으로 퇴행한 존재들이다.

 시간여행자는 미래의 인간에게는 19세기 후반 영국사회를 괴롭혔던 계급 갈등도 없고, 사유재산도 없고 개인차도 없고 심지어 남녀의 구분도 없다고 말하며, 인류 사회가 완전한 평형 상태에 이르렀다고 말한다. 시간여행자는 19세기 후반 웰스의 시대에 영국사회에 존재하던 모든 갈등이 사라진 완전한 평형의 안정된 상태에서 인간은 연약해질 수밖에 없고, 인류문명은 사양길에 접어들게 되었을 거라고 결론 내린다. 인류의 진보는 경쟁과 갈등에서 나온다는 것이다.

> "요즘 남녀의 성차를 구분 짓는 기질이나 태도도 미래의 인간들은 차이가 없었어. 아이들도 어른의 축소판처럼 보였고… 나는 이 사람들이 살아가는 편하고 안정된 분위기를 보면서, 결국에는 남녀 간의 성차가 없어지겠다는 생각을 했어. 남자의 강함과 여성의 부드러움, 가족제도, 직업의 차별화 같은 것은 힘을 겨루는 시대에나 필요한 것이니까… 나는 몰락하기 시작한 인류를 보게 되었던 것 같았어."

 시간여행자는 문명화란 삶의 조건을 개선하고 삶을 보다 안정되게 만드는 과정인데 자연을 완전히 정복하고 모든 질병도 퇴치하고 사회 문제도 모두 해결하고 완전한 안정 상태에 이르자 인류에게서 지성과 열성이 사라지게 되었다고 주장한다.

"인류의 지성과 열성은 어디에서 나오는 걸까? 그건 바로 고난과 자유에서 나오는 거야. 고난과 자유는 활동적이고 강하고 예민한 자는 생존하고, 약자는 멸망하게 하는 거야. 그리고 가족 제도, 가족애, 맹렬한 질투심, 자손에 대한 사랑, 부모의 헌신 같은 것들은 자식들이 위험에 처하게 되면 힘을 발휘하겠지. 그런데 그 위험이 이제 사라져 버린 거야. 그러면 이제 새로운 감성이 나타나게 되는 거지. 더 이상 필요 없게 된 … 야만적 본능의 소산인 … 질투심, 강렬한 모성, 열정 따위는 사라지게 되지…. 완벽한 안락하고 안정된 새로운 환경 속에서 … 자연 세계가 균형을 이루고 안정을 찾은 상태에서 무력이나 지성은 무용지물이 되는 거야."

미래의 인류를 본 시간여행자는 인간의 진보의 과정이 인간의 지성이 불필요해진 완전한 평형과 안정의 상태로 이어져, 궁극적으로는 인류의 퇴행을 가져온다는 깨달음을 갖게 되었다고 말한다.

5장

시간 여행자는 인간의 자연 정복, 완전한 승리의 결과가 인류의 퇴행으로 귀결되었다는 슬픈 상념에 젖어 있다가 문득 타임머신이 사라진 것을 깨닫게 된다. 흰 스핑크스 상 아래 받침대의 어두운 내부에 타임머신이 치워진 흔적을 보게 되지만, 그 내부로 들어갈 수가 없어 여기저기 둘러보던 시간여행자는 우물과 같은 통로를 보게 된다. 타임머신을 못 찾고 실망하여 미래의 인간들이 물속에서 목욕하는 광경을 구경하던 시간여행자는 한 여성이 동료들의 완전한 무관심 속에 떠내려가는 것을 보고 구출해준다. 그녀의 이름은 위나이다. 위나를 통해 시간여행자는 지성이 전혀 없는 걸로 보이는 미래의 인간에게도 감사의 감정은 남아 있음을 알게 되고, 위나와 가까워지게 된다.

미래의 세계에 온지 나흘 째 되던 날, 시간여행자는 어둠 속에서 움직이는 생물체를 목격하고 공포를 느낀다. 그러나 시간여행자는 바로 이들이 미래의 또 다른 인류라는 것을 깨닫고 더 끔찍한 공포를 느끼게 된다.

"빛에서 갑자기 어둠 속으로 들어오니 내 눈앞에서 색의 반점들이 헤엄쳐 다니는 것 같았어. … 한 쌍의 눈이 어둠 속에서 나를 응시하고 있는 것이 아니겠어. 맹수인가 싶어 본능적으로 겁에 질렸지. … 내가 손을 뻗자 뭔가 부드러운 것이 만져졌어. 처음에 그 눈이 옆으로 휙 향하는 것 같더니 뭔가 하얀 물체가 나를 스쳐 지나갔어…. 나는 성냥을 하나 켜서 내려다보았지. 그랬더니 작고 하얀 생물체가 큰 눈을 반짝이며 도망가면서 나를 뚫어져라 응시하고 있는 게 보였어. 온몸이 떨리더군. 인간 거미 같은 그 생물체가 벽을 따라 기어 내려가고 있었지…. 얼마나 오랫동안 우물 안을 보고 있었는지 모르겠어. 내가 본 게 인간이라고 생각하게 되기까지 힘들었어. 하지만 점차 진실을 깨닫기 시작했지. 인류는 한 종족으로 남아 있게 된 것이 아니라 두 종류의 종족으로 나누어졌던 거야. 땅 위의 아름다운 사람들이 인류의 유일한 후손이 아니었던 거지. 내 앞을 스쳐간 회색빛의 징그러운 야행성 동물도 인류의 후손이었단 말이야."

미래의 인류는 '일로이'라는 지상의 아름답고 연약한 존재와 '몰록'이라는 지하의 징그러운 야행성 동물이라는 두 종류의 종족으로 퇴행하게 되었던 것이다. 영국사회의 두 계급, 상류층과 하층민, 자본가와 노동자의 두 계급이 진화를 계속하다가 마지막에 두 종족으로 나뉘게 된 것처럼, 미래 세계에는 지상의 인간과 지하의 인간 두 종족이 존재하고 있다.

"우리시대의 문제부터 생각하다 보니, 현재 자본가와 노동자 사이의 일시적인 사회적인 격차가 점차적으로 넓어지면서 여기에 이르게 되었다는 생각이 들게 되더군…. 벌써부터 지상의 자연 환경에서 단절된 채 살아가는 이스트엔드 출신 노동자들이 많지 않은가…. 부자들은 고급

교육을 더 받으면서 가난한 사람들과의 격차가 더 벌어진 까닭에 배타적인 성향을 갖게 되어서, 이미 지상의 상당한 부분을 자기들만을 위해 문 닫아버렸지…. 결국 지상에는 가진 자들만 남아 쾌락과 편안함과 아름다움을 추구하게 될 거고, 지하에는 가지지 못한 자들, 노동자들만이 남아 노동을 하게 되겠지…."

시간여행자는 자신이 꿈꾸어 온 인류의 승리가 전혀 다른 모습을 갖게 된 데 대해 경악한다. 그는 도덕적 교육과 상호 협동으로 승리한 인류의 모습을 꿈꾸고 있었는데… 완벽한 안정이 지상세계 사람들의 체구와 힘과 지능을 오히려 퇴화와 몰락의 길로 몰고 가게 되었다고 주장한다.

6장

지하세계에 대한 호기심으로 우물을 타고 어둠 속으로 내려간 시간여행자는 지하세계 인간인 몰록 족들의 서식지에서 끔찍한 사실을 깨닫고 충격을 받게 된다.

"…그곳은 아주 숨이 막힐 듯이 답답했고 공기 중에 금방 흘린 피 냄새가 희미하게 떠다니고 있었어. 한 쪽 편에 하얀 금속 탁자가 하나 있었는데 거기에 음식 같은 것이 놓여 있었어. 몰록들은 육식동물이었던 거야! 나는 그때까지 붉은 고깃덩이를 제공할 만큼 큰 동물이 뭐가 있었나 하고 의아해하고 있었어…. 심한 냄새, 생기 없는 큼직한 고깃덩이…"

결국 시간여행자는 지하세계 인간인 몰록 족이 지상세계 인간인 일로이 족을 가축을 사육하듯이 지상에서 방목하고 밤이 되면 도살하여 식품으로 사용하고 있었던 것이라는 사실을 깨닫게 된다.

7장

시간여행자는 일로이와 몰록 족을 보면서, 영국사회의 상류층과 하층민, 자본가와 노동자의 관계가 마치 복수를 하듯 역전되었다고 생각한다.

> "…이 몰록들에게는 구토를 일으키는 어떤 다른 면이 있었어. 뭔가 비인간적이고 사악한 것…. 인간의 진화에서 분화된 두 종족은 옛날과는 전혀 새로운 관계에 이르게 되었지. 일로이들은 … 아름답지만 쓸모없는 존재로 퇴화하고 말았어…. 모든 활동, 전통, 복합한 조직, 국가, 언어, 문학, 야망, 심지어는 내가 알고 있는 '인간'에 대한 기억까지도 모두 사라져 버렸어. …분명 인류의 퇴행 과정 중 어느 시점에서 몰록들의 식량이 동이 났을 거야. 그래서 그들은 아마 쥐와 벌레를 먹고 살았겠지. … 그래서 이 인간이라 할 수 없는 인간의 후예들은…! 여기 일로이 족속들은 개미처럼 일하는 몰록 족속들이 잡아먹는 살찐 가축인데 – 어쩌면 사육하고 있는지도 모르지."

하층민이 오히려 상류층을 가축으로 여기게 된 것이다. 인류의 퇴행을 본 그는 자신이 살고 있는 시대를 오히려 '인류의 전성시대'라고 부른다. 퇴화한 일로이 족과 달리 '인류의 전성시대'에서 온 자신은 공포에 대처하는 방법을 찾는 인간이라고 말한다. 식인종 몰록 족에 대처할 방법을 강구하던 시간여행자는 타임머신을 찾아내어 위나를 데리고 19세기 말의 영국사회로 돌아올 것을 결심한다.

8장

시간여행자는 위나와 함께 사우스 켄싱턴 박물관의 폐허를 발견하고 사라져버린 인류문명의 흔적을 보게 된다.

9장

　시간여행자는 숲속에서 밤을 보내게 되는데 몰록 족의 습격을 받자 성냥을 이용하여 불로 이들을 쫓으려 하다가 숲 전체에 불길이 번지고 만다. 시간여행자는 몰록 족의 먹잇감이 되지 않는 것만을 목표로 사투를 벌이는 가운데 위나를 잃어버리고 만다. 시간여행자는 악몽과 같은 미래 세계를 벗어나고자 타임머신을 필사적으로 찾게 된다.

10장

　인류의 진보에 대한 호기심 때문에 타임머신을 타고 미래 세계로 날아갔던 시간여행자는 일로이와 몰록이라는 두 종족으로 퇴화된 인류의 모습과 인간 문명의 몰락을 보게 되었을 뿐이다.

　식인종이 된 지하세계 인간의 습격을 피해 타임머신을 필사적으로 찾던 시간여행자는 스핑크스의 받침대의 청동으로 된 문이 열려 있는 걸 보고 안으로 들어선다. 그 안에서 그는 타임머신을 발견하고 기뻐한다. 그러나 지능을 가진 듯한 몰록 족에 의해 문이 닫히고 어둠에 갇히게 되고, 이어서 몰록들의 습격이 시작된다. 필사적으로 타임머신에 올라타며 자신을 공격하는 몰록을 내려치던 시간여행자는 가까스로 타임머신의 지렛대를 작동하고 이곳을 빠져 나가게 된다.

　"지상세계 사람들에게 낮 시간은 들판에 나온 가축처럼 즐거운 것이었어. 그들은 가축처럼 적이 누군지 알지 못했고 위험에 대비할 줄도 몰랐어. 지상세계 사람의 최후는 바로 가축의 최후와도 같았어…. 나는 인간의 지능이 얼마나 덧없는 꿈에 불과했던가를 생각하고 슬퍼졌어…. 인간은 지능을 앞세워 안정과 영속성을 슬로건으로 내걸고 편리함과 편안함, 균형 잡힌 사회를 향해 앞으로 나아갔고 결국 그 꿈을 이루었어…. 우리가 무심코 지나친 자연법칙이 하나 있네. 그것은 지능이 변화, 위험, 고통에 대한 보상이라는 것이야. 환경과 완벽한 조화를 이루는 동물은 … 지능이 필요 없어…. 위험에 노출된 동물만이 지능을 갖게 된다는 말이야…. 그래서 지상세계 인간들은 연약한 아름다움을 갖게 된 거고, 지하세계 인간들은 식량이 떨어지게 되자 오랜 습관을 통해 금기시 되어왔던 것을 깨버리게 된 거지."

11장

타임머신을 작동시킨 시간여행자는 계속 미래 세계로 가게 된다. 시간여행 속에서 메스꺼움과 어지럼증을 느끼던 시간여행자는 계기판을 보고 자신이 지렛대를 과거를 향해 돌린 게 아니라 미래로 가도록 앞으로 잡아당겼다는 사실을 알게 된다.

타임머신을 타고 시간을 이동하는 가운데 시간여행자는 밤과 낮의 교차가 점차 느려지더니 태양의 이동도 느려지는 것을 느끼기 시작한다. 마침내 희미하게 타오르던 원형 지붕처럼 생긴 거대한 태양이 지평선에 멈춰 서고 달의 인력도 사라져버린다. 그가 본 생명체의 흔적은 이끼처럼 보이는 짙푸른 식물이고 희박한 공기 속에서 발견한 생물은 게처럼 생긴 흉측한 생물체이다.

"불확실하게 천천히 움직이는 수많은 다리, 흔들리고 있는 거대한 집게발, 손짓하듯 여기저기 더듬고 있는 마부의 채찍 같은 긴 촉각, 금속 얼굴의 양쪽에서 자네들을 향해 반짝이고 있는 툭 튀어나온 눈을 가진 게였어. 등에는 주름투성이에 보기흉한 돌기가 마구 돋아 있었고 푸른 딱지가 여기저기 얼룩처럼 덮여 있었고 움직일 때마다 깜빡이면서 여기저기를 더듬는 입 속의 촉수들을 볼 수 있었지…. 그 사악한 눈은 껍질 안에서 꿈틀거리고 있었고, 입은 식욕으로 살아있는 듯했고,

끈적거리는 해조류 찌꺼기로 얼룩진 거대하고 흉한 앞발은 나를 향해 다가오고 있었어. 나는 당장 지렛대를 잡았어."

시간 여행자는 태양도 죽어버리고 바다도 죽어버리고 더러운 괴생물체들이 기어 다니고 독처럼 보이는 이끼 같은 식물만 남은 미래의 세계에서 백년을 더 미래로 이동하고 인류의 멸종을 확인하게 된다. 시간여행자는 지구의 운명의 수수께끼를 풀고자 천년 정도 씩 멈추며 여행을 계속하며 지구의 생명이 빠져나가는 것을 관찰하게 된다. 그는 마침내 삼천만 년이 지난 후 미래 세계에서 지구의 종말을 확신하게 된다.

"공포가 나를 덮쳐왔어. 뼛속까지 파고드는 냉기와 숨 쉴 때의 고통이 나를 압노했시…. 나는 정신을 차리려고 타임머신에서 내렸어…. 도할 것 같은 당혹스러운 기분으로 서 있을 때 나는 다시 여울목 위로 움직이는 물체를 보았어. …흘러내린 촉수가 질질 끌리고 … 소용돌이치는 핏빛 바다를 배경으로 검은 색의 그 구체가 이리저리 미친 듯이 뛰어다니고 있었어. 나는 기절할 것만 같았어. 하지만 그 머나먼 세계의 끔찍한 황혼 속에서 무기력하게 쓰러져 있을 생각을 하니 너무도 끔찍해서 겨우 힘을 내어 운전석으로 기어 올라갈 수 있었어."

시간여행자가 본 3000만년의 미래는 행성의 운행이 중단되고 태양이 생명을 다한 세계이다. 지구는 이상한 생물체만이 남아 있게 된다. 미래의 지구의 멸망을 목격한 시간여행자는 공포와 구토증에 시달리면서 안간힘을 써서 현재로 귀환한다.

12장

드디어 계기판이 거꾸로 돌아가면서 시간여행자는 현재로 돌아온다. 식사 모임에 참석한 손님들은 시간 여행에서 먼지투성이로 절룩거리며 돌아온 시간여행자를 목격하게 된다. 시간여행자는 자신의 모험담을 이야기 하는데, 손님들의 반응은 회의적이다. 일인칭 화자인 '나'는 다른 사람들의 반응을 관찰한다. 어둠 속에서 모두들 얼굴이 약간씩 달아올라 있는데, 의사는 이야기를 어떻게 생각해야 할지 사색에 잠겨 있었고, 편집장은 피우고 있던 시가의 끝만 열심히 내려다보고 기자는 자기 시계만 만지작거리고 다른 사람들은 꼼작도 하지 않고 있다. 편집장은 꾸며낸 이야기라 생각하고 "자네가 작가가 되었어야 했는데 말이야!"라고 얘기한다. 그런데 위나가 그의 주머니에 넣어주었던 시든 꽃송이가 남아 있다. 의사는 이 꽃이 현재 볼 수 없는 꽃이라는 것을 인정한다. 심리학자는 과학적인 분석을 위해 꽃을 가져가고 싶어 하지만 시간여행자는 위나의 선물이기 때문에 줄 수 없다고 거절한다. 시간 여행자 자신도 "내가 타임머신을, 아니 타임머신 모형을 만들기는 했던 건가? 아니면 모두 그저 꿈이었나?"라고 하며 모두 함께 타임머신을 보러 간다. 타임머신 기계는 갈색 얼룩과 함께 점액질 같은 것이 묻어 있고 아래쪽에 풀과 이끼가 묻어 있다. 꽃과 기계는 시간여행이 사실이었음을 증명해주지만, 편집장은 그 이야기를 '잘 꾸며낸 거짓말'이라고 생각한다. 그러나 일인칭 서술자 '나'는 시간여행자의 진지한 태도에 반신반의 한다.

'나'는 다음날 확인을 위하여 다시 타임머신을 보러 간다. '나'는 시간여행자가 한쪽 팔에는 작은 카메라를 하나 메고 다른 쪽 팔에는 배낭을 하나를 들고 서있는 모습을 보게 된다. 시간여행자는 자신의 모험담이 사실임을 증명하기 위해 증거를 찾으려고 다시 여행을 떠나며 30분 후 돌아오겠다고 말한다. '나'는 타임머신이 놓인 자리에서 짧게 끊긴 외침 소리와 쾅하는 소리를 듣고 가보지만, 타임머신이 있던 곳은 텅 비어 있고 시간여행자는 사라지고 없다.

'나'는 시간 여행자가 더 신기할 두 번째 이야기를 갖고 또 여러 표본들과 사진을 갖고 돌아오기를 기다린다. 하지만 익명의 일인칭 화자 "나"는 시간 여행자가 사라진 지 삼년이 지났는데 아직 돌아오지 않고 있다고 말한다.

에필로그

'나'는 사라진 시간여행자의 이야기를 기록하고 완성시킨다. '나'는 그가 과거로 날아가 구석기 시대의 야만인들 사이에 떨어졌을 수도 있고 혹은 백악기 시대나 쥐라기 시대의 기괴한 도마뱀들과 거대한 파충류 사이로 떨어졌을 수도 있으며, 우리시대의 풀리지 않는 수수께끼와 골치 아픈 문제들이 모두 해결된 가까운 미래로 갔을지도 모른다고 말한다.

'나'는 시간여행자를 대신하여 현재의 문제들이 해결된 미래 시대가 있다면 그건 인류의 성숙기라고 말한다. '나'는 최소한 현재가 인류가 다다를 수 있는 최상의 시점은 아니라고 말하며 인류의 미래를 기대한다. '나'는 시간여행자가 '인간의 진보'에 대해 부정적으로 생각하고, 인간의 문명이 발전할수록 결국엔 그것이 인간에게 복수하듯이 되돌아가 인류를 파멸로 이끌 거라고 생각하고 있었다고 말한다. '나'는 자신의 결론은 아무리 인류가 파멸을 향해 나아간다고 해도, 우리는 그렇지 않을 거라고 믿으며 살아가야 하는 것이라고 말한다.

물론 미래는 캄캄한 미지의 세계이다. 그러나 '나'는 시간여행자가 남긴 이상한 꽃 두 송이를 간직하고 있다. '나'는 갈색으로 시들어버린 부서질 것 같은 꽃 두 송이는 인간의 정신과 육체의 힘이 모두 사라져 버렸을 때에도 감사와 사랑의 마음이 인간의 가슴에 여전히 살아남아 있었다는 것을 증명하는 것이라고 말한다. 작가는 시간여행자의 시간 여행을 통해 미래 세계의 잿빛 어둠을 보여주며 진보의 끝이 인류의 퇴행이라는 회의적인 사상을 펼치는 한편, '나'를 통해, 그럼에도 불구하고 인류는 희망을 갖고 낙관적인 삶을 영위해야 한다고 말하는 것이다.

문학사적 의의

1. 시대적 배경

19세기 영국은 최초의 산업 국가이자 세계 최대의 제국으로서 번영과 자유를 구가하며, 경제적 물질적인 진보 뿐 아니라 정신적 도덕적 진보를 확신하고 있던 시기였다. 19세기의 진보에 대한 믿음은 당시 유행한 찰스 다윈의 진화론(Darwinism)과 연관된다. 진화론은 사회적 상황에 적용되어 호모 사피엔스는 진화하며 그 가운데 백인 유럽인종이 진화의 선두에 있다는 사회적 진화론이 되었으며, 유럽의 백인종이 적자(the fittest)이며, 비서구인 및 다른 유색인종은 부적응자(the unfit)이므로 이들의 정복과 지배가 당연하다는 생각으로 이어져 영국의 제국주의를 지지하는 신념으로 변용되기도 했다. 생물학적 자연법칙에 따라 적자가 부적응자를 지배하거나 말살하는 것이 당연하다는 생각이 나오게 되자, 영국의 작가들은 미래에 인류가 어떻게 진화하게 될 것인가에 깊은 관심을 갖게 되었다.

1895년에 발표된 H. G. 웰스의 『타임머신』은 80만 년 후의 미래를 그려 인류의 퇴화와 3000만 년 후의 미래를 그려 인류의 멸종과 지구의 종말을 예언하는 과학 로맨스 작품이다. 포목점의 도제 생활을 하던 웰스는 과학 교사 육성을 목표로 하는 과학사범학교(the Normal School of Science)에 입학하게 되고 토마스 헉슬리(Thomas Henry Huxley)의 진화론에 영향을 받게 된다. 1881년 헉슬리가 몇 개의 과학 관련 학과를 모아 과학 강의 중심으로 설립한 이 학교는 영국 사회에서 종교적 교조주의와 사회적 보수주의와 20여 년의 싸움 끝에 얻어낸 성과였다.

당시 영국사회는 전통신학과 진화론, 계시종교와 과학의 갈등이 계속되고 있었는데, 헉슬리의 「진화와 윤리」(Evolution and Ethics)라는 강연은 유명하다. 헉슬리는 인류가 일시적 현상일 수 있으며, 자연은 중립이 아니면 적대적일 수 있다, 인류는 진화 아닌 퇴행을 겪을 수도 있다. 즉, 진화법칙에 의해 호모 사피엔스가 멸망할 수도 있다는 주장을 펼친다. 헉슬리의 사상은 웰스에게 큰 영향을 주고, 웰스는 몸에 밴 복음주의 바탕 위에 과학사상을 연결시켜 여러 과학 로맨스를 쓰게 된다. 과학도였던 웰스는 진보와 자유의 사상이나 인간의 고귀함 같은 주제보다는 인간의 동물적 본성과 과학의 오용으로 인한 인류와 지구의 종말과 같은 주제를 주로 다룬다.

19세기의 세기말은 종말론적이고 묵시론적인 분위기가 지배적인 시기이기도 했다. 종교와 정치적 이상주의가 무너지고, 1895년에 발표된 막스 노다우(Max Nordau)의 『퇴행』(Degeneration)이라는 작품이 대변하듯이 불안, 절망, 포기, 불확실성이 유행하던 시기였다. 사회경제 면에서도 세계 도처에 식민지를 가진 영국은 물질적 번영과 정치적 자유를 구가하고 대영제국에 대한 찬양을 그치지 않았지만 사실 그 이면에 많은 문제점을 내포하고 있었다. 노동이 기계화되고 생산이 대규모화 하면서 엄청난 이윤이 창출되는 한편, 사람들이 도시로 밀려들기 시작해 도시가 기형적으로 비대해지면서 비인간적인 환경이 조성되고 부의 분배를 둘러싼 노사 간의 갈등이 싹트면서 빈부 차이가 커지기 시작했다. 벤자민 디즈레일리가 『시빌 혹은 두 개의 국민』(Sybil, or The Two Nations)에서 영국 사회의 계급 양분화의 위험을 지적했듯이, 웰스는 『타임머신』에서 미래의 인류를 지상세계의 일로이 종족과 지하세계의 몰록 종족이라고 부르며 자본가와 노동자 두 계급의 격차와 갈등이 극심해진 당시의 위기 상황을 경고하고자 한다. 이를 위해 웰스는 『타임머신』에서 동시대의 사회적 모순과 문제점들을 모두 해결한 보다 발전된 미래의 사회를 꿈꾸고 동경하는 주인공이 타임머신을 타고 간 미래의 여행에서 오히려 인류가 퇴화하고 문명은 몰락하고 자연과 우주도 종말을 맞게 된 어두운 현실을 목격한다는 충격적인 상황을 묘사한다. 이와 같이『타임머신』은 미래에 대한 비관적 전망을 제시하는 작품이다.

2.『타임머신』

『타임머신』은 웰스가 1888년 4월부터 6월에 걸쳐 과학사범학교의 교내 저널이었던 ≪과학 학교 저널≫에 연재했던 미완성의 <모험 중독자>(The Chronic Argonaut)로 출발했는데, 여러 차례 수정을 거친 후 1895년 현재의 단행본 형태로 출판되었다.『타임머신』에서 웰스는 시간이라는 4차원의 세계를 설명하며 기계를 통해 시간 여행이 가능하다는 이야기를 통해 과학의 발전을 예찬하는 것 같지만, 그 타임머신을 타고 미래 세계에 가보니 과학의 발전이 궁극적으로 인류를 퇴행과 멸종으로 몰고 갔다는 역설적인 주장을 하고 있다. 웰스의 주제는 과학과 인류 문명의 발전과 진보가 아니라 오히려 퇴행과 퇴보라고 할 수 있다.『타임머신』은 다윈의 낙관적인 진화론을 변형시켜 인류가 결국 가장 고등한 생물체가 된다는 이론을 거부하고, 진보와 동시에 퇴행도 있다는 헉슬리의 진화론을 반영하는 작품이다. 미래는 현재보다 모든 면에서 우월할 것이라고 확신하며 시간여행자는 타임머신을 타고 미래로 날아간다. 그는 802701년으로 갔다가 다시 몇백, 몇천 만년을 더 가게 되는데 그가 보게 되는 것은 퇴화한 인류와 지구가 자전도 멈추고 태양이 죽어가고 있는 장면이다. 80만년 경에 본 인류의 퇴화는 웰스 동시대의 인종차별/계급차별에 경고를 하는 것으로 미래 세계에는 19세기 말 영국사회의 자본가/노동자, 상류층/하층민의 이

분법이 그대로 지속될 뿐 아니라 지상세계와 지하세계의 관계가 역전되어 야행성 동물에 가깝게 퇴화된 몰록 족이 어린아이처럼 신체적 지적 퇴행을 겪은 일로이족을 가축처럼 사육해 식품으로 쓴다는 충격적인 계급 갈등의 극한을 보여준다. 그리고 3000만 년 후의 미래는 인류가 멸종하고 갑각류와 이끼를 닮은 생물체만 남고 태양과 행성들도 움직임을 멈추고 지구의 종말이 다가온 세계로 묘사된다.

그러나 웰스는 이러한 염세적인 이야기를 작품의 화자를 이용하여 긍정적인 분위기로 감싼다. 리치몬드의 고급 주택에서 열리는 만찬에서 타임머신을 타고 가서 겪은 미래 세계의 모험담을 이야기하는 시간여행자가 서술이 있고, 다시 바깥에 시간여행자의 서술을 듣고 있는 익명의 화자의 서술이 있다. 시간여행자의 모험담과 보여 있는 손님들이 회의석인 반응 전체를 바라보며 서술하는 익명의 화자 '나'의 긍정적이고 온정적인 해석은 시간여행자의 미래에 대한 비관적인 전망을 에워싸 독자에게 충격을 완화시켜 전달한다. '나'는 시간여행자와 미래의 여성인 위나의 관계를 통해 인간이 퇴화하더라도 감사와 사랑의 감정이 여전히 남아있을 수 있다는 사실을 보여줌으로써 그대로 인간 세상이 살만한 것이라는 여운을 남긴다. 웰스의 『타임머신』은 과학공상소설의 효시로 불리는데, 또 다른 충격적인 과학 작품으로 『닥터 모로의 섬』을 들 수 있다. 『닥터 모로의 섬』 역시 바로 과학 발전과 오용으로 인한 비극을 주제로 삼고 있다. 이 작품에서 모로 박사는 한 무인도에서 해부와 수술 등을 통해 동물을 보다 진화된 동물, 즉 인간에 가까운 존재를 만들어낸다. 표류 끝에 이 섬에 구조된 한 젊은 과학도는 인간도 아니고 동물도 아닌 기형의 존재들을 보고 경악한다. 모로 박사가 인간과 동물을 접목하는 실험을 하고 있다고 오해한 주인공은 자신도 실험 대상이 될 것이라 믿고 필사적으로 도망친다. 이 때 주인공이 느낀 공포는 가장 극적인 공포영화의 주제가 되고 남는다.

결국 모로 박사는 윤리적 보복을 당하듯이 실험 대상이던 퓨마에게 잔인하게 살해당한다. 이 작품은 여러 영화에 모티브를 제공하였는데, 웰스의 『투명 인간』 역시 화학약품으로 신체를 보이지 않게 만드는 실험을 통해 과학의 오용을 경고하는 작품으로 투명인간을 소재로 한 『할로우 맨』 같은 여러 영화의 원형이 된 과학 로맨스이다. 그리고 최근 영화화된 『우주 전쟁』도 화성인의 침공을 예견한 웰스의 『우주 전쟁』을 각색한 것이다. 이렇게 웰스의 공상과학소설은 수차례 영화화되었는데, 『타임머신』의 경우, 1960년 조지 팰 감독이 만든 영화가 원작에 가장 가깝다. 영화에서 시간 여행자는 친구들이 보는 가운데 타임머신을 타고 미래 세계로 시간 여행을 떠난다. 미래 세계에서 시간 여행자는 일로이와 몰록이라는 양분화된 퇴화된 유형의 인류를 만나고 우여곡절 끝에 생사를 건 탈출을 하여 자신의 고향집으로 돌아온다. 그러나 시간 여행자를 맞은 것은 친구들이 아니라, 그 친구들의 자손이다. 그가 돌아온 고향은 산업화되고 상당히 발전하였으나 핵전쟁에 휩쓸려 사람들이 지하 방공호로 대피하는 소동을 벌인다. 시간 여행자를 따뜻하게 맞아줄 고향도 사라져 버린 것이다. 시간 여행자는 친구 필비의 아들의 만류를 뿌리치고 미래 세계의 연약하고 작은 일로이족의 여성 위나와의 사랑 때문에 미래 세계로 돌아간다. 위나를 구하기 위해 미래로 돌아가는 설정과 시간 여행에서 돌아왔을 때 몇 십년의 시간의 차이 때문에 친구인 필비 대신 그의 아들을 만나는 설정 등은 원작과 차이가 있다. 영화에서는 원작에 없는 위나와의 사랑을 부각시키고, 전쟁에 휘말린 영국 사회의 불안 등을 보여줌으로써 현대사회를 반성하고 있다.

3. 웰스의 문학사적 의의

웰스는 젊은 시절에는 공상과학소설 장르를 개척했으며, 중년 이후에는 인류 문명의 과거와 미래를 조망하며 인류를 구원하는 지도자로서의 소명을 다하고자 하였다. 젊은 웰스는 획기적인 과학적 개념—시간 이동, 투명인간, 인간복제, 화성인 침공 등—을 이용하여 『타임머신』, 『투명인간』, 『닥터 모로의 섬』, 『우주 전쟁』과 같은 작품을 창조해냈다. 이 작품들은 아직까지도 각 사회와 각 시대의 가치관을 반영하면서 다양하게 영화화되고 있다. 후기의 웰스는 「현대의 유토피아」와 같은 사회개선을 주창하는 글을 발표하기도 하고, 인류의 문명이 쇠퇴할 것이라 예언하며 지적인 초인 엘리트 계급이 나서서 인류 사회를 구원해야 한다는 주장을 한 문명비평가였다. 웰스는 러시아의 레닌을 만나기도 하고 미국의 루즈벨트 대통령을 만나기도 하며 인류의 구원을 위한 과업에 나섰다. 웰스는 사회개선을 향한 내용의 수많은 작품을 발표하였으나, 『세계사 산책』을 제외하고는 아쉽게도 현재 널리 읽히지 않는다. 웰스는 1890년내 중반에 발표했던 과학공상소설의 작가로 우리에게 더 기억된다.

▶▶ 더 읽을거리

Beer, Gillian. "Darwin and the Uses of Extinction." *Victorian Studies* 51.2 (Winter 2009): 321-31.

Cantor, Paul A. and Peter Hufnagel. "The Empire of the Future: Imperialism and Modernism in H. G. Wells." *Studies in the Novel* 38.1 (Spring 2006): 36-56.

Hammond, J. R. *H. G. Wells and the Modern Novel*. London: Macmillan, 1988.

Norman and Jeanne Mackenzie. *H. G. Wells: A Biography*. New York: Simon and Schuster, 1973.

Parrinder, Patrick and Robert Philmus, eds. *H. G. Wells's Literary Criticism*. Brighton: Harvester, 1980.

Parrinder, Patrick. *Shadows of the Future: H. G. Wells, Science Fiction and Prophecy*. Liverpool: Liverpool UP, 1995.
Russell, W. M. S. "Time Before and After *The Time Machine*." *H. G. Wells's Perennial Time Machine*. Ed. George Slusser, Patrick Parrinder, and Daniele Chatelain. Athens, GA: U of Georgia P, 2001.

▌원 유 경 (세명대학교)

한국영어영문학회
영미어문학 길라잡이 시리즈 4

영국근대소설 : 다니엘 디포부터 허버트 조지 웰스까지

1판1쇄 발행 2017년 12월 8일

엮 은 이	한국영어영문학회
펴 낸 이	김 진 수
펴 낸 곳	**한국문화사**
등 록	1991년 11월 9일 제2-1276호
주 소	서울특별시 성동구 광나루로 130 서울숲 IT캐슬 1310호
전 화	02-464-7708
팩 스	02-499-0846
이 메 일	hkm7708@hanmail.net
홈페이지	www.hankookmunhwasa.co.kr

책값은 뒤표지에 있습니다.

잘못된 책은 구매처에서 바꾸어 드립니다.
이 책의 내용은 저작권법에 따라 보호받고 있습니다.

ISBN 978-89-6817-575-6 04840
　　　978-89-5726-938-1 (세트)

이 도서의 국립중앙도서관 출판예정도서목록(CIP)은 서지정보유통지원시스템
홈페이지(http://seoji.nl.go.kr)와 국가자료공동목록시스템(http://www.nl.go.kr/kolisnet)에서
이용하실 수 있습니다.(CIP제어번호: CIP2017031561)